7 믿음의 글들

7은 「믿음의 글들」의 고유한 숫자입니다.

믿음이란
한 알의 밀알이 땅에 떨어져
죽음으로 많은 열매를 거둠과 같이
진리의 열매를 위하여
스스로 죽어지는 것을 뜻합니다.
눈으로 볼 수는 없으나
영원히 살아 있는 진리와
목숨을 맞바꾸는 자들을 일컬어
우리는 믿는이라고 부릅니다.
「믿음의 글들」은
평생을 혹은 가장 귀한 순간을
진리를 위해 이미 죽어졌거나
또는 죽어지기를 결단하는
참 믿는 이들의
참 믿는 이들을 위한
참 믿음의 글들입니다.

株式會社 弘盛社

「믿음의 글들」, 나의 고백

〈홍성사〉의 여기까지

이 재 철 지음

우리가 없을 그 때

이곳에 있을 젊은이들을 위해

「믿음의 글들」, 나의 고백

차례

오랜 망설임 끝에

지금부터 11년 전, 〈낮은데로 임하소서〉가 「믿음의 글들」 1번으로 출간되던 날, 그러니까 정확하게 말해서 1981년 7월 20일, 만 32세였던 나는 '주식회사 홍성사'의 대표이사였다. 그러나 「믿음의 글들」 100번을 직접 쓰기 시작한 오늘, 만 43세가 된 나는 대한 예수교 장로회 '주님의 교회' 목사이다.

나는 더이상 홍성사의 사장이 아니다. 단지 명목상의 발행인으로만 등록되어 있을 뿐, 업무적인 관계를 단절한 지가 벌써 몇 년이나 된다. 그럼에도 불구하고 오랜 망설임 끝에, 「믿음의 글들」의 한 세대를 마감하는 100번을 내가 직접 쓰게 된 것은 다음과 같은 이유 때문이다.

본래 나는 예술작품을 감상할 줄 몰랐다. 그런데 언제부턴지 작품 속에서 작가를 만나기 시작하면서, 비로소 살아 있는 인격체로서의 작품을 감상하는 법을 터득하게 되었다. 작품을 통하여 작가의 기쁨과 고뇌, 사랑과 아픔 그리고 삶과 죽음을 만남으로써, 궁극적으로 작가가 무엇을 말하고자 하는지를 알게 되었다. 그러므로 음악 미술 소설 등 모든 예술작품이 더이상 단순한 의미로서의 작품이 아니라 적어도 내게는, 작가의 '삶의 이력서'이자 '삶의 고백문'으로 비쳐지는 것이다.

나는 기업도 이와 같음을 믿는다. 기업이란 그 기업을 경영하는 사람의 살아 있는 인격이다. 그래서 우리는 기업을 가리켜 법인(法人)이라 부르고 있다. 이런 의미에서 기업이란 경영자의 '삶의 이력서'이자 '삶의 고백문'이라 말하지 않을 수 없다.

하물며 기업의 경영자가 그리스도인일 때에는 두 말할 나위도 없다. '삶의 이력서'와 '삶의 고백문'이어야 함은 물론이며, 이 경우 그 기업은 한 걸음 더 나아가 경영자의 '신앙 이력서'이자 '신앙 고백문'일 수 있어야 한다. 그래서 기업의 역사는 곧 경영자의 '신앙의 역사', 다시 말해 '믿음의 발자취'가 되는 것이다.

이것이 내가 이 글을 쓰게 된 이유이다. 올해로 주식회사 홍성사가 항공운송 사업을 위해 창업된 지는 만 18년, 홍성사가 출판업에 진출한 지는 만 15년, 그리고 「믿음의 글들」을 펴내기 시작한 지도 벌써 만 11년이나 되었다. 홍성사 18년의 역사는 그야말로 나의 신앙의 역사이며, 「믿음의 글들」은 내 신앙의 발자취였다. 아니 정확히 말하자면 신앙을 위한 내 몸부림의 흔적이었다. 아니 더 정확하게 표현한다면 탕자처럼 끊임없이 하나님을 떠나 도망치려는 나를, 결코 포기치 아니하시고 바로 세워주신 '하나님의 구원의 역사'이자 위대한 '하나님의 사랑의 고백문'이다. 바로 그것을 밝히기 위하여 나는 지금 이 기록을 남기려는 것이다.

홍성사는 결코 한 인간의 기업이 아니다. 하나님께서 세우셨고 하나님께서 주관하시며 경영하시는 하나님의 기업이다. 이제껏 그러했고 지금도 그러한 것 같이, 앞으로도 주님 오시는 그 날까지 수없이 많은 젊은이들이 이곳에서 젊음을 불태우며 헌신할 것이다. 나는 수백 년 후에도 이곳을 지키고 있을 미래의 그들을 위하여 이 책을 쓰고 있다.

왜 그들이 이곳에 있어야 하는지, 무엇을 위해 젊음을 바쳐야 하는지, 아니 하나님께서 왜 이곳으로 불러 모으셨는지, 하나님께서 궁극적으로 원하시는 것이 무엇인지, 그들 스스로 그 해답을 얻게끔 해 주기 위함이다. 미국의 'CBS'나 '크리스천 사이언스 모니터'처럼 하나님을 위해 세워진 많은 기업들이 세월이 흐름에 따라 세상을 위한 세상의 기업으로 전락해 버리는 경우를 너무나 허다하게 보는 까닭이다.

그러나, 그 무엇보다도 지금부터의 모든 증언이 우리 주님의 영광을 위한 것임은 두 말할 나위가 없다.

구두 속의 돌멩이

한 세대가 마무리되는 1979년 말, 또 다시 '구두 속의 돌멩이'가 내 다리를 저리게 만들었다. '구두 속의 돌멩이' ─ 이것은 소설가 이범선 선생이 그의 중편소설 〈피해자〉에서 알맹이를 잃어버린 빈 껍데기만의 기독교를 가리켜 이른 말이다.

주인공 최요한의 아버지인 최 장로는 평양에서 고아의 아버지로 칭송받는 분이었다. 요한은 고아들과 똑같이 자랐다. 최 장로는 자기의 아들이라고 해서 다른 고아에 비해 요한에게 더 먹이거나 더 입히는 법이 결코 없었다. 요한은 그런 아버지가 얼마나 자랑스러웠는지 모른다. 따라서 요한이 고아에 대해 그 어떤 편견도 없이 자기와 똑같이 여기게 된 것은 너무나 당연한 일이었다. 뿐만 아니라 같은 고아원의 양명숙을 사랑하고 그녀를 자기 아내로 삼으려 한 것도 최 장로의 아들이기에 가능한, 지극히 자연스러운 일이었다.

당연히 아버지의 축복과 칭찬을 받으리라 자부하고 있었던 요한의 믿음은, 두 사람의 관계를 알게 된 최 장로의 반대로 산산조각이 나버리고 만다.

"아무리 명숙이가 똑똑하다 해도 고아를 며느리로 삼을 수는 없다."

상상치도 못했던 최 장로의 반대 이유는 요한으로 하여금 아버지인 최 장로의 신앙의 실상이 무엇인지를 꿰뚫어 볼 수 있게 해 주었다.

최 장로는 지극히 이기적인 신앙의 소유자였다. 최 장로는 고아를 위하여 고아원을 운영한 것이 아니었다. 그는 자기 자신의 만족을 위하여 '고아의 아버지'가 된 사람이었다. 뭇 사람들로부터 쏟아지는 갈채와 찬사, 그리고 자신을 존경스러워하는 수없이 많은 눈초리를 즐기고 있었다. 그래서 고아에 대한 사명은 갖고 있었지만 가장 중요한, 고아에 대한 사랑은 갖고 있지 않았다. 말하자면 요한이 보기에는, 최 장로는 알맹이를 잃어버린 껍데기만의 기독교인이었다.

최 장로의 반대를 눈치 챈 명숙은 아무도 몰래 고아원으로부터 자취를 감추어 버리고 말았다. 요한의 충격은 컸다. 그러나 그로부터 이십 년 후, 술집 마담의 모습으로 명숙이 나타났을 때 요한의 충격은 더욱 컸다. 뿐만 아니라 요한을 다시 만난 명숙이 자살로 그 생을 마감했을 때, 요한의 충격은 더더욱 컸다.

요한과 명숙은 말하자면 아버지인 최 장로가 강요했던 '껍데기만의 기독교'의 피해자였다. 그래서 요한은 아니 작가 이범선은 그 껍데기만의 기독교를 가리켜 '구두 속의 돌멩이'라 불렀다. 결코 자의로는 꺼낼 수 없는 구두 속의 돌멩이—그렇기에 일평생 절고 다니지 않을 수 없게 만드는 구두 속의 돌멩이라고 말이다. 그것은 지극히 독선적이고 부정적인 돌멩이였다.

1979년 말 나를 저리게 만들었던 내 구두 속의 돌멩이는 내가 어머님의 뱃속에 있을 때부터 어머님이 내게 넣어주었던 기독교였다. 나는 그것을 내 자의적으로는 결코 꺼낼 수가 없었다. 그래서 철이 들기 시작하면서, 그것 때문에 얼마나 많은 불편을 겪어야 했는지 모른다. 아니 불편 정도가 아니라 끊임없는 고뇌와 고통 그리고 갈등과 싸우지 않으면 안되었다.

나의 젊은 시절, 얼마나 그 돌멩이를 저주했었는지 모른다. 그 돌멩이에 대한 저주는 자연히 그것을 내게 넣어주신 어머니에 대한 원망으로 이어졌다. 그리고 때로 그 원망은 무서운 증오로 증폭되기도 했다. 내가 내 스스로는 결코 꺼낼 수 없는 돌멩이를 장본인인 나의 의사와는 전혀 상관없이 일방적으로 넣어준 데 대한 반발심 때문이었다.

이런 현상은 특히, 내가 내 젊음의 열정을 우상으로 섬기고 있을 때에 더욱 두드러졌다. 그때 내가 이 세상에서 제일 부러워하던 사람들은 예수 그리스도를 알지 못한 채 자기 원하는 대로 마음껏 즐기며 사는 사람들이었다. 나는 그들처럼 아무런 양심의 가책도 없이 철저하게 타락하지도 못했고, 그렇다고 해서 철저한 그리스도인이지도 못했다. 단지 나는 철저한 회색분자였을 뿐이었다. 빛과 어둠 속에 양다리를 걸쳐놓고 쾌락과 가책 사이에서 밤낮으로 괴로워하는 회색지대의 이단아였다.

그런 의미에서 내 구두 속의 돌멩이는 적어도 외면적으로는 〈피해자〉의 주인공인 최요한의 돌멩이와 다를 바가 전혀 없었다. 그러나 그 돌멩이의 질적, 내용적인 면에서는 서로 정반대의 돌멩이였다. 최 장로에 의해 최 요한에게 주어졌던 돌멩이가 진리와 빛으로 나아가려는 최요한을 가로 막고 섰는 독선과 부정의 돌멩이였다면, 내 어머니에 의해 내게 주어졌던 돌멩이는 내가 어둠과 타락으로 빠져들 때마다 나의 뒷덜미를 끌어당기는 진리와 복음의 알맹이였다.

그래서 나는 회색분자일 수밖에 없었고, 어둠과 죄가 가져다 주는 쾌락을 즐기면서도 고통을 괴로워하지 않을 수 없었다. 그 때마다 구

두속의 돌멩이가 나를 저리게 만들었기 때문이다. 몸과 마음은 물론이
요 양심과 온 영혼을 송두리째 옥죄곤 했다. 그래서 그것이 불편했고
거추장스러웠을 뿐 아니라 저주스럽기까지 했다. 그러나 그때 만약 그
보배스런 돌멩이가 내게 없었던들 필경 나는 절망적인 어둠의 자식이
되고 말았을 것이다. 그래서 세월이 지난 지금, 그 돌멩이의 의미와 가
치를 온전히 깨닫게 된 지금, 나는 내게 그 소중한 돌멩이를 넣어준 어
머님께 말할 수 없는 감사를 드리고 있다.

  1979년 말, 그때 그 돌멩이의 강도는 유달리 심했다. 그렇다고 해서
그런 정도의 강도(強度)가 처음이었던 것은 결코 아니었다. 이미 그보
다 2년 전인 1977년에도 똑같은 강도로 구두 속의 돌멩이는 나의 전신
을 저리게 했었다.

  대학을 졸업하기 세 달 전인 1970년 12월부터 화란 항공회사(KLM
Royal Dutch Airlines)의 한국 총대리점인 Universal Services Co., Ltd.(이스라
엘 종합상사인 Eisenberg 상사의 항공 사업부)에 근무하고 있던 나는
1974년 초, 사업적으로 독립할 수 있는 기회를 갖게 되었다.
  당시 태국의 에어 사이암(Air Siam) 항공회사가 한국의 총대리점을
찾고 있었으므로, 같은 직장 대선배로서 내가 사회생활을 시작하는 데
에 크나큰 도움을 주었던 최종각 씨 그리고 오국홍 씨와 함께 그 사업
을 추진하기 시작했다. 당시 그와 같은 사업을 하기 위하여서는 교통
부 장관으로부터 '항공운송 대리점 사업 면허'를 취득해야만 했는데, 그
것이 하늘의 별따기처럼 어려웠다. 더욱이 모 재벌과 이미 면허를 가
지고 있던 대기업이 경쟁자로 등장함에 따라 여러가지 면에서 매우 불
리한 상황이었다.
  그러나 우리 동업자 세 사람은 각자 일을 분담하여 최선을 다하며

열심히 뛰었다. 세 사람 중 크리스천은 나밖에 없었으므로 자연히 기도는 나만의 몫일 수밖에 없었다. 나는 만약 하나님께서 이 사업을 허락하신다면, 이 사업체를 반드시 주님의 영광을 위하여 운영할 것과 모든 수익금을 주님만 위하여 쓸 것을 서원하는 기도를 거듭 드렸다.

사실 그 기도는 매우 월권적인 기도였다. 왜냐하면 내게는 두 명의 동업자가 있었고, 그분들은 모두 크리스천이 아니었기 때문이다. 그럼에도 그런 기도를 드릴 수 있었던 것은 당시 나의 믿음이 세상을 알지 못할 만큼 순수했고 또 두 동업자가 반대한다면, 삼분지 일의 주식을 가진 주주로서 나의 영역에서만은 기필코 그와 같은 결단을 지키겠다는 순진함이 있었기 때문이었다.

어느 날인가에도 그 일을 추진하느라 파김치가 되어 밤 늦게 집으로 돌아왔을 때였다. 그 때까지 잠자리에 들지 않고 기다리던 어머님이 걱정스러운 표정으로 이렇게 말했다.

"재철아, '실패는 성공의 어머니'라고들 말하지만 그건 성공했을 때의 이야기란다. 세상에는 정말 실패로 끝나버리는 실패가 너무 많단다. 내가 보기에는 지금 네가 하고 있는 일이 꼭 달걀로 바위를 치는 것 같아. 너나 네 동업자에 비해 네 경쟁자들은 너무도 막강한 사람들이지 않니. 넌 아직 젊고 기회는 얼마든지 있으니 이 다음 기회에 도전해 보는 것이 어떻겠니?"

어머님은 그 일이 성사되리라고는 믿지 않고 있었다. 그러나 나의 기를 꺾지 않기 위하여 포기하라는 말 대신, 다음 기회에 도전하라고 조심스럽게 표현한 것이었다.

어머님의 말은 지극히 타당한 말이었다. 사실 그 일을 추진하고 있던 나 자신도 반드시 그 일이 성사되리라고는 믿지 않고 있었다. 그만큼 그 일은 쉽지 않은 일이었기 때문이다. 그러나 하나님께서 기뻐하시사 나의 백 그라운드만 되어 주신다면 그 누구도 경쟁자가 될 수 없다는 믿음은 있었다. 그래서 나는 어머님께 이렇게 말했다.

"어머님께서는 이제껏 제게 무슨 일을 만나든지 기도하라고 늘 가르쳐 주시지 않았습니까? 지금이야말로 어머님의 기도가 필요한 때입니다. 기도로 도와주세요."

신실하신 하나님 아버지께서는 나와 어머님의 기도에 신실하게 응답해 주셨다. 그 일을 추진하기 시작한 지 6개월 만인 1974년 8월, 나와 두 명의 동업자들은 마침내 교통부 장관이 발행한 '항공운송 대리점 사업 면허증'을 손에 쥐게 되었다. 그때 내 나이 만 25세, 그 순간의 감격을 어찌 이루 말로 다 할 수 있으랴. 하나님 아버지께 감사 기도와, 서원한 것을 반드시 지키겠다는 결단의 기도를 간절하게 그리고 엄숙하게 드렸음은 두 말할 나위가 없었다.

필요한 면허증 문제가 해결되었으므로 이제는 회사의 상호를 확정 지어야만 했다. 왜냐하면 동업자 세 사람의 개성이 다 틀린 데다가 서로 아이디어가 많다 보니 쉽게 합의가 나지 않아, 나중에 고치기로 하고 임시 상호를 쓰고 있었기 때문이다. 마침내 제일 연장자였던 최종각 씨가, 이름 짓는 전문가(작명가)에게 가서 몇 개의 안을 가져올 테니 그 중에서 선택키로 하자는 제의를 하였다. 이에 오국홍 씨도 동의하였다. 작명가로부터 이름을 받아 온다는 사실이 개운치는 않았지만, 내 주장만을 할 수도 없고 또 달리 뾰족한 방도도 없었으므로 어쩔 수 없이 나도 동의하였다.

며칠이 지나자 최종각 씨는 장안에서 제일 유명한 작명가의 작품이라며 몇 개의 이름을 내어놓았다. 그 중에서 '홍성'(弘盛)이라는 이름이 유달리 나의 시선을 끌었다. 첫째는 그 글자가 갖고 있는 의미 때문이었다. '넓을 弘' '성할 盛', 즉 '널리 풍성하게'라는 뜻일진대, 주님의 영광을 널리 전하여 풍성하게 하겠다는 나의 사업 취지와 너무나도 잘 맞아 떨어지는 이름이 아닐 수 없었다. 두번째로는 그 두 글자의 이니셜이 HS가 되었기 때문이다. 그것은 성령(Holy Spirit)의 이니셜과 똑같았다.

나는 마음속으로 '홍성'이라는 이름을 굳혔다. 그러나 연장자들 앞에서 나의 의견을 먼저 제시할 수는 없었다. 나는 먼저 연장자인 동업자들의 의견을 물어보았다. 그러자 신비스럽게도 두 분 모두 아무리 보아도 '홍성'이라는 이름이 제일 멋져 보인다고 이구동성으로 말했다. 그토록 오랫동안 합의되지 못했던 세 사람의 이견은 '홍성'이라는 이름 위에서 순식간에 통일되고 말았다. 오랜 산고 끝에 '홍성'이 분만된 셈이었다. 1974년 10월 1일, 조선호텔 110호 사무실에서 수많은 사람들의 축복 속에 홍성통상 주식회사(주식회사 홍성사의 옛 이름)는 이렇게 해서 그 닻을 올렸다.

그 다음 해인 1975년 초, 동업자이던 오국홍 씨는 '화란 항공사 한국 총대리점' 경영에 참여하게 됨에 따라, 그리고 그해 말 최종각 씨는 '태국 항공사 한국 총대리점' 경영에 참여하게 됨으로 인해, 각각 그들이 소유하고 있던 '홍성통상'의 주식을 모두 내게 매각하게 되었다. 따라서 창업 1년여 만에 홍성통상 주식회사는 뜻하지도 않게 100% 나의 소유가 되기에 이르렀다. 말하자면 내가 서원기도를 드렸던 대로, 오직 하나님의 영광을 위해 회사를 경영하며 그 수익금은 주님만을 위하여 쓸 수 있는 기회가 온 셈이었다. 참으로 하나님은 우리의 기도에 신실하게 응답해 주시는 분이었던 것이다. 세 사람이 함께 동업으로 시작한 전도 유망한 회사가 100% 내 소유의 기업이 되리라고는, 그것도 그처럼 빨리 되리라고는, 고백컨대 나는 상상도 해 본 적이 없었다.

홍성통상 주식회사가 나의 소유가 되자 하나님께서는 믿기 어려울 만큼 번성케 해 주셨다. 1976년에 들어서면서 '파키스탄 항공회사'(Pakistan International Airlines)와 끈질긴 접촉 끝에 '한국 총대리점 계약'을 체결하게 되었다. 그런데 이 계약 체결 직후부터 폭발적인 중동 붐이 터졌다. 한국 건설회사들이 초대형 공사를 수주하기 시작했기 때문이다. 한국 근로자들이 구름처럼 중동으로 몰려가기 시작한 것도 이 때부터였다.

날이 갈수록 중동 붐의 열기는 점점 더해 가기만 했다. 마치 불 속에 기름을 붓는 것 같았다. 김포공항은 매일 중동으로 향하는 승객으로 북새통을 이루었고, 급기야는 한 해에 20만여 명의 근로자가 중동으로 송출되기 시작했다. 실로 엄청난 숫자였다. 대한항공이 오직 바레인에만 주 1회 취항하던 그 당시에 파키스탄 항공은, 일본 동경에서 주 3회 출발하여 파키스탄의 카라치를 경유, 중동의 거의 모든 도시에 취항하고 있었다. 승객이 파키스탄 항공으로 몰려드는 것은 당연한 이치였다.

때로는 아예 김포공항에서부터 점보 747을 송두리째 전세로 띄우기도 했다. 당시 파키스탄 항공사와의 계약에 의하면 중동 가는 승객 한 명당 홍성통상의 수익금은 모든 경비를 제하고 3만 4천 원이었다. 그러므로 김포공항으로부터 360석짜리 점보 747 전세기를 띄우는 날이면, 홍성사의 하루 수익금은 물경 1천2백만 원에 달했다. 그때 반포아파트 42평형이 불과 8백만 원 하던 시절이니 만큼 1천2백만 원이란 돈은 실로 거대한 금액이었다.

나는 하루 아침에 돈방석에 앉게 되었다. 실로 주체할 수 없을 만큼 많은 돈이 비행기가 뜨기만 하면 쏟아져 들어왔다. 그때 내 나이 불과 만 28세였다. 계속 눈덩이처럼 불어나는 막대한 부(富)를 하나님의 뜻대로 관리할 만큼 확고한 능력과 반석같은 믿음을 갖고 있기에는 너무 어린 나이였다. 말하자면 나는 물질적인 번영만을 구하였을 뿐, 그것의 유혹에 빠짐이 없이 그것을 바르게 쓸 수 있는 믿음을 구한 적은 없었다. 마치 돈이 생기기만 하면 저절로 하나님 앞에서 선한 청지기가 되는 줄 착각하고 있었다. 다시 말해, 돈으로 비롯되는 유혹이 얼마나 크고 깊은지를 아직 알지 못하던 애송이에 불과했다.

돈이 쏟아져 들어오기 시작하면서 나는 나도 모르게 돈의 위력을 즐기기 시작했다. 하나님은 언제나 뒷전이었고 내 삶의 첫 자리에는 늘 나의 욕망이 자리하고 있었다. 욕망을 채우는 데에는 돈보다 더 편리한 것이 없었다. 믿음없는 젊음 위에 더해지는 재물이란 젊음 그 자체를 망가뜨리는 독약이었다. 나는 욕망과 쾌락의 늪 속에 서서히 침몰해 가고 있었다.

제일 먼저 나는 집을 바꾸었다. 동부 이촌동에 있는 빌라맨션 78평형 아파트로 이사했다. 그때 그 아파트는 돈으로 살 수 있는 아파트 중에서 제일 큰 아파트였다. 만약 100평짜리 아파트가 있었다면 주저없이 그것을 샀을 것이다. 돈이 있었기 때문이다. 집을 바꾼 나는 그 다음으로 벤츠 승용차를 구입했다. 머리 끝에서부터 발 끝에 이르기까지 내 몸에 걸친 것은 모두 외제로 바뀌어졌다. 젊은이가 큰 돈을 벌었다는 소문이 나자 사회 지도층의 유력인사들과 절로 교분이 맺어지기 시작했다. 드디어 천하가 모두 내 것처럼 여겨지기 시작했다.

낮이면 골프장에서 살았고 밤이면 살롱과 요정을 누비고 다녔다. 벤츠를 타고 유명인사들과 나타나 돈을 물쓰듯 하였으니, 어떤 술집에서든지 언제나 최고의 대접을 하였다. 미리 예약을 한 뒤 벤츠를 타고 술집에 도착하면 아버지 뻘의 지배인이 달려나와 허리를 굽혀 영접하여 주었고, 나는 당연한 듯이 그들에게 반말을 썼다.

내 욕망을 다 채우기에 서울은 너무 좁았다. 그래서 나는 거의 매달에 한번 꼴로 일본 동경으로 날아갔다. 항공사업을 하는 사람들에게는 각 항공사가 무료 항공권을 발행해 줄 뿐만 아니라, 대부분의 호텔들이 할인 혜택을 주었으니 그야말로 물고기가 날개를 얻은 셈이었다. 한 달에 3~4일씩 데이고꾸호텔, 오꾸라호텔, 오따니호텔 혹은 힐튼호텔에 머물면서 매일 긴자나 아까사까 또는 록뻥기의 밤거리를 누비고 다녔다. 얼마 지나지 않자 그것으로도 양이 차지 않았다. 마침내 홍콩, 방콕, 빠리, 런던, 뉴욕, 샌프란시스코, 하와이 등지로 활동 무대가 넓어지기 시작했다.

말하자면 그때 나는 패륜아였다. 나를 알던 세상 사람들은 모두 나를 가리켜 패기와 박력을 지닌 유능한 젊은 사업가로 높여주었지만, 나만은 나를 정확하게 인식하고 있었다. 내 '구두 속의 돌멩이' 때문이었다. 내가 어둠 속에 빠져들면 들수록 나의 양심을 더욱 예리하게 찌르며 나의 일그러진 모습을 쉬임없이 비추어 주었다. 그러므로 세상의 쾌락을 좇아다니면서도 마음속의 번민과 갈등과 고통은 끊어질 날이 없었다. 그처럼 추하게 일그러진 모습이 결코 나의 참 모습일 수 없고, 또 되어서도 안됨을 누구보다도 나는 잘 알고 있었다. 그러나 인간의 앎이라는 것이 믿음없는 인간의 본능 앞에서는 얼마나 볼품없이 허약한 것인가! 알고 있음에도 불구하고 그릇된 삶을 청산하지 못했던 것은 참된 믿음이 없기 때문이었다.

증폭되는 갈등 속에서도 나의 이중생활은 계속되었다. 월요일부터 토요일까지는 늘 술독에 빠져 있었고 주일이면 누구보다도 열심으로 교회봉사를 하였다. 말하자면 일종의 보상심리였다. 주일 하루 봉사를 통해 일주일 동안의 잘못된 삶에 대한 면죄부를 받으려는 심정이었지만, 그러나 마음의 평화는 결코 주어지지 않았다. 그것은 그릇된 삶을 청산하지 않는 한 결코 해결될 수 없는 것이었다.

마침내 1977년 8월이 되었을 때, 나는 더이상 어떻게 할 도리가 없었다. 드디어 '구두 속의 돌멩이'가 나를 꼼짝도 못하도록 나의 전신을 옭아 매었기 때문이다. 나는 그제서야 홍성통상을 주님의 영광을 위해 운영할 것과, 모든 수익금을 주님만 위해 쓸 것을 서원했던 3년 전의 기도를 생각해 내었다. 그리고 주님을 위해 무엇을 할 것인지를 곰곰이 생각하기 시작했다. 그러나 이것이 나의 타락한 삶을 청산한다는 의미는 결코 아니었다. 정확하게 말한다면, 세상과 더불어 살면서도 어떻게 하면 더이상 양심의 거리낌 없이 하나님의 사업도 병행할 수 있겠는지를 심사숙고하기 시작했다. 마침내 결론을 얻었다. 문서선교를 위해 출판업에 진출하기로 한 것이었다.

일단 하나님의 영광을 위하여 출판을 시작하기로 한 이상, 그것을 추진하는 데에는 두 가지의 방법이 있을 수 있었다. 처음부터 신앙서적을 출판하는 것이 첫번째요, 일반 교양서적을 먼저 출판하다가 신앙서적으로 나아가는 것이 그 두번째 방법이었다. 나는 두번째 방법을 택하기로 하였다. 처음부터 신앙서적만 출판한다면 비기독교인들은 전혀 그 출판사에 대해 관심을 갖지 않을 것이므로, 믿지 않는 사람들을 위한 진정한 의미의 선교는 불가능하다고 판단했다.

그래서 먼저 일반 분야에서 한국 최고의 출판사를 만들기로 했다. 일단 우리 출판사를 믿고 신뢰하는 독자층이 두텁게 형성되기만 하면, 그 독자들 중에서 설령 비기독교인이라 할지라도 적지 않은 사람들이 앞으로 출판되어질 신앙서적도 별 거리낌없이 선택하리라 믿었다. 그 판단은 결과적으로 옳은 것이었다. 홍성사가 지금은 「믿음의 글들」만 출판하고 있음에도 불구하고 다른 기독교 출판사와는 달리 기독교 서점뿐만 아니라 전국의 일반 서점에서도 취급되고 있는 까닭이 여기에 있기 때문이다.

목표와 방법이 확정된 이상, 남은 것은 추진하는 일밖에 없었다. 별도의 출판사를 세우는 대신 홍성통상 주식회사 내에 출판부를 두기로 했다. 홍성통상 주식회사가 막대한 수익을 내고 있던 만큼, 그것이 출판사업을 위한 자금투자 면에서 신규회사를 설립하는 것보다 훨씬 유리하다고 판단되었다.

그래서 1977년 8월 24일 회사의 이름을 '주식회사 홍성사'로 바꾸었다. ‘홍성통상’이란 이름은 출판과는 어울리지 않았기 때문이다. 그리고 그해 9월 20일 주식회사 홍성사의 이름으로 문공부에 출판등록증을 받았다. 단행본 출판계 최초의 주식회사는 이렇게 해서 탄생되었다. 그와 동시에 홍성사를 최단시일 내에 한국 최고의 출판사로 만들 수 있는 엘리트들을 찾기 시작했다. 그때 만난 사람이, 지금은 한국 최고의 ‘북 디자이너’로 자타가 공인하고 있는 정병규 씨였다. 고려대학교에서 대학신문 편집장을 지냈던 정병규 씨는, 그때 출판사 민음사의 편집장이었다.

홍성사 출판부의 주간(主幹)을 맡은 정병규 씨는 출판사로서의 홍성사에 관한한 초석을 다져준 분이었다. 그는 사방에 숨겨져 있던, 편집분야의 보석같은 인재들을 찾아왔다. 불문학자 황현산 교수, 교육학자 김춘일 교수, 소설가 김원우 씨 그리고 시인 최승자 씨 등이 이때 홍성사의 편집실에서 함께 일하던 동료들이었다.

우리는 최단시일 내에 대학생들을 상대로 일반 교양 학술분야에서 출판계를 석권키로 하고, 먼저 지성인을 위한 「홍성신서」(弘盛新書) 시리즈를 출판하기로 하였다. 이에 따라 정병규 씨는 밤낮을 가리지 않고 뛰기 시작했다. 그 결과 그 해가 다 가기도 전에 국내 각 분야의 저명한 교수는 대개 홍성사와 저작 혹은 번역 계약을 맺을 정도가 되었다. 동시에 소설, 시 등의 출판을 위한 작가와의 섭외를 위해서도 경비의 제한을 두지 않았다. 단시일 내에 수많은 작가와의 교분이 이루어졌음은 물론이었다.

이제는 영업부를 담당할 사람을 찾을 차례였다. 출판계 내에서 아무리 찾아보아도 나의 이상과 상응하는 사람을 만날 수가 없었다. 당시 출판계는 대개 영세하였을 뿐만 아니라 주식회사라고는 하나도 없었으므로, 내가 계획하고 있는 정도의 규모를 책임질 만한 사람을 쉽게 만나기가 힘들었다.

나는 마침내 직원들의 많은 반대에도 불구하고 출판계 밖에서 영업 책임자를 찾기로 했다. 어차피 새로운 스타일로 출판계에 뛰어들어 단시일 내에 정상을 차지하기로 작정한 이상, 처음에는 다소 무리가 있더라도 출판계의 무경험자가 더 유리하리라는 판단에서였다. 그래야만 출판계의 구습에 구애됨이 없이 오히려 새로운 전통을 세워나갈 수 있다고 믿었기 때문이다. 그래서 만난 사람이 손달진 씨였다. 상호신용금고에서 영업을 담당하고 있던 손달진 씨는, 홍성사의 출판 영업에 관한한 개척자였다. 모든 분야의 개척자가 다 그러하듯이, 손달진 부장도 전국 서점 판매망 구축을 위하여 몸을 돌보지 아니하고 헌신적인 노력을 아낌없이 쏟아 부었다. 이제 모든 준비는 다 끝났다. 남은 것은 책이 출간되는 것뿐이었다.

1978년 1월 25일, 드디어 주식회사 홍성사가 발행한 첫번째 책, 다시 말해 「홍성신서」 1번이 출판되었다. 에리히 프롬(Erich Fromm)의 〈소유냐 삶이냐〉(To have or To be)였다. 이 책은 결코 쉽게 이해할 수 있는 책이 아니었기 때문에 판매에는 전혀 기대를 걸지 않았다. 단지 홍성사가 처음으로 발행하는 책으로서의 상징성에 만족하던 터였다. 그런데 실로 놀라운 이변이 생기고 말았다. 이 책이 서점에 배포를 시작한 그 날부터 베스트 셀러가 되었던 것이다. 그뿐만이 아니었다. 뒤이어 출판된 C. 라이트 밀즈(C. Wright Mills)의 〈사회학적 상상력〉(Sociological Imagination)(홍성신서 3번), 그리고 J. K. 갈브레이드(John Kenneth Galbraith)의 〈불확실성의 시대〉(The Age of Uncertainty)(홍성신서 9번) 등 출판하는 책들마다 연이어 베스트 셀러의 행진을 계속하였다.

이것은 이후 출판계에 중요한 이정표를 제시해 주게 되었다. 즉 그때까지 출판계의 통념은, 딱딱한 사회과학 서적들은 베스트 셀러가 될 수도 없고 따라서 시리즈로 기획출판의 대상이 될 수도 없다는 것이었다. 그런데 「홍성신서」는 그러한 통념을 하루 아침에 뒤엎어 버리고 말았다. 뿐만 아니라 비슷한 시기에 시작되었던 한길사의 '오늘의 사상신서' 역시 이 사실을 구체적으로 증명해 주었고, 이 때부터 사회과학 서적의 기획출판이 보편화되기 시작했다.

「홍성신서」만 돌풍을 일으킨 것이 아니었다. 세계적인 프랑스의 철학자인 사르뜨르와의 계약결혼으로 세계 지성인들의 이목을 집중시켰던 시몬느 드 보브와르(Simone de Beauvoir)의 첫번째 장편소설인 〈초대받은 여자〉(L'Invitée)를 그 해(78년) 7월 25일 출판했는데 이 책 역시 그 날부터 베스트 셀러가 되었다. 홍성사의 출판계 데뷔는 대성공이었다. 자연히 출판계와 서적계 그리고 언론사 문화부의 관심이 홍성사에 집중되기 시작했다. 참으로 기적같은 일이었다. 그런 만큼 나는 하루속히 정상을 차지하기 위하여 더 빨리 달려나아가야만 했다. 바로 그 정상에서부터 문서선교를 시작하기 위함이었다.

출판되는 책의 종류가 많아질수록 제작상의 문제가 발생하기 시작했다. 거래하는 인쇄소나 제본소의 공급이 서점의 수요를 따르지 못하는 것이었다. 그래서 1978년 말 '홍인인쇄'를 인수하여 '홍성인쇄'로 그 이름을 바꾼 뒤, 우리의 모든 책은 우리가 직접 조판하고 인쇄하기 시작했다. 제작에 기동력이 생겼음은 물론이었다. 인쇄소를 경영하다가 출판업에 진출하는 경우는 있었지만, 순수 단행본 출판사가 자체 제작을 위해 인쇄소를 인수한 것은 처음 있는 일이었다.

그리고 그 비슷한 시기에 출판사로서는 최초로 '홍성기획'을 설립하였다. 그 때까지 단행본 출판사의 경우 자체 미술부를 갖고 있는 곳은 아무 데도 없었다. 편집사원들이 외국의 그림이나 사진을 이용, 모방하여 표지와 광고를 만드는 것이 고작이었다. 예외가 있다면 책의 저자와 절친한 화가가 특별히 저자를 위하여 그림을 그려 선사해 주는 경우 정도였고, 전문 디자이너가 책의 내용을 완전 소화하여 그 책에 맞는 표지를 창작한다는 것은 감히 엄두를 내지 못하고 있었다. 그만큼 그 당시의 출판계가 영세하였음을 의미하였다.

　제일기획과 오리콤 등 국내 최고의 광고 기획사들로부터 네 명의 디자이너와 한 명의 카피 라이터(Copy Writer)를 영입하여 '홍성기획'을 설립한 뒤, 홍성사에서 발행되는 모든 서적 표지 디자인과 광고를 전담케 했다. 현재 홍성사가 쓰고 있는 회사 마크 역시 그 당시 홍성기획 디자이너들의 작품이다. 그리고 '살아 있는 책들'이란 홍성사의 캐치 프레이즈는 홍성기획 카피 라이터였던 시인 김창범 씨의 아이디어였다. 홍성사의 책들은 아무리 세월이 흘러도 결코 죽지 않을 것이라는 의미로서 그만큼 자신있는 양서만 발행한다는 뜻이었다.

　전문 디자이너들이 표지를 창작해 내는 홍성사 책들은 금새 독자들의 관심을 끌기 시작했다. 거의 매일 게재되는 새로운 스타일의 신문 및 잡지광고 역시 화제를 불러 일으켰다. 그뿐 아니라 길브레이드의 〈불확실성의 시대〉가 MBC-TV에서 다큐멘터리로 방영될 때를 맞추어 그 책을 TV 스포트 광고로 내보내었고, 소설의 경우에는 FM 라디오를 통하여 매일 광고 방송을 하였다. 그 모든 것들이 당시의 출판계 상황에서 볼 때에는 모두 획기적인 기획들이었다.

　홍성인쇄, 홍성기획, 신문 및 잡지 광고 그리고 TV 광고 등은 돈과 사람 없이는 불가능한 일들이었다. 인원은 계속 늘어났고 돈은 끊임없이 투자되었다. 마침내 출판을 시작한 지 만 2년이 되는 1979년 말 현재, 출판만을 위해 신규투자된 자금의 총액은 물경 5억 5천만 원에 달했다. 그것은 실로 엄청난 금액이었다. 대한민국 출판사상 이처럼 막대한 금액을 신규투자하고서 출판시장에 뛰어든 경우는 홍성사가 전무후무였다. 그 결과, 1979년 말이 되었을 때 홍성사는 명실공히 단행본 출판시장의 정상에 올라 있었다.

　그러나 그때 불행히도 나는 중요한 한 가지 사실을 잊고 있었다. 왜 출판계의 정상을 차지했어야만 했는지 그 이유를 잊어버리고 만 것이다. 정상을 바라보고 뛰기만 하다 보니 수단이어야 할 정상이 그만 목적이 되어버렸던 것이다. 다시 말하면 그 정상에서 주님의 영광을 드러내어야 한다는 목적을 상실해 버리고 말았던 것이다. 그저 하루하루 정상에 도전하고 정복하고 유지하는 일을 즐기고만 있었다. 매일 저녁 유명한 작가들과 저명한 교수들과 어울려 술 마시는 일이 가장 중요한 일과가 되었다. 2년 전에 비하여 내 삶이 달라진 것이라고는 아무 것도 없었다. 단지 술 마시는 주 상대가 문화계 인사로 바뀌었을 뿐이었다. 주님의 영광을 위한 출판을 위하여 출판계의 정상을 차지하리라 결심하였음에도 불구하고, 나는 가장 세속적인 방법으로 그 정상 위에 걸터 앉아 있었다. 따라서 출판이란 적어도 신앙적인 관점에서 볼 때 변함없는 내 삶에 대한 면죄부 이상의 의미는 없었다. 그러니 그토록 애써 출판계의 정상을 차지하였음에도 불구하고 그 어느 때보다 더 심하게 다리가 저리지 않을 수 없었다.

저무는 태양

마침내 한 세대가 새로이 시작되는 1980년이 되었다. 내 나이 만 31 세였다. 새해가 되었음에도 불구하고 정국은 더욱 난기류 속으로 빠져들고 있었다. 10·26 박정희 대통령 피살사건의 충격은 12·12 신 군부의 쿠데타를 거쳐 80년에 접어들면서 거의 광란으로 치닫고 있었다. 모든 것이 비정상적이었고, 그런 만큼 모든 것을 예측할 수 있음에도 불구하고 사람들은 애써 그 예측을 부인하려고 안간힘을 쓰고 있는 것이 역력해 보였다.

그 때야말로 내 자신을 정립할 절호의 기회였다. 나는 도대체 누구인지, 왜 살아야 하는지, 무엇을 위해 살아야 하는지, 그 난국의 와중에서 기업이란 어떤 의미를 가지며 그 목적이 무엇이어야 하는지, 그리스도인으로서 어떻게 사회적인 책무를 다할 것인지를 진지하게 생각해 보아야만 했다. 그러나 불행히도 나는 그 기회를 놓쳐버리고 말았다. 그 때는 그런 것을 심사숙고할 만큼 홍성사가 한가롭지 않았기 때문이다.

그때 홍성사는 이미 항공, 무역, 출판, 인쇄, 광고기획의 다섯 분야에 진출해 있었다. 다섯 군데의 사무실에서 일하는 직원의 총 수는 120명이나 되었다. 인건비만 하더라도 결코 적은 금액이 아니었다. 아무리 출판에 투자가 많이 되고 그 비중이 커졌다 할지라도, 그러나 홍성사의 주력사업은 뭐니뭐니해도 항공이었다. 그런데 그 항공 쪽에 문제가 있었던 것이다. 그것은 비단 어제 오늘의 문제가 아니라, 이미 오래 전부터 씨앗이 움트고 있었던 문제들이었다. 충분히 예견하고 있었고 백방으로 노력하였음에도 불구하고 사태는 더욱 비관적으로만 전개되고 있었다. 인간의 노력과 의지만으로는 안된다는 것을 뼈저리게 경험하는 순간이었다.

그때 홍성사의 모태가 되었던 에어 사이암 항공회사는 이미 태국에서 본사가 도산해 버린 뒤였기 때문에 홍성사 항공부는 파키스탄 항공의 대리점 업무만 행하고 있었다. 파키스탄 항공에 비하여 에어 사이암 항공의 매출은 비교도 안되었으므로 에어 사이암의 도산은 홍성사에 아무런 영향을 미치지 못했다. 문제는 홍성사의 달러 박스였던 파키스탄 항공 쪽에서 발생하기 시작하였다.

한국을 기점으로 한 중동 노선이 세계 항공업계에서 최고의 황금노선으로 각광을 받기 시작하자, 세계 유수의 항공사들이 지난 2년 동안 잇달아 서울 – 중동노선을 신설 혹은 확장하고 있었다. 영국 항공, 일본 항공, CPA항공, 싱가폴 항공 등이 속속 경쟁에 뛰어들기 시작하면서, 그와 같은 항공사에 비하여 상대적으로 이미지 면에서 열세에 있던 파키스탄 항공은 고전하기 시작했다. 초기에 거의 독점하다시피 했던 시장은 이미 무너져 버렸고, 가능하면 선진국의 비행기를 선호하는 승객들의 취향으로 볼 때 시간이 흐를수록 경쟁력이 떨어질 것은 불을 보듯 뻔한 일이었다.

대안을 마련해야만 했다. 대안이란, 일개 총대리점인 나의 노력으로 본사인 파키스탄 항공사의 질을 향상시킬 수는 없는 일이었으므로 파키스탄 항공사와는 다른 경쟁력을 가진 항공사를 찾아 제2의 파트너로 보완하는 수밖에 없었다. 그래서 한국에 아직 총대리점을 갖고 있지 않거나, 혹은 있더라도 대리점을 교체하기를 원하는 항공회사가 있는지를 은밀하게 찾기 시작했다.

바로 그 즈음인 79년 이른봄 어느 토요일 오후 4시경, 한 외국인의 방문을 받았다. 미스터 낫쓰(Mr. Nath)라고 자신을 소개한 그는 인도 항공사(Air India)의 한국담당 책임자로서 한국에 새로운 대리점을 찾기 위해 파견된 특사인 셈이었다.

그가 나를 찾았던 까닭은 내가 파키스탄 항공사의 대리점이었으므로, 중동시장을 노리고 있는 인도 항공의 입장에서 여러가지 정보를 얻기 위함이었다. 얼굴에 콧수염을 기르고 영국에서 공부를 했다는 그는 대단히 호감이 가는 사람이었다. 나는 그가 알고 싶어하는 것들에 대해 내가 아는 한 모든 것을 대답해 주었고, 그가 보고 싶어하는 모든 자료를 다 보여주었다. 그동안 우리가 이루었던 실적을 본 그는 매우 놀라는 표정이었다. 그의 생각보다 우리의 실적이 훨씬 더 높았기 때문이었다. 땅거미가 끼기 시작할 즈음 이미 우리는 마치 십년지기라도 되는 듯 매우 절친한 사이가 되어 있었다.

조금 더 어두워졌을 때 그가 말했다. 토요일이긴 하지만 만약 괜찮다면 자기가 저녁을 사겠다는 것이었다. 우리는 조선호텔 식당으로 자리를 옮겨 반주를 곁들여 식사를 했다. 식사가 끝났을 때 우리는 더욱 가까워져 있었다. 2차가 없을 수 없었다. 저녁만 되면 술 마실 건수를 찾던 시절이었으니, 그 좋은 기회를 마다할 이유가 없었다.

나는 그를 성북동에 있던 T요정으로 인도하였다. 마치 대궐같이 큰 술집 규모를 본 그는 처음에는 넋이 나간 사람처럼 보였다. 특실에 자리잡은 우리는 밴드에 맞추어 각기 자기나라 노래를 불러가며 술을 마셨다. 이윽고 통금이 가까워지자 나는 지배인을 불러 밤새워 마실 것을 통보하였다. 예전에도 그랬던 것처럼 지배인은 순식간에 새로운 상을 들여왔다.

새벽 2시경이 되었을 때였다. 그가 나에게 느닷없이 여권이 있느냐고 물었다. 그 당시는 여권을 내기가 지금처럼 쉽지 않았고, 또 여권을 발급받더라도 해외여행이 끝남과 동시에 무효화 되어버리기 때문에 아무 때에든지 여행을 할 수 있는 복수여권은 자격을 갖춘 사람만 소지할 수 있었다. 내가 가지고 있다고 말하자 그는 날이 새는 대로 첫 비행기를 타고 자기와 함께 일본에 가지 않겠느냐고 물었다. 나는 그가 술이 취해 농담을 하는 줄만 알았다. 내가 반응을 보이지 않자 그가 자세를 가다듬으면서 인도 항공사의 한국 총대리점을 맡아주지 않겠느냐고 진지한 표정으로 말하는 것이었다.

나는 내 귀를 의심했다. 인도 항공사라면 파키스탄 항공사보다는 훨씬 이미지가 좋을 뿐만 아니라, 중동노선 또한 충분히 경쟁력이 있었다. 따라서 적지 않은 업체들이 인도 항공사와의 대리점 계약 체결을 위해 애쓰고 있던 터였다. 만약 홍성사가 인도 항공사의 대리점을 겸하게 되기만 한다면 파키스탄 항공의 결점을 넉넉하게 보완, 그야말로 금상첨화가 될 터였다. 그런데 그 당사자가 자기 발로 내 사무실을 찾아왔을 뿐만 아니라, 더욱이 만난 지 12시간이 채 되지도 않아 자기 입으로 먼저 대리점을 맡아달라고 제의하고 있으니 믿기지 않을 수밖에 없었다.

순식간에 술기운이 싹 가셨다. 사업가의 기질이 본능적으로 발휘되었기 때문이다. 유리한 국면일수록 침착할 필요가 있었다. 나는 그가 왜 나더러 날이 새는 대로 일본을 가자고 했는지 그 이유를 먼저 물었다. 그의 대답은 간단 명료했다. 자신은 이미 인도 항공사의 한국 총대리점으로 홍성사를 심중에 굳혔으므로, 만일 내가 동의하기만 한다면 아예 일본으로 가서 한시 바삐 확정을 지어버리자는 것이었다. 그는 인도 항공 일본 지사장의 지휘 계통에 속해 있기 때문이었다. 말하자면 그의 상사를 함께 직접 만나 쇠뿔을 단숨에 빼버리자는 의미였다.

나는 다시 그에게 만난 지 하루도 지나지 않았는데 그토록 급하게 홍성사를 대리점으로 결정하려는 이유가 무엇인지를 물었다. 지금 그가 제 정신으로 하는 이야기인지 아니면 술주정을 하고 있는지를 구별하기 위함이었다.

그는 그 이유로 첫째 홍성사의 실적, 둘째로 나의 젊은 패기, 그리고 마지막으로 나에 대한 개인적인 호감을 들었다. 적어도 술취한 사람의 헛소리로는 들리지 않았다. 나는 그 자리에서 날이 밝는 대로 일본을 함께 가리라 약속했다. 손해 볼 것은 아무 것도 없었다. 아니 일이 성사되기만 하면 그것은 엄청난 이권임에 틀림없었다. 그것이야말로 파키스탄 항공의 핸디캡을 보완할 수 있는 멋진 해결책이 될 것이었다.

우리는 계속 술을 더 마시다가 새벽 4시에 통금이 해제되자마자 술집을 나섰다. 일본으로 출발하기 위해서였다. 일본으로 출발하는 첫 비행기 시간에 김포 비행장에서 만나기로 하고, 그의 숙소인 남산 외인 아파트에 데려다 준 후 나는 집으로 돌아왔다. 간단하게 짐을 챙긴 뒤 나는 곧장 사무실로 갔다. 일본에서 주고 받을 상담을 준비하기 위해서였다. 그때 내 나이 만 30세였으므로 꼬박 밤을 새는 것은 다반사로 있는 일이었다. 사무실에서 나는 인도 항공사의 일본 책임자가 내게 던질 질문을 생각해 가면서 필요한 답변과 서류들을 준비하였다.

그리고 공항으로 출발하기 전에, 나는 파키스탄 항공사의 한국 지점장으로 파견나와 있던 미스터 베이거(Mr. Baig)에게 미리 전화해 두는 것도 잊지 않았다. 파키스탄 항공사와 인도 항공사는 노선상 서로 경쟁관계에 있었으므로, 만약 그가 반대한다면 난처해질 수 있었기 때문이다. 나의 전화를 받은 미스터 베이거는 흔쾌히 동의하면서 나의 행운까지 빌어주었다. 뿐만 아니라 자기도 인도 항공사의 미스터 낫쓰를 알고 있으므로 안부를 전해 달라고 하였다. 매우 순조로운 출발이었다.

이렇게 해서 바로 주일날 아침 나는 일본행 첫 비행기에 탑승하였다. 주일을 범해야 할 아무런 이유가 없었다. 물론 경쟁자들이 있긴 하였지만 그렇다고 시간을 다툴 만큼 화급한 일이 아니었다. 오히려 현지 책임자인 미스터 낫쓰가 내 편이 된 이상 하루 이틀 늦어진다고 해서 문제될 것이 전혀 없었다.

그럼에도 불구하고 교회의 집사요, 제직회 서기요, 고등부 반사란 사람이 사업을 핑계삼아 토요일 밤을 술로 새우고, 더욱이 주일을 이유 없이 범하면서도 양심의 가책을 추호도 느끼지 않던 것이 바로 그 당시의 적나라한 나의 모습이었다. 그러면서도 나는 언제나 주님의 영광을 위해 사업을 하고 있다는 착각 속에서 헤어나오지를 못하고 있었다. 참으로 교만과 무지의 시기였다. 그러니 교만은 패망의 선봉이란 말씀도, 여호와를 경외하는 것이 지혜의 근본이란 말씀도 귀에 들어올 리가 없었다.

비행기가 일본 오사까에 도착하자마자(인도 항공의 일본 내 본사는 오사까에 있었다) 총책임자인 미스터 기드바니(Mr. Gidvaney)를 만났다. 오후 3시부터 밤 11시가 되기까지 다과, 저녁식사, 술을 번갈아 들어가며 그는 중동시장의 현황과 전망에 대하여 끊임없이 질문을 계속하였다. 말하자면 나에 대한 테스트였다. 이윽고 밤 12시가 가까워졌을 때, 얼근히 술이 취한 그는 내게 악수를 청하며 내일 아침 함께 홍콩으로 가자고 말했다. 내가 이유를 묻자, 홍성사와 체결할 계약서에 서명을 할 최종 결정권자가 홍콩에 있기 때문이라 했다. 말하자면 그로써 2차 관문을 통과한 셈이었다.

월요일 아침, 나 그리고 미스터 낫쓰와 기드바니는 홍콩행 인도 항공에 탑승하고 있었다. 비행기 내에서의 나에 대한 미스터 기드바니의 배려는 기대 이상이었다. 1등석 탑승은 물론이었고 비행기가 이륙한 후 1시간쯤 지났을 때에는 나를 조종석에까지 안내하였다. 그래서 비행기가 홍콩에 착륙할 때에는 조종석의 보조의자에 앉아, 승객석에서는 도저히 상상도 할 수 없는 스릴과 흥분을 만끽하기도 했다.

그날밤 인도 항공의 극동지역 총책임자인 미스터 샤(Mr. Shah)가 베푸는 만찬이 있었다. 인도 왕족의 후예로 알려진 미스터 샤는 은백색의 머리와 턱수염을 가진 장신의 노신사였다. 일거수 일투족에서 귀족다운 기품을 읽을 수 있었다. 이미 미스터 기드바니로부터 보고를 받은 미스터 샤는 극히 의례적인 것 몇 가지 외에는 업무적인 이야기를 일체 하지 않았다. 그날 그 만찬의 의미는, 이제부터는 서로 좋은 파트너가 되자는 상견례와 친교의 의미였다. 말하자면 그 만찬으로써 홍성사는 인도 항공의 한국 총대리점으로 확정된 셈이었다. 하룻밤 사이에 상황이 뒤집어질 염려는 전혀 없었다.

그날밤, 인도 사람들과 더불어 꼭지가 돌도록 술을 마셨음은 물론이었다.

다음날 아침, 그러니까 정확하게 화요일 아침 9시, 미스터 샤의 집무실에서 그와 나는 대리점 계약서에 서명하였다. 서울을 출발한 지 48시간 만에, 그리고 토요일 오후 4시 미스터 낫쓰의 방문을 받은 지 불과 65시간 만에 이루어진 일이었다. 사흘이 채 되기도 전에 대리점 계약이 정식으로 체결되었다는 것은 실로 꿈같은 일이었다. 미스터 샤와 나에 의해 서명된 계약서는 즉시 홍콩 주재 인도 영사관으로 보내어져 인도 영사의 공증을 받았다.

그날 오후 나는 서울행 비행기에 앉아 있었다. 토요일부터 사흘 동안을 거의 자지 못했기 때문에 육신은 말할 수 없이 피곤했지만, 그러나 마음은 날아오를 듯이 기뻤다. 해냈다는 성취감 때문이었다. 지금이 시간에도 얼마나 많은 업체들이 외국 항공회사들을 잡기 위해 뛰어다니고 있는가? 그리고 계약에 이르기까지 거쳐야 할 관문은 얼마나 많으며, 또 얼마나 많은 시간과 돈을 퍼부어야만 하는가? 그러나 나는 불과 사흘도 되기 전에 서울—일본—홍콩을 누비면서 계약서를 품고 귀국 중이다. 전쟁에서 대승리를 거두고 귀환하는 개선장군이 조금도 부럽지 않았다. 나는 꼬냑을 한 잔 시켜 마신 다음 1등석의 의자에 내 몸을 깊이 파묻었다. 서울에 비행기가 도착할 때까지 못 잔 잠을 채우기 위함이었다.

육체가 극도로 피로해지면 오히려 잠이 오지 않는 법이다. 육체는 꺼져가면서도 정신은 고통스러우리만치 말짱했다. 어떻게 하면 잘 수 있을까? 이리 뒤척 저리 뒤척하면 할수록 이제 파키스탄 항공과 더불어 인도항공이 내게 안겨줄 성공과 부의 열매가 눈 앞에 어른거리기만 했다. 그때 갑자기 내 마음속 깊은 곳으로부터 또렷한 음성이 들려왔다.

'재철아, 그 많은 돈으로 도대체 너는 무엇을 하려느냐?'

순간 나는 몸을 일으켜 세워 바로 앉지 않을 수 없었다. 왜냐하면 그 질문에 금방 대답할 수가 없었기 때문이다. 내가 지금 왜 이 비행기에 타고 있는가? 왜 지난 사흘 동안 일본과 홍콩을 누비고 다녔는가? 무엇 때문에 사흘씩이나 잠도 자지 못한 채 술독에 빠져 있어야 했는가?

아무리 생각해도 해답이 없었다. 내가 도대체 왜 이러고 있는가? 아! 그렇구나, 하나님의 영광을 위해서지! 이 해답이 생각나기까지는 실로 오랜 시간을 필요로 했다. 나는 마치 어려운 숙제를 마친 기분으로 다시 몇 잔의 술을 시켜 마신 후 깊은 잠에 곯아 떨어지고 말았다.

그러나 나는 그날 그 비행기 안에서 더 많은 것을 더 깊이 생각했어야만 했다. 구체적인 원칙과 그에 대한 철저한 실천 없이 하나님의 영광을 위해 산다는 것은, 실제로는 하나님의 영광을 위해 살 의사가 추호도 없음을 의미한다는 것을 말이다. 하나님께서 우리에게 요구하시는 것은 우리의 업적이나 돈이 아니라 진실된 우리의 삶이라는 사실을 말이다. 그러므로 하나님의 영광은 결과로서가 아니라, 과정 그 자체에서 드러나지 않으면 안된다는 것을 말이다.

그날 나는 이런 것들을 주님 앞에서 진지하게 생각해 보아야만 했다. 그 많은 돈으로 도대체 무엇을 할 것이냐고 물어주셨던 분이 바로 주님이셨기 때문이다. 그러나 나는 주님의 그 귀한 은총을 하찮은 몇 잔의 술 그리고 덧없는 육체의 잠과 맞바꾸어 버리고 말았다. 그래서 나는 몇 년이라는 세월을 더 미몽 속에서 허비하지 않으면 안되었다. 모든 것이 자업자득이었다.

나는 귀국 즉시 교통부에 '사업내용 변경 신청서'를 제출했고, 교통부에서는 곧 인도 항공사의 대리점까지 겸할 수 있도록 승인하여 주었다. 모든 준비는 완벽하게 끝났다. 이제는 영업을 시작하는 일만 남았다. 그런데 문제는 전혀 엉뚱한 데서 터졌다. 직원들과 함께 영업계획을 세우고 있는데 갑자기 미스터 낫쓰가 얼굴이 새하얗게 질린 표정으로 나타나 참으로 기막힌 이야기를 하는 것이었다.

인도 항공사는 인도의 국영기업이다. 홍콩에 있는 미스터 샤가 나와 계약을 체결한 후 그 사실을 인도의 본사에 보고하였을 때, 마침 이 사실을 우연히 알게 된 인도의 한 야당 국회의원이 이것을 국회에서 정치문제화시켜 버렸다. 그 당시까지만 해도 인도와 파키스탄은 크고 작은 전쟁을 치르던 적대국 사이였다. 그러므로 한국 내에서 하필이면 파키스탄 항공사의 대리점인 홍성사를 인도 항공사의 대리점으로 선정한 것은 인도 항공사의 정보를 적국에 빼돌리는 이적행위가 아니냐는 야당의원의 주장은, 그 당시 그 나라의 상황으로 볼 때는 대단히 설득력이 있는 주장이었다.

따라서 홍콩에 있는 미스터 샤는 홍성사가 파키스탄 항공사와의 계약을 파기하고 인도 항공사와만 거래해 주기를 바란다고 미스터 낫쓰가 전해 주었다.

나는 정중하게 그 제의를 거절할 수밖에 없었다. 만약 파키스탄 항공과 인도 항공 둘 중에 하나를 택해야 할 사정이라면 미우나 고우나 그동안 한솥밥을 먹어온 파키스탄 항공사를 택하는 것이 당연한 이치였기 때문이다. 미스터 낫쓰는 오랜 시간 동안 나를 설득시키려고 애썼지만 나는 미스터 낫쓰를 만족시켜 줄 수가 없었다. 결국 우리는 서로 허전한 마음을 억누르면서 결별의 악수를 나누고 말았다.

그가 나가고 난 뒤, 30여 분이 지나서 일본에 있는 미스터 기드바니가 국제전화를 걸어왔다. 파키스탄 항공과의 계약을 파기하고 인도 항공의 대리점이 되어 달라는 제의를 내가 거절했다는 사실을 미스터 낫쓰로부터 전화로 보고받자마자, 이번에는 자기가 나를 직접 설득하기 위하여 전화를 건 것이었다. 그는 내가 인도 항공만을 위한 대리점이 되어줄 경우에 통상적으로 대리점에 주는 수수료보다 더 높은 수수료를 주겠다고 제의할 정도로 사정을 하였다. 만약 나와의 계약이 파기될 경우, 이 계약을 추진하고 결정한 당사자인 자신들에게 돌아올 책임을 두려워하는 것 같았다. 그래서 무리를 해서라도 나와 파키스탄 항공과의 계약을 파기케 함으로써 자신들의 계약을 유효하게 하려는 것 같았다.

그러나 그렇다고 해서 나의 대답이 달라질 수는 없었다. 결국 기드바니와도 이별의 인사를 끝으로 전화를 끊고 말았다. 나는 홍콩에 있는 미스터 샤에게 편지를 쓰기 시작했다. 그가 베풀어 주었던 호의에 감사하면서 인도 항공의 제의를 거절하지 않을 수 없는 나의 사정을 피력하였다. 말하자면 미스터 샤에 대한 고별편지였다. 그것으로써 인도 항공과는 모든 것이 끝난 셈이었다.

주님을 믿지 않으면 모르되 주님을 믿는다는 자가, 그것도 하나님의 영광을 위해서 사업을 하노라고 만천하에 공포한 자가, 오직 믿느니 술의 힘과 자신의 능력밖에 없으니 행하는 모든 일이 '모래 위의 집'이 요 '터진 웅덩이'일 수밖에 없었다.

나는 그날 밤에라도 생각해야만 했었다. 깊이 그리고 더 깊이 생각 해야만 했었다. 아니 내 앞에서 나의 길을 막고 서 계시는 주님을 보아 야만 했다. 똑바로 그리고 다시 한번 더 똑바로 보아야만 했다. 그러나 나는 그날밤도 여느 때와 마찬가지로 술집으로 향했다. 단지 운이 없 었다고 생각하면서…….

79년 늦여름이 되었을 때 또 다른 기회가 찾아왔다. 일본 항공 한국 지사의 지배인을 역임했던 H씨의 중개로 말레이지아 항공과 연줄이 닿게 된 것이었다. 말레이지아 역시 파키스탄처럼 회교 국가인지라 중 동 여러 나라와는 밀접한 관계를 갖고 있었다. 그렇기에 말레이지아 항공이라면 파키스탄 항공의 좋은 보완책일 수 있었다.

나는 H씨와 더불어 지체없이 쿠알라룸푸르로 날아갔다. 그곳에서 관 련 부서장들과 중역들을 만났다. 나와 다른 인종을 만난다는 것은 일 의 성사와 관련없이 큰 기쁨이었다. 말레이지아인들은 오랜 기간 동안 영국의 영향을 받아서인지 우리보다 훨씬 자유분방해 보이면서도 친절 하고 예의 바르다는 인상을 받았다. 도착한 지 사흘째 되던 날, 해외 대리점 결정의 최종 권한을 갖고 있는 부사장 미스터 이브라임(Mr. Ib- rahim)을 만났다. 오랜 협의 끝에 원칙적인 합의를 보고 말레이지아 항 공측에서 빠른 시일 내에 한국을 방문하여 계약을 체결하기로 하였다. 항공업계의 관례상 그 정도면 일이 성사된 것이나 다름없었다.

나는 귀국하자마자 파키스탄 항공의 미스터 베이거에게 이 사실을 통보하였다. 몇 달 전 인도 항공과 계약을 체결하려고 했을 때 흔쾌히 동의해 주었으므로, 이번 경우에도 당연히 받아들여지리라 믿어 말레이지아로 출발하기 전에 얘기조차 하지 않았던 터였다. 그런데 나의 이야기를 들은 미스터 베이거는 뜻밖에도 난색을 표했다. 나는 당연히 인도 항공을 겸해도 좋다고 한 사람이 왜 말레이지아 항공을 겸하는 것에는 반대하느냐고 물었다. 미스터 베이거는 상부의 지시라고 말하면서 설명을 덧붙였다.

내가 처음 인도 항공과의 교섭을 이야기했을 때, 그는 주저없이 동의해 주었다. 한국 시장의 규모로 볼 때, 홍성사가 인도 항공의 대리점을 겸하더라도 자기들의 몫이 줄어들지는 않을 것이란 판단이 있었기 때문이다. 그래서 그는 이 사실을 상부에 보고조차 하지 않았다. 그 뒤 다른 채널을 통해 홍성사가 인도 항공과 계약을 체결했다가 인도 내의 정치적인 이유 때문에 해약한 사실을 알게 된 파키스탄 항공의 일본 지사장 미스터 카말(Mr. Kamal)은(그는 미스터 베이거의 직속 상관이었다) 노발대발하였다. 이유는 두 가지였다. 첫째는 파키스탄 항공과 인도 항공은 서로 경쟁관계였기 때문이고, 둘째는 그 두 나라는 서로 적대국 사이였기 때문이다. 파키스탄 항공 역시 국영기업이었으므로 정치적인 배려를 하지 않을 수 없는 처지였다. 경솔한 판단을 내렸던 미스터 베이거는 혼줄이 남과 동시에 홍성사가 파키스탄 항공의 경쟁 업체와 계약을 체결하려 할 때는 이유 여하를 막론하고 반대하라는 엄명을 받았다.

미스터 베이거의 설명을 다 듣고 난 나는 따로 할 말이 없었다. 파키스탄 항공의 입장이 백번 이해가 가고도 남음이 있었다. 새삼스럽게 그들을 설득시킨다고 될 일도 아니었다. 성사될 듯이 보였던 말레이지아 항공도 그래서 싱겁게 무산되어 버리고 말았다. 귀한 시간과 돈을 써가며 헛일만 한 셈이었다. 그날밤도 나는 그 모든 것이 하나님의 은총이란 사실을 꿈에도 생각하지 못한 채, 나의 우상이었던 술을 찾아

나섰다. 그러니 불쌍한 것은 언제나 나의 육체였다. 만 30세의 보배 같은 내 육체는 이미 술에 찌들어져 가고 있었다. 그러면서도 교회에서는 어김없는 진실한 크리스천의 모습을 하고 있었다. 야누스가 따로 없었다.

1980년으로 접어들었을 때에 모든 상황은 눈에 띄게 더 나빠지기 시작했다. 지아 울 하크 장군의 군사정부에 반대하는 소요가 파키스탄 곳곳에서 일어났고, 그래서 그런지 카라치 공항에서 가끔 총소리가 들리기도 했다. 뿐만 아니라 해이해진 사회기강을 반영이라도 하듯이 카라치 공항에서 승객들의 가방 도난사건이 빈번하게 발생하기 시작했다. 이 두 가지 사건은 모두 절대 안전을 최대의 원칙으로 삼는 항공업의 경우 치명적인 핸디캡이 아닐 수 없었다. 승객들 사이에 이 소문이 퍼지면서 파키스탄 항공을 기피하는 현상이 나타나기 시작했다. 그러나 일반 승객과는 달리 대규모의 근로자들을 송출하는 건설회사의 경우에는 항공요금의 비중이 컸으므로 아직까지는 상대적으로 요금이 싼 파키스탄 항공에 매력을 갖고 있었다. 한시 바삐 손을 써야만 했다.

카라치에 있는 파키스탄 항공의 본사로 수없이 항의전문을 보내었지만 가방 분실은 줄어들지 않았다. 할 수 없이 나는 홍성사의 직원 한 명을 카라치에 직접 파견하여 그곳에서 한국 승객들의 가방을 감시토록 했다. 그랬더니 더 희한한 사건이 터졌다. 목적지에 도착하는 가방의 숫자는 정확해졌는데, 그 대신 빈 가방이 나타나기 시작했다. 말하자면 칼로 가방을 찢어내고 내용물을 꺼낸 뒤 빈 가방만 비행기에 싣는 수법이었다. 아무리 홍성사의 직원이 파견되어 있어도 비행기를 교체하는 몇 시간 동안 그 넓은 공항 어느 곳에서 누가 그 짓을 하는지 찾아낸다는 것은 애시당초 불가능한 일이었다.

나는 카라치에 파견나가 있던 홍성사의 직원을 소환해 버리고 말았

다. 그 혼자의 힘으로 해결될 일이 아님을 알았기 때문이다. 어떤 의미
에서 그것은 항공사업의 포기일 수도 있었다. 그러나 한 가지 분명한
것은, 그 상황에서 내가 할 수 있는 일은 아무 것도 없었다는 것이다.
좋은 고객들은 거의 다 떨어져 나가고 말았다. 파키스탄 항공을 필요
로 하는 업체는 이름도 없는 무명의 건설업체들, 다시 말하면 항공요
금으로 지불한 어음을 결재할 능력이 있는지도 알 수 없는 업체들밖에
없었다. 불과 4년 만에 파키스탄 항공은 천국에서 지옥으로 전락해 있
었다. 홍성사의 주력업종인 항공사업이 그 지경이었으니 홍성사 전체
가 침체됨은 당연한 일이었다.

하나님의 찢으심

마침내 결단을 내릴 때가 되었다. 그 때까지 내가 손대고 있던 항공, 무역, 광고기획, 출판, 인쇄 — 이 다섯 사업분야에 대해 면밀하게 검토하기 시작했다. 항공 쪽에 문제가 생기기는 하였지만, 그러나 항공부를 유지하는 데 필요한 경비는 대수롭지가 않았다. 그것은 작은 인원으로도 가능했기 때문이다. 지금은 고전할망정 언젠가 새로운 기회가 닿기만 하면 달러박스로서의 기능을 충분히 감당할 수 있는 부서였다.

문제는 역시 출판 쪽이었다. 가장 많은 인원이 투입되어 있었고, 그런 만큼 가장 많은 경비를 요하는 부서였다. 뿐만 아니라 자본회임 기간이 다른 사업에 비해 턱없이 길다는 것을 전혀 염두에 두지 않고 워낙 많은 일을 벌여놓았기 때문에 이미 5억 5천만 원을 투자하였음에도 불구하고 운전자금은 계속 부족하기만 했다. 더욱이 인쇄와 광고기획은 출판과 밀접한 관계를 지닌 부서였다. 항공과 무역은 개별적인 사업인 반면에, 출판에 경영적인 문제가 생긴다면 그것은 곧 인쇄와 광고기획의 문제를 의미했다. 당시 출판, 인쇄, 광고기획이 홍성사 전체 매출의 60%를 차지한 반면, 모든 경비의 75%가 이 세 부서에 쏟아부어지고 있었다. 분명히 잘못된 경영이었다.

나는 마침내 1980년 이른 봄, 조선호텔 내(內) 항공부에 있던 나의 사무실을 홍인빌딩 내의 출판부 사무실로 옮겼다. 그리고 아예 출판부로 매일 출근하기 시작했다. 항공 쪽이 여의치 않는 이상, 만일 출판 쪽에 문제가 생긴다면 홍성사 자체가 파산할 것이라고 판단했다. 그러나 모든 상황은 전혀 예기치 않은 쪽으로만 흐르고 있었다.

그 때는 바로 1980년 초, 그 유명한 '서울의 봄' 때였다. 계엄령으로 인한 출판 검열은 출판 자체를 위축시켰고, 연일 계속되는 학생들의 데모는 서점가를 얼어붙게 만들었다. 해방 이후 최악의 상태라는 한탄이 출판계에서 터져나온 때가 바로 이 때였다. 실로 속수무책이 아닐 수 없었다. 설상가상으로 5·17 사태는 그나마 빈사상태의 출판계를 완전히 짓눌러 버리고 말았다. 도산하는 서점들이 속출했고 그 때마다 막대한 피해를 감수하지 않으면 안되었다. 도매상이 도산할 경우에는 한 도매상으로부터 당하는 피해액이 천만 원이 넘었다. 어떤 달에는 단 한 달 동안 도산하는 서점들로부터 당하는 피해액이 3천만 원을 넘기도 했다.

뿐만 아니었다. 엎친 데 덮친 격으로 항공부에서 항공요금으로 받은 어음도 부도가 나기 시작했다. 파키스탄 항공의 경쟁력이 급격히 떨어지면서 유수한 고객이 다 떨어져 나가자, 재정상태를 전혀 알 수 없는 군소 건설업체와도 거래하게 되었음은 이미 설명한 바가 있다. 그들은 주로 몇 단계를 거친 하청업자들이었는데, 무리하게 중동시장에 뛰어들었다가 도산하는 업체들이 속출하였다. 그 때는 이미 중동경기가 막장에 이르러 있었기 때문이다. 한 업체가 도산할 때마다 피해는 엄청났다. 모든 것이 절망적이었다. 집념을 불태우면서 책상까지 출판부로 옮겼음에도 불구하고 그 날부터 오히려 모든 것이 곤두박질치기만 했다. 홍성사 창업 6년 만에 처음 맞는 위기였다.

나는 모처럼 만에 새벽기도회에 다시 나가기 시작했다. 하용조 전도사님(현 온누리교회 담임목사)을 모시고 직원들의 성경공부를 시작한 것도 이 때였다. 그러나 그것이 내 삶의 변화를 의미하는 것은 전혀 아니었다. 단지 나의 사정이 아쉬웠으므로 홍성사를 바로 세워야 한다는 나의 목적을 성취하기 위함이었다.

기도란 하나님 앞에서 나 자신을 부인하는 시간임을 나는 그때 알지 못했다. 기도란 나의 욕망을 채우는 시간이 아니라, 하나님 아버지의 뜻을 분별하는 시간이라는 것도 알지 못했다. 기도란 수단과 방법을 가리지 않고 나의 목적을 이루기 위한 도구가 아니라, 매 순간마다 진실된 삶을 살기 위한 힘을 간구하는 기회임을 알지 못했다. 사정이 그러하였으니 아무리 새벽기도를 다니며 성경공부를 한들 그와 같은 기도가 응답될 리도 없었고 또 내 삶이 변화될 수도 없었다. 밤에는 꼭지가 돌도록 술 마시고, 새벽이면 어김없이 새벽기도회에 나가 앉아 있는 이 이중적인 생활은, 소리 없는 양심의 가책에도 불구하고 날마다 계속되었다.

하루하루 지날 때마다 적자 쌓여가는 소리가 들렸다. 은행으로부터 대출을 받았던 것도 이 때였다. 그러나 그것으로도 해결되지는 않았다. 5월이 지나면서부터 영업부 직원과 총무부 직원들의 하는 일이란 아침부터 어음을 들고 뛰어다니면서 할인하는 일이었다. 처음에는 결제받은 어음들을 할인했지만 조금 지나서는 우리 어음까지 할인해야만 했다. 전체 매출은 50% 이상이나 감소되었음에도 불구하고 덩치는 여전히 크다보니 가히 밑빠진 독에 물붓기 식이었다. 웬만한 서점으로부터는 선수금을 받아낼 수 있는 만큼 받아내었다. 그것은 결국 자기 살을 뜯어먹는 것과 같아서 서점으로부터의 수금액은 상대적으로 계속 떨어지기만 했다. 얼마 지나지 않아서는 마침내 사채를 쓰기에 이르렀다.

모든 것이 막바지를 향해 치닫고만 있었다.

이러한 상황은 모두 1980년 들어 단 6개월 사이에 내적 요인이 아니라, 전적으로 외적 요인에 의해 일어난 일들이었다. 그러므로 위기관리고 뭐고 간에 손을 쓸 틈이 전혀 없었다. 모든 상황이 정신을 차릴 수 없을 정도로 곤두박질 치고 있었으므로, 그 때로서는 하루하루 살아남는 일 외에는 아무 것도 생각할 겨를이 없었다. 그럼에도 불구하고 매일 밤 술 마시는 일만은 단 하루도 거르는 일이 없었다.

7월 초에 접어들면서는 그나마 사채를 끌어 쓰는 일도 여의치 않게 되었다. 홍성사가 항공에서 번 돈으로 워낙 화려하게 출판계에 뛰어들었기 때문에 처음 사채를 쓸 때는 출판계나 서점계에서 아무도 의심하지 않고 돈을 빌려주었다. 일시적인 자금부족 현상일 것이라고들 생각했다. 그러나 시간이 흐르면서 홍성사가 막대한 사채에 의존한다는 소문이 퍼지기 시작하자 사정은 달라졌다. 그야말로 매일 매일이 살얼음판의 연속이었다. 누구보다도 튼튼한 재무구조를 자랑하던 회사가 불과 6개월 사이에 거대한 빚더미에 올라앉고 말았다. 간부들 사이에 아무도 말을 꺼내지는 않았지만 위기감이 팽배해 있음이 여실히 보였다.

1980년 7월 16일이었다. 11시경이 되어 김경년 총무부장이 침통한 표정으로 내 방으로 들어왔다. 큰 일이 터졌음을 직감적으로 느낄 수가 있었다. 아니나 다를까, 제헌절 다음날인 7월 18일 자로 돌아오는 어음이 3천만여 원인데 지금 현재로서는 속수무책이라는 것이었다. 사방으로 수소문을 해 보아도 자금을 끌어들이기 위해 동원할 수 있는 채널이 더이상 없다는 것이었다. 김 부장의 설명이 계속되었다. 요행히 18일을 넘긴다 해도 7월 말일까지 결제해야 할 어음이 약 1억 원인데 반하여, 우리가 수금할 수 있는 금액은 5천만 원 남짓밖에 되지 않는다는 것이었다. 그것은 최후의 파산선고와도 같았다.

나는 아무 할 말이 없었다. 김 부장과 나 사이에 잠시 침묵이 흘렀다. 마침내 김 부장이 내게 물었다.

"오늘을 어떻게 할까요?"

나는 그 질문의 의미를 얼른 이해하지 못했다. 의아한 표정으로 그를 쳐다보았을 때, 마침내 결심한 듯 김 부장이 또다시 입을 열었다.

"오늘 돌아오는 어음을 막을까요?"

그제서야 나는 그가 무엇을 이야기하고 있는지를 알아차렸다. 그는 바로 그 날을 '부도 날'로 잡고 있는 것이었다. 어차피 지금의 형편으로 보아서는 18일이면 부도가 날 수밖에 없는데, 그렇다면 구태여 오늘 돌아오는 어음을 막을 필요가 있겠는가라는 의미였다. 회사의 모든 살림을 사는 김 부장의 입장에서는 당연히 가질 수 있는 생각이었는지도 모른다. 그러나 그것은 내게는 매우 충격적인 말이었다. 그동안 회사가 벼랑 끝으로 몰리기 시작하면서 이러다가는 큰일이 나겠구나 하고 막연히 생각해 본 적은 있었지만, 그러나 오늘 당장 부도가 난다는 것은 꿈에도 상상해 보지 못했었다. 나는 김부장에게 물었다.

"오늘 돌아오는 어음이 얼마나 됩니까?"

"천이백만 원입니다."

"오늘 어음은 막을 수 있습니까?"

"지금 현재 통장에 천오백만 원이 들어 있습니다."

"그러면 주저말고 오늘 돌아오는 어음을 막으십시오."

또다시 잠시 침묵이 흘렀다. 이번에도 침묵을 깬 것은 역시 김 부장이었다.

"18일은 어떻게 하실 겁니까"

"오늘 최선을 다해 보십시오. 그렇게 하고도 안되면 그날 아침에 결정을 합시다."

김 부장이 나간 뒤, 나는 미동도 하지 않고 그냥 책상 앞에 앉아만 있었다. 갑자기 할 일이 없었다. 컴퓨터처럼 정확하고 누구보다도 회사에 대한 충성심이 뛰어난 김 부장이 부도를 생각할 지경이 되었다면 홍성사는 이미 벼랑 끝으로 추락하고 있음을 의미했다. 그 때가 7월 16일 오전이었으니, 다음날인 제헌절은 공휴일이므로 제외한다 하더라도 7월 18일 저녁 은행 마감 시간까지는 아직 하루 반이라는 여유가 있었다. 그럼에도 불구하고 총무부장이 부도를 생각했다면 그의 선에서는 이제 모든 길이 다 막혔음을 의미했다. 아니 그것은 나의 선에서도 더이상의 길이 없음을 의미했다. 최근에 들어서는 내가 동원할 수 있는 채널이란 채널 역시 모두 다 동원되었기 때문이었다.

그동안 주위에서 부도나는 회사를 부지기수로 보았다. 그 때문에 홍성사가 당한 피해액은 계산이 불가능할 정도로 많았다. 그럼에도 불구하고 나는 부도란 남의 회사에서만 일어나는 일인 줄 알았다. 내가 경영하는 회사가 부도가 나다니! 그런 일은 있을 수도, 있어서도 안되는 일이었다. 그러나 그것은 피할 수 없는 현실로 내 코 앞에 다가와 있었다. 이제는 결단만 남아 있었다. 이상스러운 것은 그럼에도 불구하고 걱정스럽다거나 불안한 마음이 전혀 들지 않았다는 것이다.

점심 식사를 마친 후, 나는 평소에 다니던 남산 헬쓰클럽으로 갔다. 보통 때보다 배나 더 뛰었고 수영도 갑절이나 더 했다. 막상 부도가 난다고 생각하니 이상스럽게도 투지가 더욱 살아났다. 오후 4시쯤 조선호텔의 항공부 사무실을 들렀다. 직원들 모두 열심히들 일하고 있었다. 내일 모레면 그들이 사랑하는 회사에 부도가 날 수도 있다는 것을 아무도 모르고 있었다. 3층에 있는 무역부 사무실의 분위기도 마찬가지였다.

이번에는 홍인동에 있던 인쇄소를 찾았다. 무더운 여름이었음에도 불구하고 숙련공들답게 기민하게 움직이고 있었다. 광고기획부와 출판부의 각 방들도 모두 차례차례 다 둘러보았다. 여느 때와 마찬가지로 최선을 다하는 모습이었다. 그때 홍성사에서 일하던 동료들은 모두 그 분야의 엘리트 중의 엘리트들이었다. 그들이야말로 모두 홍성사의 귀한 재산들이었고 다른 경쟁업체들이 홍성사를 부러워하는 이유이기도 했다.

그렇다. 아무리 사람이 많더라도, 아무리 인재가 많더라도 만사가 사람의 뜻대로만 되어지는 것은 결코 아니다. 더 정확하게 말하면 뜻대로 되어지지 않는 일들이 더 많다. 이것을 그때 분명하게 인정하고 받아들였어야만 했다. 안다는 것과 수용한다는 것은 결코 같은 말이 아니다. 알고는 있지만 그것을 자기 삶 속에서 수용하지 못하므로 얼마나 많은 사람들이 불행을 자초하고 있는가? 바로 그때 내가 그런 상태였다. 아무리 많은 사람이 땀 흘리고 애쓰며 열심히 노력한다 할지라도 사람의 뜻대로만은 되지 않는다는 것을 나는 그때 뼈저리게 느꼈다. 그러나 동시에 그와 꼭같은 강도의 탄력으로, 이를 악물고 노력하기만 하면 반드시 내 뜻을 이룰 수 있다는 새로운 투지에 불타고 있었다.

퇴근 시간 무렵, 김 부장이 다시 내 방으로 들어왔다. 하루 종일 백방으로 수소문했지만 예상했던 대로 속수무책이라는 보고였다. 낭패스럽기도 하고 곤혹스럽기도 하며 미안스럽기도 한, 복잡한 표정을 짓고 있는 김 부장을 위로해 주며 나는 이렇게 말했다.

"김 부장, 걱정마십시오. 어떤 경우에도 홍성사가 망하지는 않습니다."

나의 그 말이 무엇을 의미하는지를 김 부장은 이해하지 못하는 것 같았다.

나는 혼자 사무실을 나와 약수동에 있는 D살롱으로 갔다. 그 때까지 근 10년 동안 주일을 제외한 거의 매일 밤마다 술을 마셨지만, 나 혼자 술을 마셔본 적은 단 한 번도 없었다. 그가 누구이든 상관 없이 반드시 술상대를 찾아 함께 마셨다. 그러나 그날밤 나는 혼자였다. 모든 것을 차근하게 정리하고 바른 결단을 내리기 위해서는 혼자여야 했다. 사업 가로서 가장 중요한 결단을 술집에서야 내릴 수 있는 교회집사 — 이것 이 당시의 숨김없는 나의 실상이었다.

술을 마셔가며 나는 먼저, 18일 은행마감 시간까지 나 혼자의 힘으로 자금을 동원할 수 있는 채널이 아직 남아 있는지를 다시 한번 면밀히 검토해 보았다.

첫번째로 금융기관 — 불가능했다. 은행대출, 어음할인, 당좌대월, 그 모두가 이미 한도를 초과해 있었다. 집이 담보로 잡혀 있음은 물론이 요, 신용보증기금의 보증도 더이상 받을 수 없을 만큼 다 쓰고 있었다.

두번째로 친구들 — 역시 불가능했다. 당시 나의 나이는 만 31세였다. 나처럼 빨리 사업에 뛰어든 친구들은 그리 많지 않았다. 대부분 봉급 자들이었다. 사업을 하고 있던 친구들도 당시의 사회적 상황 때문에 대부분 고전을 면치 못하고 있었다. 이미 부도를 낸 친구들도 있었다. 1∼2백만 원도 아닌 3천만 원을 단 하루 만에 친구들로부터 동원한다 는 것은 전혀 불가능하였다.

세번째로 사채 — 그것 또한 불가능했다. 사채업자들이 이미 홍성사 를 기피하기 시작했기 때문이었다.

마지막으로 가족들 — 역시 불가능했다.

자금이 몰리기 시작하던 봄이었다. 한 달에 한 번씩 파키스탄 항공 에 송금해야 하는 항공대금도 제 때에 송금하지 못하는 경우가 발생하고 말았다. 그리고 얼마 가지 않아서 그 금액은 순식간에 1억 원이 되고 말았다. 파키스탄 항공이 발칵 뒤집어졌음은 물론이었다. 동경에서 몇 번이나 사람이 직접 나와 독촉하였다. 그러나 심각한 자금 위기에 처 해 있던 그 당시로서는 뾰족한 수가 있을 리 없었다. 누적된 미불금에 대한 송금을 일정 기간 유예해 주기를 사정하는 도리밖에 없었다.

이 소문은 곧 항공업계에 퍼졌다. 어디든지 경쟁자는 있기 마련, 내가 파키스탄 항공의 대리점을 하고 있으면서도 인도 항공이나 말레이지아 항공을 추가하기 위하여 뛰어다녔던 것처럼, 항공사업을 하고 있는 사람들이라면 모든 항공사에 대해 늘 관심을 갖고 있을 것임은 당연한 이치였다. 몇몇 업체들이 은밀하게 파키스탄 항공과 접촉하고 있었던 모양이었다. 그러나 그때, 이미 책상까지 출판부로 옮기고 오직 그 쪽에만 정신이 팔려 있던 나는 그런 사실을 까맣게 모르고 있었다.

하루는 서울극장과 합동영화사를 경영하고 있는 막내자형으로부터 만나자는 전화가 왔다. 자형 사무실에 갔을 때, 자형으로부터 그와 같은 사실을 비로소 알게 되었다. 어떤 모임에 갔더니 그곳에서 한 사람이 말하기를, 홍성사가 지금 심각한 자금난에 봉착해 있기 때문에 모 업체가 파키스탄 항공과 대리점 계약을 추진 중인 바, 목하 성사 직전이라더라는 것이었다.

자형은 도대체 파키스탄 항공에 밀린 항공대금이 얼마나 되느냐고 물었다. 나는 솔직하게 1억 원이라고 대답했다. 자형은 곧 인터폰으로 무엇인가를 지시했다. 조금 있으려니 직원이 들어와 자형에게 봉투를 하나 전하였고 자형은 그것을 다시 내게 주었다. 놀랍게도 그 속에는 1억 원짜리 수표가 들어 있었다. 놀라는 내게 자형은, 가서 곧 파키스탄 항공에 송금을 해 주고 형편이 되는 대로 갚으라고 말했다. 물론 사업을 잘 하라는 당부의 말과 함께.

친 형님이 없던 나는 그날 얼마나 큰 감동을 받았는지 모른다. 돈 액수도 액수려니와 뜨거운 사랑 때문이었다. 자형이 모든 것을 먼저 알고 그 거금을 아무런 조건없이 선뜻 내어준 것은 오직 사랑이 아니고서는 설명할 수 없는 일이었다.

뿐만 아니라 넷째자형은 내가 여러 금융기관으로부터 대출을 받을 때에 그 기관의 중역들을 소개해 주는 등 이미 많은 도움을 받았다. 셋째자형은 미국으로 이민 가 한국에 부재중이었고, 둘째자형은 그 당시 홍성사의 중역이었으며, 제일 큰자형은 와병중이었다. 사정이 이러하였으니, 누님 다섯 분밖에 없는 나로서는 7월 18일까지 3천만 원을 동원하기 위하여 새삼스레 가족과 의논할 형편이 전혀 되지 못했다.

나는 이번에는, 만약 정해진 시간까지 3천만 원을 구했다치고 과연 그것을 갚을 수 있는지를 곰곰이 생각해 보기 시작했다. 경기는 여전히 최악의 상태였다. 경기가 풀려 매출이 신장되지 않는 한 지금 봉착한 자금위기는 결코 해소되어질 성질이 아니었다. 그러나 그것은 하루이틀 만에 이루어질 일이 아니었다. 지금 당장 대규모 감원을 단행한다고 해서 해결될 일도 아니었다. 다행히 7월 18일을 넘긴다 해도 월말까지 돌아오는 어음을 막기 위해서는 직원 봉급 등 일반 관리비를 제외하고서도 5천만 원이 필요했다.

그렇다면 결론은 자명해졌다. 7월 18일을 막는다 할지라도 그달 말일 이전에 부도가 날 것이 뻔했다. 부도는 전혀 피할 수 없는 현실이었다. 이런 상황에서 설사 누구에겐가로부터 3천만 원을 융통할 수 있다한들 그것은 억울한 피해자 한 사람을 더 늘리는 것 외에는 아무런 의미가 없었다. 홍성사를 살리기 위해서는 부도를 정면돌파하는 길밖에 없었다. 그것은 포기가 아니라 새로운 시작을 의미했다. 나는 위스키를 마시면서 내 자신을 향해 이렇게 말했다.

'나는 실패를 자인한다. 그러나 실패는 결코 망했다는 것과 동일한 것을 의미하지 않는다. 그러므로 실패했다는 것은 결코 창피한 일이 아니다. 최선을 다하고서도 실패했다면, 부끄러워하며 숨기보다는 오히려 정직하게 수습할 수 있어야 한다. 실패는 내일의 성공을 위한 초석이기 때문이다. 어떤 경우에도 내 자신이 실패자로 멈추어 서지 않는한 나는 결코 망한 사람이 아니다. 나는 단지 잠시 실패했을 뿐이다.

나는 변함없이 성공을 향한 길 위에 여전히 예전처럼 서 있고, 또 앞으로도 그럴 것이다. 결코 겨울은 계절의 종착역이 아니다.'

통금 시간이 가까워서 비틀거리는 걸음으로 술집을 나섰다. 그러나 비록 내 몸이 비틀거렸을 망정 내 마음속에서는 뜨거운 투지가 화산처럼 솟아오르고 있었다.

'이것은 끝이 아니야! 나는 다시 시작하는 거야!'

철썩같이 나 자신만을 의지하는 내 심령 속에 하나님께서 거하실 공간이란 아직까지 바늘 구멍만큼도 없었다.

7월 17일 제헌절 새벽, 평소와 다름없이 4시 30분에 일어나 새벽기도회에 참석하였다. 나의 투지를 확고히 하기 위함이었다. 그러니 나의 잘못된 삶에 대한 성찰이나 회개는 있을 수가 없었다. 나는 하나님을 외면하고 있었지만, 그러나 변함없이 나를 사랑하고 계시는 하나님께서는 나를 찢으심으로 바로 세우기를 원하신다는 사실을 그 순간에는 알지 못했다. 아니 알려고 하지를 않았다. 하나님보다는 나 자신을 믿는 믿음이 더 컸기 때문이다. 나는 그날 새벽 하나님께 이렇게 기도했다. 아니 정확히 말해서 그것은 기도가 아니라 오만하기 짝이 없는 인간의 하나님께 대한 일방적 통보였다.

'나는 실패했습니다. 그러나 망하지는 않았습니다. 아직까지 제게는 조직이 있고 사람이 있으며 무엇보다도 나의 굳은 의지가 있기 때문입니다. 그러므로 나는 절망하지 않습니다. 오히려 투지에 불타고 있습니다. 나는 내일부터 다시 시작합니다. 6년 전 맨 주먹으로 오늘의 홍성사를 있게 했듯이, 이제 더 크고 견실한 홍성사를 이룰 수 있도록 하여 주시옵소서.'

그렇다. 분명히 다시 시작하는 순간이었다. 그 면에서는 6년 전과 똑같았다. 그러나 새로 시작하는 마음 가짐은 하늘과 땅만큼이나 차이가 났다. 6년 전에는 하나님을 믿는 순수한 믿음으로 시작했다면 지금은 실패한 사업가의 절박한 오기로 다시 시작하는 것이었다. 하나님께서 기뻐하실 리가 없음은 자명하였다.

새벽기도회를 마친 나는 남산 헬쓰클럽으로 갔다. 어제처럼 평소보다 배나 더 많은 운동을 했다. 새로운 투지를 다지기 위해서였다. 운동이 끝난 뒤, 그 날이 제헌절이라 공휴일이었음에도 불구하고 나는 사무실로 나갔다. 부도 후 대책을 나름대로 세워두기 위함이었다. 사무실에 나가보니 예상했던 대로 총무부의 김 부장이 부원들과 함께 부채목록과 자산목록을 정리하고 있었다. 그들의 행색을 보아 밤을 새웠음이 분명했다. 시키지 않아도 상황을 읽고 휴일에도 스스로 나와 일하는 동료들 — 보기만 해도 마음이 든든하였다. 저런 동료들과 함께라면 두려울 것이 아무 것도 없었다. 나는 다시 한번 전의(戰意)를 다지면서 내 방으로 들어갔다.

조금 있으려니 김 부장이 작성한 목록을 들고 들어왔다. 총 부채액이 7억 5천만여 원이나 되었다. 당시 30평 아파트 한 채가 대략 3천5백만 원 내외였으니 줄잡아 30평짜리 아파트 20채에 해당하는 금액이었다. 부채 내용은 대략 금융기관 부채가 2억 5천만 원, 거래선 미불금이 이미 발행된 지급어음을 포함하여 2억 5천만 원, 사채가 2억 5천만 원이었다. 그에 비하여 유동자산은 미수금과 재고를 다 포함하여 5억 원에 불과했다.

나는 그날 종일토록 사무실에 혼자 앉아 심사숙고를 거듭하였다. 그리고 다섯 가지 방안을 결정하였다.

첫번째로 은행에 담보로 잡혀 있는 집을 처분하여 금융기관의 부채를 상환할 수 있는 만큼 상환키로 하였다. 이 다음에 집은 얼마든지 또 다시 살 수 있기 때문이었다. 두번째로 항공부를 매각하기로 하였다. 당시 '항공운송 사업 면허'는 사고 팔 수 있는 재산이었다. 이 두 가지를 통하여 3억 원 정도의 부채만 해결되면 부도 이후 재기의 큰 가닥은 잡히리라고 판단하였다.

세번째로 내일 부도가 나기 전에 모든 채권자들을 미리 만나 이 사실을 통보해 주고 은행마감 시간 이전에 그들의 양해를 얻기로 하였다. 이른바 정면돌파였다. 나는 단지 최선을 다하다가 실패하였을 뿐, 단 한번도 남을 속이거나 사기를 친 적이 없으므로 오히려 떳떳하게 나의 입장을 밝히고 도움을 청할 수 있으리라 믿었다. 네번째, 앞으로 출판에 총력을 기울이기로 하였다. 출판에 가장 많은 투자가 되었을 뿐만 아니라 항공부를 처분할 경우 홍성사가 재기할 수 있는 발판은 출판밖에 없었기 때문이다. 다섯번째, 네 곳에 흩어져 있는 사무실을 가능한 한 불편하더라도 한 곳으로 모으기로 했다. 일단 부도가 나고 나면 경비절감도 절감이려니와 효율적인 업무진행을 위해서도 사무실은 한 곳에 집중되어야 한다고 생각했다. 그 이외의 것은 몸으로 부딪치면서 헤쳐나가기로 하였다.

벌써 저녁이 가까워지고 있었다. 나는 그 때까지 사무실에 남아 있던 김 부장에게 내일 아침 8시에 부서장 회의를 열 수 있도록 다섯 사업부서의 책임자들에게 연락을 취해 줄 것을 부탁한 다음 사무실을 나왔다. 나의 차는 마치 김유신의 말처럼 자연스레 술집을 향하고 있었다. 남산 1호 터널을 빠져나와 한남동 네 거리에 이르자 정지 신호등이 켜졌다. 나는 차를 멈추었다. 술집을 가자면 직진을 해야 한다. 그런데 파란 신호등이 켜지는 순간 나는 우회전을 하여 강변도로로 들어섰다. 내일이야말로 내 일생의 운명을 가름하는 중요한 날이었다. 아침부터 수많은 사람을 만나야만 했다. 그러자면 오늘 하루만은 맨 정신으로 내일을 대비해야 한다는 생각이 갑자기 들었기 때문이다.

초저녁에, 그것도 술 냄새를 풍기지 않고 들어오자 어머님은 깜짝 놀랐다. 어머님의 얼굴을 보자 갑자기 마음이 아팠다. 부도가 나고 나면 얼마나 괴로워하실까 염려가 되었다. 그러나 나는 약해지려는 마음을 강하게 붙들었다. 그날밤은 어머님께 아무 말도 하지 않기로 했다. 어차피 내일 밤이면 모두 알게 될 일, 오늘밤이라도 마음 편히 주무시게 해 드리는 것이 지혜로운 일이라 생각한 까닭이었다.

저녁밥을 먹고 9시경, 자리에 누웠지만 도대체 잠이 오지 않았다. 그렇게 이른 시각에 잠자리에 들어본 적이 한번도 없었다. 아무리 애를 써도 잡념만 피어오를 뿐이었다. 할 수 없이 자리에서 일어나 책을 한 권 집어 들었다. 그러나 한 글자도 눈에 들어오지 않았다. 이윽고 11시가 되었다. 정신은 더 말짱해지기만 했다. 도리가 없었다. 위스키를 한 병 들고 왔다. 그리고는 내 정신이 술에 완전히 젖을 때까지 마셔댔다. 마침내 0시를 알리는 시계소리가 들렸다. 결국 나는 내 인생에서 가장 중요한 날의 첫 시간을 술에 취한 채 맞고 있었다. 그래서, 얍복강가에서의 야곱처럼 밤새워 주님을 붙잡고 씨름하였어야만 할 그 귀한 시간들을 어이없게도 모두 흩날려 버리고 말았다. 이날 밤에라도 진정 주님 앞에서 굴복하였더라면 4년이라는 인생을 또 허비하지는 않았을 터인데…….

드디어 1980년 7월 18일, 결전의 날 아침이 밝았다. 그날 새벽에도 어김없이 4시 30분에 일어난 나는 먼저 새벽기도회에 참석하였다. 하나님께 나를 전적으로 의탁하기 위해서가 아니라 나의 집념과 나의 투지를 불사르기 위함이었다. 솔직히 말하자면 그 당시 나에게 있어서의 새벽기도회는 일종의 부적같은 의미밖에 없었다. 이를테면 '자기강화' 혹은 '자기위안' 같은 것이었다. 새벽기도회가 끝나자 나는 헬쓰클럽을 거쳐 사무실로 출근하였다. 8시가 아직 되지 않았음에도 불구하고 모든 부서장들은 이미 나와 있었다. 나는 곧 회의를 시작하였다.

그 회의에 참석해 있는 사람들 중에서 그날 홍성사가 부도난다는 사실을 그 때까지 알고 있는 사람은 총무부장밖에 없었다. 그러므로 내가 부도에 대해 말했을 때 그들은 다소 충격을 받는 듯했다. 여러가지 상황으로 보아 회사가 위급한 지경에 처해 있음을 모두 감지하고는 있었지만 막상 일이 터진다고 하니 놀라는 것은 당연한 일이었다. 나는 그들에게 비록 홍성사가 잠시 실패하기는 했지만 결코 도산한 것이 아니라는 것, 나는 어떤 경우에도 홍성사를 포기하지 않는다는 것, 그러므로 오늘부터 새로 시작한다는 것을 강조하였다.

그리고 어제 내가 정해 두었던 다섯 가지 방안 — 즉 나의 집을 처분하여 은행부채를 상환한다는 것, 항공부를 매각한다는 것, 오늘 오후에 모든 채권자를 미리 만나 양해를 구한다는 것, 앞으로는 출판에 홍성사의 모든 총력을 기울인다는 것, 그리고 흩어져 있는 사무실을 불편하더라도 한 곳으로 집결시킨다는 것을 당장의 수습책으로 제시하였다. 항공부에는 항공부를 매각하지 않을 수 없는 사정을 특별히 설명하고 직원들의 사후 보장을 약속하면서 이해해 줄 것을 당부하였다. 그리고 총무부에는 그날 오후 1시부터 5시 사이에 전 채권자들을 만날 수 있도록 연락을 취해 줄 것을 부탁했다.

회의가 끝난 뒤, 차를 한 잔 마시고 거래하던 은행 지점장들을 만나기 위해 나서려는데 마침 총무부 김경년 부장이 문을 열고 들어왔다. 그리고는 아무 말도 없이 내게 봉투를 하나 내밀어 주었다. 무심코 받아보니 두툼한 그 봉투 속에는 십만 원권 자기앞 수표와 만 원짜리 현찰이 들어 있었다. 내가 의아스러운 표정으로 바라보자 김 부장이 말했다.

"삼백이십만 원입니다."

"이게 웬 돈이죠?"

"지금 현재 회사의 보유 잔고를 모두 쓰시기 편하도록 십만 원권 수표와 만 원짜리 현찰로 바꾼 겁니다."

"왜 이 돈을 내게 주는 거죠?"

"어디든 피해 계시려면 아무래도 돈이 많이 드실 것 같아서……."

김 부장은 말을 맺지 못하였다. 김 부장의 눈에는 이슬같은 눈물이 고이고 있었다. 나도 갑자기 눈물이 핑 돌았다. 그와같은 김 부장의 마음씀이 너무 고마웠다. 나는 김 부장의 손을 잡고 소파에 앉았다.

"김 부장, 그토록 나를 생각해 주어서 정말 고마워요. 김 부장과 같은 사람과 함께 일한다는 데 대해 오늘 아침 다시 한번 긍지를 느끼고 있습니다. 그런데 한 가지만 물어보겠습니다. 김 부장은 오늘 은행마감 시간에 부도가 나고 나면, 내가 어디론가 도피할 것이라고 생각했나요?"

"아무래도 그래야 수습이 될 것 같아서……."

"한 가지만 더 물어보겠습니다. 만약 내가 어디론가 도피한다면 홍성사의 이 난국을 누가 수습할 수 있다고 생각합니까?"

"사실은 아무도 할 수 없습니다."

"그렇다면 지금 김 부장은 나를 위해 이 돈을 준비하고, 나더러 수습하기 위해 도피해야 된다고 말하긴 했지만 그것은 실은 김 부장이 홍성사는 이제 재기불능이라고 생각하기 때문이 아닌가요?"

"죄송합니다만, 사실은 그렇습니다."

"왜 그렇게 생각하게 되었습니까?"

"단지 일반적인 경험 때문입니다. 부도난 회사가 정상적으로 재기하는 경우는 정말 드물기 때문입니다."

"그럼 오늘 오후에 내가 모든 채권자들을 만나려 하는 이유가 무엇이라고 생각했습니까?"

"물론 그들을 만나 사정하시려는 것을 알고 있습니다. 그러나 절대로 쉽지만은 않을 것입니다. 일단 부도가 났다 하면 거래처 사람들의 사장님에 대한 태도부터가 달라질 것입니다. 자칫 화를 당하실 수도 있습니다. 그래서 이왕 정리해야 할 것이라면 사장님이라도 안전하게 피하시게 해 드리는 것이 도리라고 생각했습······."

김 부장의 눈에 또다시 이슬이 맺히기 시작했다. 나는 김 부장에게 내 마음의 진실을 있는 그대로 이야기하기 시작했다.

"김 부장! 김 부장이 생각하는 대로 오늘 오후 내가 채권자들을 만날 때, 내게 욕하는 자도 있을 수 있고 혹 내게 손찌검하는 사람도 있을 수 있습니다. 고발하는 사람도 있을 수 있겠지요. 또, 한번 부도난 회사가 재기한다는 것이 얼마나 어려운 일인지도 잘 알고 있습니다. 그러나 한 가지 분명한 사실은, 어떤 경우에도 나는 절대로 도피하지 않는다는 것입니다. 내 나이가 얼마인지 아시죠? 만 31세입니다. 나는 누구보다도 내 자신을 사랑합니다. 내가 만약 도망간다면 그 순간부터 나는 사기꾼이 됩니다. 사기꾼에게는 적어도 합법적인 재기의 기회는 주어지지 않습니다. 그것을 감수하기에는 나는 아직 너무 젊습니다. 하지만 상황이 어떻게 진전되든지 간에 내가 내 자리를 끝까지 지키는 한 나는 단지 한번 실패한 사업가일 따름입니다. 비록 한번 실패했다 할지라도 내가 사심없이 이 자리에서 최선을 다하는 한 반드시 재기의 기회는 오리라고 믿고 있습니다. 하늘은 스스로 돕는 자를 버리지 않기 때문입니다. 오늘 아침 부서장 회의에서 내가 밝힌 다섯 가지 수습책은 절대로 그냥 해 보는 소리가 아닙니다. 반드시 실행해 나갈 것입니다. 나를 위하는 마음으로 이처럼 돈을 마련해 온 김 부장의 마음에는 다시 한번 감사를 드립니다. 이제 내 마음을 아셨으면 이 돈을 도로 회사에 입금시키십시오. 그리고 가장 급한 소액 채권자의 부채 갚는 데에 사용하도록 하십시오."

나의 이야기가 끝났을 때, 김 부장의 얼굴이 환하게 밝아지면서 입을 열었다.

"잘 알겠습니다. 최선을 다하겠습니다."

나는 곧장 사무실을 나와 거래하던 은행 지점장들을 찾아갔다. 그날 오후에 부도난다는 사실을 통보함과 아울러 내가 생각하고 있는 수습책을 미리 알려줌으로써 혹 있을지도 모르는 오해나 불신을 사전에 해소시키기 위함이었다. 외환은행과 국민은행을 찾았을 때, 부도가 나기도 전에 부도를 미리 통보하러 방문하는 것이 흔치 않은 일이기 때문인 듯, 두 은행의 지점장들은 격려와 함께 감사하다는 말을 똑같이 하였다. 마지막으로 중소기업 은행을 찾았을 때, 나의 모든 이야기를 다 들은 지점장이 내게 물었다. 그분은 평소에 나를 친동생처럼 아껴주던 분이었다.

"오늘 필요한 돈이 도대체 얼마입니까?"

"삼천만 원입니다."

"이 사장, 일단 한번 부도가 나면 정말 재기하기가 힘듭니다. 그래서 가능한 한 부도는 나지 않는 것이 좋습니다. 만약 내 권한으로 삼천만 원을 한 달 동안 신용대출을 해 드리면 수습할 수 있겠습니까?"

나는 또 가슴이 찡해 옴을 느꼈다. 세상에는 참 고마운 분들도 많다. 그렇기에 나는 그 고마운 분의 제의를 거절할 수밖에 없었다. 하루를 연명하기 위하여 그 돈을 쓴다면 그 피해는 그 고마운 분에게 당장 돌아갈 것이 분명했기 때문이다.

사무실에 돌아왔더니 채권자 모두에게 연락이 끝났다고 했다. 불과 몇 시간 만에 50여 명의 채권자 중 한 사람에게도 빠짐없이 연락이 닿았을 뿐만 아니라 모두 그날 오후 나를 찾아오기로 했다는 것은 참으로 좋은 조짐이 아닐 수 없었다.

오후 1시가 되자 채권자들이 차례차례 나타나기 시작했다. 나는 혹은 두 사람, 혹은 세 사람씩 오는 대로 만나 그들에게 왜 홍성사가 그날 오후에 부도날 수밖에 없게 되었는지를 설명한 다음 나의 수습책을 제시하였다. 즉 홍성사의 현재 부채는 총 7억 5천만 원인데 비해 자산은 5억 원이어서 부채가 2억 5천만 원이나 더 많지만, 나의 집과 항공부를 처분하면 3억 원을 충당할 수 있으므로 홍성사가 비록 부도는 날지언정 도산하여 공중분해 되지는 않을 것인즉, 모든 부채를 3개월 동안 동결한 이후 그 다음 6개월 동안 분할 상환하겠다는 것이었다.

50여 명에 달하는 채권자를 다 만나기를 끝마쳤을 때, 시계는 5시 5분 전을 가리키고 있었다. 놀라운 것은 채권자들이 전원 나의 수습책에 동의해 주었다는 사실이다. 은행 마감시간도 되기 전에, 다시 말해 부도가 공식적으로 터지기도 전에 부도는 사실상 수습된 셈이었다. 실로 기적같은 일이 아닐 수 없었다. 아마도 부도가 나기도 전에 부도 사실을 통보해 주고 미리 수습책을 제시한 것이 주효한 것 같았다.

마지막 채권자가 웃으면서 돌아갔을 때, 모든 직원들은 놀란 표정을 지었다. 그 중에서도 총무부장이 제일 놀라워했다. 상식적으로 납득하기 힘든 상황이 벌어지고 있었기 때문이다. 부도난 회사에 으레 있기 마련인 고성, 욕설, 수습책 거부 등이 일체 없었음은 물론이요, 모든 채권자들이 한결같이 오히려 위로하고 격려해 주며 떠날 것이다. 나는 아무런 내색을 않고 있었지만 누구보다도 놀랐던 사람은 실은 나 자신이었다. 내 속에 진실됨이 있는 한 반드시 수습되리라는 신념은 있었지만 그러나 그처럼 쉽게 그것도 몇 시간 만에 해결되리라고는 꿈에서조차도 상상하지 못했었다.

나는 곧이어 자형들과 누님들에게 전화를 걸기 시작했다. 부도가 난다는 것은 내 개인만의 문제가 아니라 나를 믿고 사랑하고 있는 가족들의 명예와도 직결되는 사건이라는 생각이 들었기에, 미리 만나 나의 사정과 계획을 사전에 알려드리는 것이 맨 아랫 사람으로서의 예의라고 판단했다. 연락을 받은 자형들과 누님들은 그날 저녁, 무슨 영문인지도 알지 못하고 모두 우리집에 모이게 되었다.

나의 설명을 다 들은 가족들은 놀라기보다는 오히려 나를 위로해 주었다. 단지 한번 부도난 회사가 다시 재기한다는 것은 내가 생각하는 것처럼 그렇게 용이하지는 않으므로 매사에 신중할 것을 당부한 다음 한결같이 무엇을 어떻게 도와주면 되겠느냐고 물었다. 막내자형은 내게 빌려주었던 1억 원은 아예 갚지 않아도 되니 염려 말라고 했다. 나는 단지 사랑하는 가족들의 명예를 위해 사전에 말했을 뿐이었는데 가족들의 나에 대한 배려는 눈물겹도록 감동적인 것이었다.

가족들에게 부도를 미리 통보해 드리기로 작정했을 때, 제일 마음에 걸렸던 분은 어머님이었다. 그 당시 어머님의 연세는 일흔이었다. 일평생 외아들이자 막내인 나에게 당신의 모든 것을 걸고 살아온 분인데, 그 아들이 경영하는 회사가 부도난다는 사실을 알게 되면 얼마나 낙담하실지 염려되었기 때문이다. 그러나 나의 이야기가 계속되는 동안 어머님은 놀라우리만치 침착했다. 마침내 가족 모임이 끝나고 어머님과 나만 남게 되었을 때였다. 어머님은 내게 저금 통장을 하나 건네주면서 이렇게 말씀하셨다.

"네가 그동안 준 생활비 중에서 틈틈이 모아둔 것이다. 얼마 되지 않지만 수습하는 데 보태 쓰거라."

그리고 어머님은 기도했다. 홍성사가 다시 일어설 수 있도록 도와주실 것과 나에게 물심양면으로 도움을 주고 있는 자형들과 누님들에게 하나님의 은총이 함께 하시기를 간구하는 기도였다. 어머님의 그와 같은 모습은 산전수전을 다 겪은 백전노장의 모습이었다. 갑자기 내 마음이 찡하여 왔다. 어린시절 나를 품고 기도하던 어머님의 그 품속의 온기가 온 영혼에 스며듦을 느꼈다. 어머님이 주신 통장에는 8백만 원이 들어 있었다.

그날밤, 잠자리에 누웠을 때에 모든 것이 꿈만 같았다. 아침에 집을 나설 때에는 솔직히 오늘밤 성한 몸으로 돌아올 수 있을까 하는 염려가 없었던 것은 아니었다. 그런데 지금 나는 머리털 하나 상하지 아니한 채 이처럼 멀쩡하게 누워 있다. 단 한 사람으로부터 단 한마디의 욕도 듣지 않았다. 수억 원의 부도를 내고서도 오히려 모든 채권자들로부터 무슨 대단한 일이라도 한 사람인 듯 한결같이 격려만 받았다. 부도가 터진 당일이 다 가기도 전에 부도는 사실상 수습된 것이나 마찬가지였다.

어디 그뿐인가? 매일 쉬지않고 돌아오는 어음을 막아내느라 지난 6개월 동안 단 한번도 마음 편한 날이 없었다. 겉으로는 태연한 척하고 있었지만 사실은 1초 1초가 모두 피를 말리는 시간들이었다. 그런데 지금은 오히려 마음 편하게 두 다리를 뻗고 있다. 내일 아침에도 6개월 전과 같이 지극히 편한 마음으로 새 날을 맞이할 것이다. 생각하면 생각할수록 모든 것이 꿈처럼 여겨졌다.

참으로 하나님께서는 찢으시지만 그러나 싸매시고 다시 세우시는 분이시다. 하나님의 목적은 언제나 찢으시는 데 있는 것이 아니라 싸매시고 세우시는 데 있기 때문이다. 우리의 완악하고 패역한 삶을 찢으심으로 하나님의 형상으로 다시 싸매시고 세우신다. 하나님의 찢으심과 싸매심이 아니었던들 어찌 수억 원의 부도가 난 그날, 모든 것이 그처럼 평화롭게 매듭지어질 수 있었겠는가? 어찌 수없이 많은 채권자들의 마음이 모두 그처럼 한결 같을 수 있었겠는가?

나는 그날 하나님 앞에 진실된 마음으로 무릎을 꿇었어야만 했다. 눈물을 흘리며 감사의 기도를 드렸어야만 했다. 헛된 욕망과 야망의 고름투성이인 나의 환부를 찢어주심을 감사했어야만 했다. 그리고 나를 다시 싸매시며 새롭게 세우고자 하시는 주님의 손길에 나를 맡겨야만 했다. 진정 그것만이 옳은 길이었다.

그날밤 하나님께서 내게 요구하신 것은 바로 그와같은 나의 전적인 굴복이었다. 물론 나는 하나님께 기도드렸다. 감사드리기도 했다. 그러나 그것은 모두 관습에 의한 것일 뿐이었다. 나는 오히려 내 자신을 더욱 믿고 있었다. 어떤 경우이든지 진실하기만 하면 반드시 피할 길을 얻는다는 내 자신에 대한 믿음이었다. 그래서 하나님의 찢으심을 경험하고서도 주님의 완전한 싸매심과 다시 세우심을 놓쳐버리는 어리석은 자가 되고 말았다. 말하자면 아직까지 나는 더 찢어져야만 될 만큼 교만한 심령의 소유자였다.

만남의 기적들

7월 19일 아침이 되었다. 나는 그 날부터 타고 다니던 벤츠를 세워 놓고 회사 소유 승용차 중에서 제일 소형인 포니를 타기 시작했다. 부도를 내었으면 부도난 자답게 행동하는 것이 옳다고 여겼기 때문이다. 벤츠는 천호동에 있는 직업 훈련원에 원생들을 위한 교육용으로 기증하기로 하였다. 그 훈련원의 윤기 회장(믿음의 글들 33번 – 〈어머니는 바보야〉의 저자)으로부터 언젠가, 차량 훈련생들의 꿈은 고급 승용차로 실습 한번 해 보는 것이란 얘기를 들은 기억이 났기 때문이었다. 그 외 포니 한 대를 제외한 나머지 차량은 모두 처분하기로 하였다. 내가 포니를 타자 나의 운전기사가 깜짝 놀랐다. 내 결심을 듣고 난 그는 눈물을 글썽거리며 말했다.

"그래도 여러모로 불편하실 텐데요."

그의 입장으로서는 당연한 말이었을 것이다. 그러나 부도가 난 이상 체면이나 허세는 절대로 부리지 않으리라, 달리는 포니 안에서 다시 한번 다짐을 하였다.

오전중에 홍성인쇄의 박국원 전무가 찾아왔다. 그리고 홍성사가 확실하게 재기하기 위해서는 홍성인쇄를 폐업해야만 한다고 건의했다. 현재 홍성인쇄는 충분한 납을 보유하고 있기 때문에 그 납을 처분하면 직원들의 퇴직금은 물론이고 폐업에 따른 수당도 모두 지급할 수 있으므로 지금이야말로 홍성사를 위해 홍성인쇄를 처분할 적기라고 말했다. 그 때까지 홍성인쇄는 적자기업이었기 때문이다.

출판사가 자기 인쇄소를 갖는다는 것은 분명 장점도 있었지만 그러나 단점도 많았다. 당시 홍성인쇄는 문선, 조판, 정판, 지형, 인쇄시설을 다 갖추고 있었고, 그에 따른 사람의 숫자만도 적을 때가 60여 명이나 되었다. 그것은 하루에 300쪽짜리 책 한 권을 만들어 낼 수 있는 규모였다. 그러므로 자연히 다른 출판사의 작업을 하지 않을 수가 없었다. 결국 남의 일 때문에 우리 일이 지연되는 경우가 비일비재하였다. 반면 여름에 일거리가 없을 때는 인쇄소 자체 유지를 위하여 홍성사의 작업을 무리할 정도로 늘리지 않으면 안되었다. 그러다 보니 홍성사 일의 진행이 홍성사가 원하는 대로 되지 않음은 물론이요, 일의 단가는 다른 인쇄소에 맡기는 것보다 오히려 더 높게 산출되는 결과가 되고 말았다. 따라서 홍성사의 완전한 회생을 위해서는 홍성인쇄를 반드시 폐업해야 한다는 박 전무의 건의는 백번 타당한 것이었다. 나는 박 전무가 얼마나 고마웠는지 모른다. 스스로 자기 부서를 폐업시키면서까지 홍성사를 살리려는 그 마음씀은 너무도 감동적이었다. 나는 마침내 7월 말까지 홍성인쇄를 폐업하기로 결단하고 모든 것을 박 전무에게 일임하였다.

오후 퇴근 시간이 가까워 왔을 때, 넷째누님으로부터 저녁에 누님 댁에 잠시 들러가라는 전화 연락이 왔다. 일을 다 끝낸 후, 누님 댁에 들렀더니 봉투를 하나 건네주면서 얼마되지는 않지만 수습하는 데 사용하라고 말했다. 집에 와서 보니 6백2십만 원이 들어 있었다. 그 돈이야말로 한평생 검소하게 살아온 누님 내외분에게 있어서는 덜 먹고 덜 쓰면서 모은 전 재산이었다. 나의 가슴은 메어지는 것 같았다.

또 하루가 지났다. 무역부의 윤창동 부장이 찾아왔다. 그리고 조심스럽게 나의 의사를 타진하였다. 부도를 수습하기 위해서는 아무래도 전체적인 감량이 필수적일 텐데, 괜찮다면 무역부 직원끼리 독립을 해보겠다는 것이었다. 나는 흔쾌히 응락하였다. 나도 본래 봉급쟁이였던 만큼 기회가 닿아 독립하려는 사람들의 심정을 누구보다도 잘 이해할 수 있었다. 무역부의 독립을 계기로 하여 광고 기획부 역시 직원끼리 독립하게 되었다. 부도 1주일 만에 다섯 사업부서 중 인쇄, 무역, 광고 기획의 세 부서가 떨어져 나가고 출판과 항공, 두 부서만 남게 되었다.

그러다 보니 자연히 출판에만 전념할 수 있는 여건이 형성되었을 뿐만 아니라 사무실을 한 곳으로 모으는 일도 저절로 방향이 잡히게 되었다. 항공부를 매각하는 일은 하루 아침에 되는 일이 아니었다. 그것은 경우에 따라서는 1년 이상이 걸릴 수도 있는 일이었다. 그렇다면 세 부서가 정리된 상황에서는 항공부가 있는 조선호텔로 출판부를 옮기는 것이 순리였다. 항공부 사무실은 아무래도 조선호텔 내에 있는 것이 매각하는 데에도 유리하기 때문이었다.

마침내 항공부는 조선호텔 1층 사무실에 그대로 둔 채 무역부가 쓰던 조선호텔 3층 사무실로 출판부를 옮기기로 하고 7월 22일 이사를 단행하였다. 사무실 면적은 총 3백여 평에서 40평으로 그리고 직원 수는 120명에서 25명으로 줄었다. 참으로 대대적인 감량이었다. 불과 2주일 전 부도가 날 당시만 하더라도 이처럼 빨리, 그리고 이처럼 대대적인 정리가 이루어지리라고는 상상도 하지 못한 일이었다. 모든 것이 순조롭게 진행되는 것처럼 보여졌다. 이제는 집과 항공부를 처분하는 일만 남아 있었다. 집은 금융기관으로 하여금 경매토록 하였으므로 실은 항공부를 매각하는 일만 남은 셈이었다.

출판부 사무실을 조선호텔로 옮기는 일이 끝난 그 다음날부터 다시 술 마시는 일이 시작되었다. 홍성사의 주 사업이 출판이 된 이상, 중요 필자들을 만나 홍성사의 건재함을 인식시키는 것이 무엇보다 중요했다. 나의 삶은 부도가 났다는 것, 그리고 타고 다니는 차가 바뀌었다는 것과 같은 외형적인 변화 외에는 적어도 질적인 면에서는 예전에 비해 달라진 것이라고는 아무 것도 없었다. 말하자면 부도가 났음에도 불구하고 그 부도를 통하여 하나님께서 나와 홍성사에 요구하시는 것이 무엇인지, 내가 출판을 시작했던 동기는 무엇이었으며, 또 홍성사가 출판에 주력하기로 했다면 그 목적을 무엇에 두어야 하는지를 한번도 진지하게 생각해 본 적이 없었다. 목적이 있다면 오직 하나, 그것은 홍성사의 이유없는 조속한 재기뿐이었다.

몹시도 무덥던 7월 27일 오후였다. 퇴근하려니까 차가 없었다. 고장이 나서 공장에 들어갔는데 다음날이 되어야 나온다는 것이었다. 모처럼 친구들이나 만나서 한 잔 할까 하고 생각했지만 그 날따라 지갑에는 천 원짜리 한 장도 없었다. 주머니를 이리 저리 뒤졌더니 100원 짜리 주화 하나가 나왔다. 나는 어쩔 수 없이 버스를 타고 오랜 만에 집에나 빨리 들어가야겠다고 마음 먹고 사무실을 나왔다.

그러나 미도파 백화점 앞에 있는 버스 역에 다다라서야, 비로소 지난 8년 동안 단 한 번도 버스를 타본 적이 없었다는 사실이 생각났다. 내가 내 자신의 차를 타고 다니기 시작한 것은 직장 생활을 하던 72년부터였다. 그러므로 버스 삯이 얼마인지를 알 도리가 없었다. 더욱이 집이 있는 이촌동으로 향하는 버스가 몇 번인지, 한 번만에 갈 수 있는지 아니면 중간에서 갈아타야 되는지도 알지 못했다. 이런 사정이었으니 주머니에 100원밖에 없는 형편에 선뜻 버스를 탈 입장이 아니었다. 그렇다고 지나가는 사람을 붙잡고 버스비가 얼마냐고 물어볼 용기는 더더욱 없었다. 나는 그날, 이제 겨우 만 31세밖에 되지 아니한 젊은이로서 버스비도 알지 못하는 삶을 살아온 내 자신에 대하여 얼마나 부끄러움을 느꼈는지 모른다.

마침내 나는 버스 타기를 포기하고 집을 향해 걷기 시작했다. 100원으로 버스를 타기가 두렵기도 했지만, 사실은 그동안 한심하리만치 사치와 방종에 빠져 있던 내 삶을 속죄하고 반성하는 심정으로 걷기 시작했다. 처음 생각으로는 넉넉 잡아 30분 정도면 집에 닿으리라 생각하였다. 자동차를 타고서는 순식간에 닿는 거리였기 때문이다. 그러나 나의 느릿느릿한 걸음으로 집까지 도착하는 데에는 딱 2시간이 소요되었다.

무더운 여름 오후, 작열하는 태양 아래를 걷다보니 서울역을 지나기도 전에 지쳐버리고 말았다. 서울역 광장에서부터는 아예 흐느적거리는 걸음이 되었다. 비오듯 흐르는 땀을 연신 닦아내면서 오랜 시간을 걷다보니 잊어버렸던 나의 과거 속에 오늘처럼 뜻하지 않게 먼 거리를 걸었던 적이 몇 차례 있었음이 또렷이 떠올랐다.

첫번째는 1962년 중학교 2학년 되던 해 봄이었다. 전교생들이 동래에 있는 부산 대학교 뒷산으로 송충이를 잡으러 갔다. 그 때는 그것이 모든 학생들의 연례행사였다. 학교에서 모여 다 함께 출발하는 것이 아니라 각자 부산 대학교 뒷산으로 집합해야만 했다. 내가 다니던 경남 중학교는 동래와는 정 반대 쪽 끝에 있었으므로 그 거리는 몇십 리 길이었다. 송충이를 다 잡고 나면 현장에서 해산했기 때문에 아이들은 삼삼오오 짝을 지어 동래 유원지에서 놀다 오기가 일쑤였다.

그날 나도 동래 유원지에서 친구들과 어울려 '공던져 표적 맞추기' '총쏘기' 게임 등을 하면서 신나게 놀고 있었다. 한참 놀던 나는 다시 다른 게임을 하기 위해 돈을 꺼내려 주머니에 손을 넣었다가 깜짝 놀라고 말았다. 주머니가 텅 비어 있었다. 이미 돈을 다 써버렸음에도 모르고 있었던 것이다. 문제는 차비까지 다 날려버렸다는 데에 있었다.

나는 할 수 없이 친구들에게 먼저 간다는 일방적인 말을 던지고는 집이 있는 동대신동을 향해 걷기 시작했다. 내 친구들 중에서 그날 내가 그 먼 거리를 걸어가리라고 생각한 친구는 아무도 없었다. 모두들 갑자기 급한 일이 있나보다 하고 생각할 뿐이었다. 그 친구들에게 차비를 부탁하면 들어주지 않을 친구가 한 사람도 없었다. 그러나 나는 그들에게 부탁하지 않았다. 동래에는 이모님이 살고 있었고 도중에 위치한 서면에는 작은 아버님 댁이 있었다. 어느 댁을 들러도 버스비가 아니라 택시비를 줄 분들이었지만 나는 그 어느 곳도 찾지 않았다. 그냥 계속 걸었다. 집에 도착했을 때에는 캄캄한 밤이었고, 퉁퉁 부은 다리가 얼마나 아팠던지 밤새 앓았다.

두번째는 1965년 경희 고등학교 2학년 때였다. 그때 나는 동대문구 휘경동에 살고 있었다. 1963년에 소천하신 아버님이 남겨둔 유산 중에 서대문 소재의 동양극장이 있었다. 어느 공휴일이었다. 마침 친척 형님 한 분이 집에 놀러 왔다가, 동양극장에서 상영중인 '빨간 마후라'를 보여달라고 사정을 하였다. 우리는 함께 동양극장으로 갔다. 물론 무료 입장이었다. 그런데 극장에 얼마나 사람이 많았던지(그 때는 극장에 입석도 있었다) 그만 형님을 잃어버리고 말았다. 영화가 끝난 다음에도 찾을 수가 없었다. 문제는 형님을 따라왔기 때문에 내 수중에 돈이 한 푼도 없다는 사실이었다. 물론 극장 사무실에 들어가서 말만 하면 얼마든지 돈을 얻을 수 있었다. 그러나 그렇게 하기는 싫었다. 나는 그날도 서대문에서부터 2시간 반 동안이나 걸어서 휘경동에 있는 집에 도착하였다.

세번째는 1967년 대학교 1학년 가을, 교내 '모의 올림픽'이 열렸을 때였다. 내가 다니던 외국어 대학교 불어과에는 정원 30명 중에 여자가 20명이나 되었다. 남자 수가 작다보니 모의 올림픽에 출전할 선수가 많지 않았다. 그래서 마지막 날의 마라톤에는 내가 출전하기로 결정되었다. 내 나름대로는, 100m는 비록 21초에 뛰는 거북이에 불과하지만 마라톤이라면 할 만하다는 자신감이 있었다. 중학교 다닐 때에 매년 전교생이 참여하는 마라톤 대회가 열렸었다. 말하자면 한 학년의 총 수인 540명이 전원 참여하는 마라톤이었다. 그 거리가 정확하게 얼마였는지는 기억나지 않지만 수십 분이 소요되는, 중학생에게는 결코 짧지 않은 거리였다. 그 경기에서 나는 매년 20등 안팎으로 골인하였다. 그러니까 나로서는 믿는 데가 있었던 셈이다.

마라톤 경기가 있기 열흘 전부터 나는 특별 훈련에 들어갔다. 그 때는 충무로 라이온즈 호텔 앞에 살고 있었는데, 매일 밤마다 집에서부터 동대문까지를 왕복으로 뛰었다. 그런데 시합 전날 밤 욕심을 부린 것이 화근이었다.

그 날도 일찍 저녁식사를 마친 후, 퇴계로를 이용하여 동대문을 향해 뛰기 시작했다. 서울 운동장을 지나 동대문이 보이기 시작했을 때, 그 날만은 훈련량이 좀더 있어야만 되겠다는 엉뚱한 생각을 하였다. 왜냐하면 시합 당일의 코스는 외국어 대학에서 출발하여 망우리를 지나 동구능을 반환점으로 하여 되돌아오는 것인 만큼 상당한 거리였다. 따라서 그날밤에는 적어도 그 거리에 상응하는 거리만큼은 뛰어야 되지 않겠느냐는 생각이었다. 그래서 동대문에 이른 나는 돌아서지 않고 신설동 쪽으로 방향을 바꾸었다. 그리고는 내친 김에 이문동에 있는 외국어 대학까지 뛰어갔다가 되돌아 왔다. 집에 도착했을 때 녹초가 된 것은 물론이었다. 그러나 마음은 매우 뿌듯했다. 이 정도로 맹훈련을 한 사람은 나밖에 없을 것이란 생각이 들었다. 나는 우승의 가슴 벅찬 꿈을 안고 잠자리에 들었다. 시합 전날에는 절대로 무리한 훈련을 해서는 안된다는 사실을 나는 전혀 알지 못했던 것이다.

다음날 아침 잠이 깨었다. 그러나 일어나려고 해도 일어나기가 쉽지 않았다. 오른쪽 다리가 내 마음대로 움직여지지 않았기 때문이다. 근육이 뭉쳤기 때문이려니 하고 생각한 나는 마당으로 나가서 제자리 뛰기를 하였다. 그제서야 근육이 아니라 오른쪽 무릎 관절에 이상이 있다는 사실을 알게 되었다. 움직일 때마다 몹시 시큰거렸다. 아침 식사 후 집 근처에 있던 '노덕삼 내과'를 찾았다. 진찰 결과는 무리한 충격에 의한 관절염 증세였다. 보름 동안 절대로 무리하게 다리를 사용해서는 안된다는 엄명과 함께 주사를 맞고 약을 받았다.

11시쯤 학교에 도착했을 때에는 벌써 여러 경기가 열리고 있었다. 마라톤 경기는 오후 2시로 예정되어 있었다. 마라톤 선수들이 골인한 직후 폐회식을 갖기 위한 배려였다. 나는 계속 잔디밭에 누운 채 고민을 거듭하였다. 그 다리로 출전하느냐 마느냐, 그것이 문제였다. 한참동안 고민하던 나는 결국 출전하기로 결심했다. 내가 소속되어 있는 불어과의 명예를 위해서는 비록 좋은 성적은 내기 어렵다 할지라도 참가하는 것이 옳다고 판단했다. 정오쯤 되었을 때에는 아침에 맞은 주사약 기운 때문인지 무릎의 통증도 거의 느껴지지 않았다.

마침내 오후 2시 정각, 120명의 선수들이 학교 마당을 출발하였다. 물론 나도 그 속에 포함되어 있었다. 그러나 출발하여 몇백 미터도 못가서 그 출전이 잘못된 것임을 느꼈다. 다시 무릎이 시큰거리기 시작했기 때문이다. 휘경동 위생병원 앞을 지날 때 통증은 더 심해지기 시작했다. 그러나 이를 악물고 뛰었다. 중랑교를 지나면서부터 기권하는 자들이 있었다. 학교 버스가 천천히 뒤를 따르면서 기권하는 자들을 태웠다. 일정한 간격마다 기록원들이 서서 통과하는 선수들의 등 번호를 확인하고 있었다.

면목동 입구에 다다랐을 때 더이상 정상적으로 뛸 수가 없었다. 오른쪽 다리를 절면서 뒤뚱거리며 뛸 수밖에 없었다. 그것은 뛰었다기보다는 오히려 뛰는 흉내였을 뿐이었다. 자연히 속력이 줄어들 수밖에 없었고 내 뒤에서 뛰고 있던 학생들이 한 명 두 명 앞질러 나가기 시작했다. 얼마 후 뒤돌아 보니 학교 버스가 바로 내 뒤를 따르고 있었다. 그것은 지금 현재 내가 꼴찌라는 것을 의미하고 있었다. 내 앞에는 아무도 보이지를 않았다. 내가 뒤쳐져도 한참 뒤쳐진 셈이었다. 그러나 무릎의 통증은 더 심해지기만 했다.

마침내 망우리 언덕이 멀리 시야에 들어왔을 때, 나는 더이상 뒤뚱거리면서 뛰는 흉내조차 낼 수도 없었다. 나는 아예 한 다리를 절면서 걷기 시작했다. 지금은 망우리를 지나는 신작로가 나 있지만, 그 옛날 망우리 고갯길은 가파르고 길게 굽어져 있기로 유명하였다. 그 다리로 그 고개를 넘기에는 걷기도 힘들었다. 나는 몇 번이나 쉬어가면서 오른쪽 다리를 끌다시피 하여 고개를 넘었다. 그때 멀리 맞은 편에서 경찰 백차 한 대가 깃발을 휘날리고 사이렌을 울리면서 비탈길을 올라오고 있었다. 바로 선두 에스코트 차량이었다. 그 백차 뒤로 이미 반환점을 통과한 선수들이 달려오고 있었다. 그러니 그들을 따라잡는다는 것은 있을 수 없는 일이었다. 그것은 정상적인 다리로써도 불가능한 일이었다.

그러나 나는 계속 한 다리를 끌면서 걸었다. 걸으면서 되돌아 뛰어오고 있는 선수들의 숫자를 세었다. 18명까지 세고 나자 아무리 나아가도 더이상 달려오는 선수가 없었다. 나머지는 모두 기권했음을 의미했다. 120명이 출발했으니 101명이 기권한 셈이었다. 비록 꼴찌이긴 하지만 현재 나는 19등을 달리고 있다고 스스로 자위하며 나는 걷고 또 걸었다. 얼마나 걸었을까? 멀리 동구능 입구의 반환점이 보이기 시작했다. 내 뒤를 따르던 학교 버스가 갑자기 나를 앞질러 달려나가더니 아득하게 보이는 반환점에 가서 멈추는 것이 보였다.

이윽고 반환점에 도착하자 기다리고 있던 진행위원이 수고했다며 내 등뒤에 '반환점 통과' 확인 도장을 찍어 주었다. 물 한 잔을 마신 내가 다시 뒤돌아 서서 걷기 시작하려하자 진행위원이 깜짝 놀란 표정으로 내 곁으로 다가와 물었다.

"아니 계속 할 거예요?"

나는 너무나 당연하지 않느냐는 표정으로 머리를 한번 끄덕였다. 나의 반응을 확인한 그는 황급히 버스 쪽으로 뛰어갔다. 나는 다리를 끌면서 다시 걷기 시작했다. 조금 후에 그가 내게로 뛰어왔다. 그리고 내 곁에서 나와 함께 걸으며 기권하기를 종용하는 것이었다. 이유는 간단했다. 이미 승부는 다 났는데 내가 기권하지 않을 경우 돌아가는 길에 깔려 있는 진행 및 기록요원들이 내가 통과하기까지 철수할 수가 없고, 마지막 요원이 학교에 돌아오기 전까지는 시상식과 폐회식이 시작될 수 없기 때문이라고 했다. 그러므로 보아하니 다리도 성한 것 같지 않은데 함께 학교 버스를 타고 철수하자는 것이었다.

나는 정중하게 사양하였다. 다른 이유는 하나도 없었다. 단지 시작하였기 때문에 어떤 경우에도 마쳐야 한다는 지극히 단순한 생각에서였다. 그래서 그에게, 공식적으로는 마라톤 경기가 끝난 것으로 하고 나를 괘념치 말고 모두 그냥 철수하라고 했다. 나는 이왕 참가했으니 내 편한 대로 쉬어가면서 천천히 걸어가겠다고 말했다. 그는 몇 번 더 나를 설득하려 애썼지만 그것이 불가능하다는 것을 확인하자 돌아갔다. 조금 후 학교 버스가 나를 추월하여 달려나갔다. 그 속에 타고 있던 사람들이 웃으면서 내게 손을 흔들어 주었다. 나도 그들을 향해 손을 흔들었다.

학교에 도착했을 때에는 모든 행사가 다 끝나고 학생들은 해산하고 있는 중이었다. 이미 땅거미가 끼어 있었다. 겨우 땀을 씻고 옷을 갈아입고 나니 더이상 꼼짝을 할 수가 없었다. 김광훈이라는 친구의 부축으로 겨우 집으로 돌아왔다. 그리고 그 다음날부터 한동안 병원 신세를 져야만 했다.

그러니까 그 날은, 또다시 먼 거리를 걷게 된 네번째의 날이었다. 이처럼 옛날의 기억을 회상하며 걷다보니, 그 네 번의 '먼 걸음'에는 묘한 공통점들이 있음을 발견하게 되었다. 첫째는 그 '먼 걸음'의 이유가 모두 나의 실수로 야기되었다는 것이고, 둘째는 그 '먼 걸음'들은 모두 피할 수도 있었다는 것이다. 친구들에게 꾸거나 극장 직원들에게 말하거나, 혹은 학교 버스를 탔더라면 구태여 그 먼 거리를 그토록 애쓰면서 걸을 필요가 전혀 없었다. 그 날도 마찬가지였다. 미도파 앞에서 걷기 시작하기 전에 지척인 조선호텔 사무실로 되돌아가서 돈을 빌리기만 하면 되었다. 그런데 그 날도 사서 고생을 하고 있는 셈이었다.

삼각지를 지날 때 이미 지칠 대로 지쳐 있었다.

'도대체 내가 왜 이렇게 걷고 있는 것일까?'

나 자신에게 이와 같은 질문을 스스로 던졌을 때에, 바로 그때 갑자기 내 다리가 저려오기 시작했다. 육신의 다리가 아니라 구두 속의 돌멩이로 인한 내 영혼의 저림이었다. 내가 왜 이렇게 걷고 있는가라는 자문(自問)이, 도로 위에 있는 나의 모습이 아니라 사업의 노정 위에 서 있는 나 자신의 모습을 일깨워 주었고, 그것은 다시 나는 왜 지금 사업을 하고 있는가라는 질문으로 연결되었다.

나는 도대체 왜 사업을 하고 있는가? 나는 무엇 때문에 홍성사를 경영하고 있는가? 나는 무슨 목적으로 출판을 시작하고 그처럼 막대한 돈을 투자했던가? 내가 어떻게 홍성사를 경영하였기에 부도가 났는가? 홍성사가 내게 있어서 어떤 의미를 갖기에 재기를 위해 모든 것을 다 포기하고 나섰는가? 왜 부도난 홍성사가 하필이면 출판에만 전념하기로 하였는가? 내가 지금 하고 있는 일들이 어머님을 모시고 있는 집을 포기할 정도로 가치있는 일인가?

질문은 꼬리를 물고 이어졌고 그럴수록 구두 속의 돌멩이는 나를 더욱 저리게 했다. 그러나 그것은 참으로 가치 있는 질문들이었다. 벌써 오래 전에 스스로에게 물었어야만 했던 질문들이었다. 바로 그 질문들이 긴 세월 동안 잊고 있었던 것을 일깨워 주었기 때문이다.

'하나님의 영광을 위한 홍성사.'

나는 또다시 이것을 잊고 있었던 것이다. 이것 때문에 출판을 시작하지 않았던가? 이것 때문에 먼저 한국 최고의 출판사가 되기 위하여 그 엄청난 돈을 출판에 쏟아 붓지 않았던가? 그래서 그동안 도대체 무엇을 했던가? 이미 한국 단행본 출판계의 정상은 차지하였다. 그러나 하나님의 영광을 위하여 한 것이라고는 아무 것도 없었다. 결과적으로 홍성사 ― 그것은 나 자신의 욕망을 위한 바벨탑일 뿐이었다. 인간을 위한 바벨탑이 무너지는 것은 너무나 당연한 일이 아닐 수 없었다. 나의 온 영혼이 저려만 왔다.

드디어 한강변의 빌라 맨션이 보였다. 그러나 나는 집으로 들어갈 수가 없었다. 나는 교회로 향했다. 그리고 참으로 오랜 만에 진실된 마음으로 주님 앞에 무릎을 꿇었다. 나는 그동안 나의 서원을 잊고 있었음을 회개하였다. 그리고 이제부터는 하나님의 영광을 위한 출판을 시작하기로 굳은 결단의 기도를 드렸다. 그제서야 내 영혼의 저림이 멈추었다. 그 날의 '먼 걸음'이야말로 새로이 걸어가야 할 먼 길을 향한 첫 걸음이 된 셈이었다.

나는 그 다음날부터 하나님의 영광을 위하여 어떤 출판을 어떻게 할 것인가를 곰곰이 생각하기 시작했다. 목사님들의 설교집 출판이나 신학서적 혹은 성경공부 교재를 위한 출판은 이미 수많은 출판사가 참여하고 있으므로 하나님께서 내게 요구하시는 것이 그런 쪽은 아닌 것 같았다. 그렇다면 무엇을 할 것인가? 그러나 좋은 묘책은 없었다. 나는 나로 하여금 홍성사를 만들게 하신 하나님께서 이제 내가 무엇으로 하나님께 영광을 돌려드리기를 원하시는지 기도하기 시작하였다.

7월 말경, 막내누님으로부터 전화가 왔다. 우연한 기회에 길음동에서 맹인을 위해 목회하고 있는 맹인 목사님 한 분을 알게 되었는데, 그분으로부터 많은 은혜를 받았으니 나도 시간이 있으면 한번 찾아가서 만나 보라는 내용이었다. 그리고 만약 그런 분의 이야기가 책으로 엮어진다면 교인들뿐만 아니라 믿지 않는 분들에게도 많은 도움이 되지 않겠느냐는 말도 덧붙였다.

다음날 오후, 나는 녹음기를 들고 누님이 말한 길음동 '새빛 맹인 교회'를 찾아갔다. 맹인 목사님과는 아침에 미리 전화로 약속을 해 둔 터였다. 교회는 낡은 건물 2층에 세들어 있었다. 대낮이었음에도 불구하고 건물 내부는 마치 밤처럼 어두웠다. 반 평도 채 되지 않는 '목사실'로 들어섰을 때 자리에서 일어나 나를 향하여 반가이 웃으며 손을 내미는 맹인 목사님을 보고 나는 그만 깜짝 놀라고 말았다. 나는 그 때까지 그토록 밝고 잘생긴, 게다가 색안경을 쓰지 않은 맹인을 본 적이 없었다. 정상인처럼 눈을 뜨고 활짝 웃고 있는 그의 얼굴은 도저히 맹인이라고는 여겨지지가 않았다. 맹인 목사 안요한 목사님과의 만남은 이렇게 시작되었다.

안 목사님에 대한 나의 취재는 다섯 시간이나 걸렸다. 그 다섯 시간 동안 나는 얼마나 큰 감동을 받았는지 모른다. 이 사회에 온갖 불의와 부패가 만연하다 할지라도 이 사회가 그래도 건전하게 지탱되고 있음은, 바로 그분처럼 보이지 않는 곳에서 사랑과 헌신의 삶을 사는 사람들이 있기 때문이라는 사실을 나는 그날 비로소 깨달을 수 있었다. 뿐만 아니라 홍성사가 하나님의 영광을 위하여 해야 할 일이란 먼저 그런 분들을 찾아 격려하고 세상에 알리는 일이요, 그 다음으로는 이 땅에 있는 모든 사람들로 하여금 각자 그런 삶을 살 수 있도록 깨우치게 하는 일이란 귀중한 사실을 깨닫게 되었다.

안요한 목사님과의 만남 – 그것은 실로 조그마한 만남이었다. 그렇지만 그 작은 만남이야말로 홍성사가 하나님의 영광을 위하여 과연 무엇을 할 것인가를 일깨워 준, 실로 크나큰 만남이요 하나님의 특별하신 은총이 아닐 수 없었다. 나는 그날 정말 큰 숙제를 해결한 듯한 홀가분하고도 기쁜 마음으로, 그리고 하나님께 감사드리는 마음으로 밤길을 헤치며 집으로 돌아왔다.

그날밤은 참으로 잊을 수 없는 밤이 되었다. 만남의 소중함과 귀함을, 그리고 하나님께서는 사람의 만남을 통하여 역사하신다는 것을 구체적으로 터득한 것이 바로 그날밤이었기 때문이다.

나는 그날밤, 소설가 이청준 선생님이 안요한 목사님에 대한 작품을 쓸 수 있게 해 달라고 간절한 기도를 하나님께 드렸다. 거기에는 그만한 까닭이 있었다.

내가 처음으로 이청준 선생님을 만난 것은 1977년 가을이었다. 그때 출판부의 태동을 총 지휘하고 있던 정병규 씨의 소개로 조선호텔 사무실에서 첫 만남을 갖게 되었다. 솔직히 말해서 나는 그 때까지 이청준 선생님에 대하여 아는 바가 전혀 없었다. 불어를 전공한 나는 대학 입학 이후에 한국 문학을 대할 기회를 갖지 못했을 뿐만 아니라, 대학 입학 이전에 접했던 한국 작가는 김동리, 황순원, 이범선 등과 같은 원로들이었기 때문이다. 나는 단지 정병규 씨로부터 들었던 이청준 선생님은 한국 순수문학의 최정상급 작가라는 정보밖에는 가진 것이 없었다.

시내에서 식사겸 술을 한 잔 한 뒤, 이 선생님 댁 부근에서 2차까지 끝마쳤을 때였다. 마침 술집 앞에는 작은 서점이 하나 있었다. 이 선생님은 나를 그 서점으로 데리고 들어가더니 자신의 창작집 〈별을 보여 드립니다〉를 한 권 구입했다. 물론 나로서는 처음 보는 책 제목이었다. 이 선생님은 그 책의 표지를 넘긴 후 하얀 속 면지에다 무엇인가를 적은 후 그 책을 나에게 주었다.

다음날 아침 출근하는 차 안에서 〈별을 보여 드립니다〉의 표지를 넘겼을 때 그곳에는 이렇게 쓰여 있었다.

'미안합니다. 이청준.'

나는 그동안 많은 책들을 증정받아 보았지만, 그러나 그와 같은 증정사를 본 적은 한번도 없었다.

'미안합니다. 이청준.'

다소 엉뚱해 보이는 이 짤막한 글은, 그러나 묘한 감동을 던져주고 있었다. 그 짧은 글이 실은 많은 말을 하고 있었다. 이를테면 다음과 같은 말이었다.

'이 사장, 보아하니 내 작품은 하나도 읽어보지 못한 것 같습니다. 출판사 사장은 작품을 통하여 작가와 교감을 이룰 수 있어야 합니다. 이것을 놓치는 출판사 사장은 아무리 돈이 많아도 좋은 출판사를 이룰 수가 없습니다. 출판사의 가장 큰 재산은 돈이 아니라 필자이기 때문입니다. 오늘 만나서 매우 반가웠습니다. 이 만남이 깊은 교제로 지속되기를 원한다면 먼저 나의 작품을 읽어보십시오. 바쁜 사람에게 이런 요구를 해서 미안합니다. 이청준.'

이 선생님의 그 짧은 증정사는 나로 하여금 이 선생님에 대하여 깊은 인상을 갖게 해 주기에 충분하였다. 적은 말로 많은 것을 말하는 것이야말로 인격이라고 생각하고 있었기 때문이다. 뿐만 아니라 처음 만나는 사람에게 자신이 하고 싶은 말을 하필이면 '미안합니다'라는 말로 대신했다는 것은 그 마음의 넉넉함과 더불어 그의 겸손함을 읽을 수 있게 해 주었다.

나는 〈별을 보여 드립니다〉를 읽지 않을 수가 없었다. '퇴원' '줄' '병신과 머저리' '행복원의 예수' '과녁' '매잡이' 등의 주옥같은 단편들이 실려있는 그 책을 통하여 나는 한국 문학의 신지평을 만나게 되었다. 그 작품들은 모두 예전에 내가 보았던 한국 원로들의 작품과는 확연하게 다를 뿐만 아니라, 내가 그동안 숱하게 접해 왔던 프랑스 문학과 질적인 면에서 다를 바가 조금도 없었기 때문이다. 나는 한국에도 이런 작가가 있다는 데에 대해서 놀랐고, 출판사를 경영하겠다면서도 한국 문학에 그만큼 무지했던 데 대해 부끄러웠고, 나로 하여금 그처럼 새로운 한국 문학을 만나게 해 준 이청준 선생님에 대해 감사하였다.

그 이후 〈이어도〉 〈자서전을 씁시다〉 〈당신들의 천국〉을 읽으면서 그분의 문학에 심취하게 되었다. 나는 그분의 집필 활동에 방해가 되지 않는 범위 내에서 그분과 가능한 한 많은 만남을 갖게 되었고 78년 가을에는 며칠 동안이나 함께 여행을 하기도 했다. 그리고 날이 갈수록 나는 그분의 인격에 깊은 감화를 받았다. 결국 좋은 글은 좋은 인격에서만 나올 수 있음을 그분을 통하여 다시 한번 더 확인할 수 있었다. 그분은 크리스천이 아니었음에도 불구하고 문학을 통한 그분의 삶의 최후 목표는 언제나 '화해'와 '용서' 그리고 '사랑'에 있었다. 그렇기에 그분의 삶은 그 어떤 크리스천의 삶보다도 내게 더 많은 영향을 미쳤다.

그러나 그분과의 만남이 내게 준 더 중요한 의미는 그분을 통하여 글에 대한 통찰력을 갖게 되었다는 데에 있다. 한 작가의 인격과 삶이 어떤 과정을 통하여 어떻게 표현되는지를 자연스레 배우게 됨으로써, 글과 글 사이의 행간의 메시지를 읽는 법과 보이는 글 이면에 숨어 있는 작가의 의도와 진실을 만나는 법을 터득하게 되었다. 이것은 참으로 소중한 훈련이 아닐 수 없었다. 바로 이 훈련 덕분에 지금도 나는 성경을 보다 넓게 그리고 깊이 묵상할 수 있게 되었기 때문이다.

이처럼 이청준 선생님과 깊은 교제를 나누면서 나는 막연한 기도를 하게 되었다. 이 다음 하나님의 영광을 드러내는 책을 출판하게 될 때는 반드시 이청준 선생님이 첫번째 책의 필자가 되게 해 달라는 기도였다. 주님을 아는 자가 기독교적인 용어로 글을 쓰는 것보다는 이 선생님 같은 위대한 문학가가 문학작품을 통해 하나님을 증거하는 것이 하나님께는 보다 큰 영광이요, 믿지 않는 독자들을 위한 더 큰 선교가 되리라 생각했기 때문이었다.

이런 사연이 있었으니 안요한 목사님을 만난 날 밤, 이청준 선생님이 안 목사님에 대한 작품을 쓸 수 있도록 해 달라고 하나님께 간절히 기도드렸음은 당연한 일이 아닐 수 없었다. 다음날 아침 나는 이청준 선생님에게 전화를 했다. 그리고 안요한 목사님에 대해 간략하게 설명한 다음 내가 취재한 5시간짜리 녹음 테이프를 들어보겠느냐고 물었다. 이 선생님은 쾌히 승락을 하였다.

얼마 후에 이청준 선생님으로부터 연락이 왔다. 작품을 쓰겠다는 것이었다. 당장 연락을 주지 못한 까닭은 과연 그 테이프 속에 담겨 있는 안 목사님의 말이 모두 진실된 것인지를 나름대로 가려보는 데에 많은 시간을 필요로 했기 때문이라 했다. 계속 반복해서 테이프를 들으면서 자신이 안 목사님의 속으로 들어가 보기도 하고 혹은 안 목사님을 자기 속에 투영시키기를 거듭한 결과, 그 모든 일들이 사실일 수 있음을 믿을 수 있어 글을 쓰기로 작정했다는 것이었다.

참으로 감격적인 순간이 아닐 수 없었다. 1974년 홍성사 창업 때부터 미루어져 왔던 일, 그러나 홍성사가 반드시 하지 않으면 안되는 일이 비로소 시작되는 순간이었다. 가장 위대한 문학가로 하여금 하나님의 영광을 드러내는 글을 쓰게 한다는 나의 계획이 열매를 맺는 순간이었고 기독교 문학의 이정표를 세운 이청준의 그 유명한 전작 장편소설 〈낮은 데로 임하소서〉가 잉태되는 순간이었다. 아니 그것은 「믿음의 글들」 시리즈가 태동하는 역사적인 순간이었다. 그동안 표류하기만 하던 홍성사가 비로소 제 자리를 찾기 시작하는 순간이었다. 이처럼 감격적인 순간 ─ 그것이야말로 만남의 신비가 낳은 기적의 열매였다.

내가 만약 정병규 씨를 만나지 못했더라면 이청준 선생님과의 만남은 이루어질 수가 없었다. 그러나 내가 대학시절 정남진 군을 만나지 못했던들 정병규 씨와의 만남은 또한 불가능했을 것이다. 경북 고등학교를 졸업한 정남진 군은 독일어과 학생이었다. 1학년 봄 우연히 학교 벤치에서 서로 만난 우리는 고향이나 출신학교뿐 아니라 전공과목 역시 틀렸음에도 불구하고 그날 이후부터 가장 친한 단짝이 되었다. 거의 매일 어울려 다니다 보니 정남진 군의 친구들이 내 친구가 되었고 나의 친구는 그의 친구가 되었다. 정남진 군과 경북 고등학교 동기 동창이었던 정병규 씨와의 만남도 그래서 이루어졌다.

내가 1967년 정남진 군을 만날 때, 그때 이미 하나님께서는 그로부터 13년 후에 이청준 씨로 하여금 〈낮은 데로 임하소서〉를 쓰게 하실 계획을 갖고 계셨던 것이다. 정남진 군과의 만남, 정병규 씨와의 만남, 이청준 선생님과의 만남, 누님을 통한 안요한 목사님과의 만남, 그리고 〈낮은 데로 임하소서〉와 「믿음의 글들」 — 이 모든 것은 그야말로 하나님의 절묘하신 섭리가 빚어내신 기적의 열매들이었다. 만남의 기적은 거기서 멈추지 않고 계속 기적의 만남으로 연결되었다. 내 인생에 가장 큰 영향력을 미쳤던 구상 선생님과의 만남도 그래서 이루어지게 되었다. 참으로 아름다운 기적이 아닐 수 없었다.

이청준 선생님으로부터 구상 선생님에 대한 이야기를 들은 것은 80년 말경이었다. 여의도에 가톨릭의 거목(巨木)이 한 분 계시니 이왕 기독교 출판을 시작하기로 했으면 그분을 만나보라는 것이었다. 내가 가장 믿고 있는 이청준 선생님의 권유였으니 마다할 이유가 전혀 없었다. 나는 이청준 선생님의 '미안합니다. 이청준'이라는 증정사로부터 얻었던 교훈대로 구상 선생님을 만나기 전에 서점에서 선생님의 시집과 수상집을 먼저 구입하여 읽었다. 시집 〈까마귀〉, 수상집 〈그리스도 폴

의 강〉〈우주인과 하모니카〉〈나자렛 예수〉 등이었는데 나는 그 작품
들을 통하여 또 다른 세계를 접하게 되었다. 바로 영성(靈性)의 세계였
다. 그것은 참으로 소중한 체험이 아닐 수 없었다.

내가 여의도의 시범 아파트로 구상 선생님을 찾아갔을 때는 선생님
이 막 수염을 기르기 시작한 때였다. 이미 대한민국의 삼권(三權)을 완
전 장악한 신 군부는 마치 공화당 정권 시절의 이효상 선생처럼, 그들
의 강성(强性) 이미지를 중화시켜 줄 수 있는 인물로 구상 선생님을 지
목하고 끈질기게 정치판에 나서주기를 설득하던 터였다. 끝내 사양하
였음에도 불구하고 그들이 쉽사리 포기하지 않자 선생님은 현실 정치
와는 전혀 무관한 그저 '시인 영감'일 뿐임을 강조하기 위하여 수염을
기르기 시작했던 것이다.

선생님과의 만남은 내 인생에 결정적인 전기를 가져다 주었다. 이청
준 선생님을 통하여 한국 문학의 높이를 접하고 글에 대한 통찰력을
깨우치게 되었다면 구상 선생님을 통하여는 성경의 깊이를 만나고 영
성(靈性)에 눈뜨는 법을 터득하게 되었다. 구상 선생님은 내가 그 때까
지 만났던 그 어떤 성직자보다도 더 거룩한 삶을 사는 분이었다. 그럼
에도 불구하고 그분으로부터는 흔히 거룩한 사람들에게서 느낄 수 있
는 거리감을 전혀 느낄 수가 없었다. 언제나 아버지같은 친근감을 주
는 분이었다.

그분과의 만남이 깊어가면서 나는 신앙인에게 있어서 가장 필요한
것은 '견월망지'(見月忘指)의 자세라는 것을 깨달았다. 달을 보기 위해
서는 달을 가리키는 손가락을 보아서는 아니되듯이 예수 그리스도를
바로 보기 위해서는 예수님을 가리키는 사람을 보아서는 안된다는 것
을 깊이 인식하게 되었다. 모든 것을 뛰어넘어 예수 그리스도를 직접
바라보지 아니하면 결국은 바리새인이 될 수밖에 없다는 것을 알게 되
었다.

그뿐만이 아니었다. 나는 구상 선생님을 통하여 예수 그리스도를 믿는다는 것은 끊임없는 '자기 포기'이며, 예수 그리스도를 따른다는 것은 부단한 '자기 부인'의 구체적인 삶이라는 사실도 깨닫게 되었다. 선생님과 더불어 때로는 일본을, 때로는 하와이를 여행하면서 선생님과의 만남을 허락하신 하나님께 얼마나 감사를 드렸는지 모른다. 나에게 있어서의 선생님은 문자 그대로 '대부'(代父—God Father)였다. 인간의 만남이란 얼마나 성스러운 하나님의 은총인가? 그러나 인간은 그 은총을 항상 시간이 지나서야 깨닫게 되니, 하나님의 은총 앞에서 인간이란 또 얼마나 우둔한 존재인가!

산 속의 돌멩이

이청준 선생님이 안요한 목사님에 대한 작품을 쓰기로 함과 동시에 나는 출판의 영역을 확대시키기 시작했다. 하나님의 영광을 위한 일이 시작된 만큼 종합 출판사로서의 위치를 더욱 확고하게 하여야 되겠다는 판단에서였다. 그와 같이 판단하게 된 이유는 간단했다. 홍성사가 출판 때문에 부도가 났고 또 부도 때문에 출판만 선택하게 된 이상 출판만으로 홍성사의 '옛 영화'를 되찾아야 된다는 사업적인 욕망 때문이었다.

말하자면 나는 부도라는 하나님의 매를 맞고서도 아직 한 가지를 잘못 생각하고 있었다. 홍성사를 통해 하나님의 영광을 드러낸다는 것을, 나의 뜻대로 홍성사를 운영하는 모든 일들 위에 하나님을 위한 일 한 가지만 없으면 된다고 착각한 것이었다. 다시 말하자면 홍성사가 송두리째 하나님의 기업이 되는 것이 아니라, 홍성사의 한 부분이 하나님을 위한 몫으로 드려지기만 하면 된다는 잘못된 생각이었다. 그래서 나는 오직 나의 욕심에 따라 내가 원하는 대로 출판 영역을 확장시켜

나갔다.

　그때 이미 홍성사는 대학생들을 위한「홍성신서」시리즈 외에 다섯 분야의 시리즈를 출판하고 있었다. 이를테면 한국 작가들의 명작을 담는「우리 문학 추림」, 외국 작가들의 명작을 출판하는「외국 문학 추림」, 세계 유명 예술가들의 생애와 사상을 발굴하는「예술의 세계」, 추리 소설들을 묶어내는「홍성 미스테리」, 영미 문학의 걸작 해설서인「세계 명작 연구」시리즈 등이었다.

　나는 그 위에 여섯 분야의 새로운 시리즈를 더하였다. 우리 민족 문화의 뿌리를 찾아내는「뿌리를 캐는 글들」, 교양 서적들의 묶음인「양식의 글들」, 젊은이들의 시야를 세계로 향할 수 있도록 인도하는「세계를 보는 글들」, 여성들만을 위하여「여성백과」, 명사들의 삶의 고백록인「남기는 글들」, 대학생들의 새로운 지성적 문화 창출을 위한「대학 문화」시리즈였다. 그리고 무크지인「살아있는 시들」「살아있는 소설」「내일의 한국 작가」를 간행하기 시작했다. 참으로 야심에 찬 종합출판이 아닐 수 없었다.

　나는 이 일들을 위하여 예전 방식대로 또 새벽부터 밤 늦게까지 열심으로 뛰었다. 그 모든 것이 나의 욕망을 위하였음임은 두 말할 나위가 없었다. 그러므로 비록 하나님의 영광을 위한 출판이 태동하기 시작하였다 할지라도 그것은 여전히 목적이 아닌 부수적인 장식품에 불과하였다. 나는 아직까지 정신이 덜 든 그리스도인이었다. 다시 말해 그 때까지 나는 그리스도를 위해 사는 자가 아니었다. 나는 좀더 찢어지고 좀더 실패의 쓰라림을 맛보아야만 할 사람이었다.

　한편 나는 8월 초부터 항공부 매각을 위해 본격적으로 나서기 시작했다. 부채 상환 및 내가 벌여놓은 일들과 앞으로 벌일 일들을 위해서도 자금이 필요했기 때문이다. 몇몇 건설회사들과 이야기가 오고 가다가 K토건과 구체적인 상담이 시작되었다. K토건은 그 이후 세상을 떠들석하게 했던 대형 금융사건에 휘말려 불행하게도 D건설에 인수되어 버리고 말았지만, 그 당시만 해도 위세가 당당한 회사였다.

78년부터 냉각되기 시작한 중동 붐은 80년 들어와 더욱 꺾여져 전반적으로 새로운 인력 송출은 점점 감소해 가고 있었다. 그러나 K토건은 신규공사 수주와 더불어 활발하게 인력을 송출하고 있었다. 그러므로 K토건 측에서는 중동에 취항하는 항공회사의 대리점을 갖는 것이 여러모로 유리할 수 있다고 판단한 모양이었다.

K토건측과 상담을 계속하던 파키스탄 항공 소속 손호현 지배인으로부터 실무 선에서는 거의 합의되었다는 이야기를 들은 나는 직접 K토건의 B회장에게 연락을 취했다. 먼저 내 사무실을 방문한 B회장과 나는 조선호텔 레스토랑에서 이야기를 나누었다. 나는 홍성사를 살리기 위하여 항공부를 매각하는 만큼 매각 대금으로 2억 원을 요구하였고, 어떻게 해서 항공부의 영업권 가치가 2억 원이 되는지 그 근거를 차근차근 설명하였다. B회장은 나의 조건을 검토해 보기로 하고 다음 날 다시 만나기로 약속하였다.

그 다음날 이번에는 B회장의 사무실에서 우리는 다시 마주 앉았다. 그는 아무리 생각해 보아도 2억 원이라면 너무 비싼 것 같으니 조금 낮은 가격으로 조정해 줄 것을 요구하였다. 자기가 홍성사의 항공부를 인수하고자 하는 것은 항공사업에 진출하려는 것이 아니라 단지 자기 회사의 근로자들을 좀더 싸고 편하게 송출하려는 것인데, 그런 목적에서 볼 때 2억 원의 영업권은 너무 과하다는 이유에서였다. 이번에는 내가 다시 검토해 본 뒤 연락을 해 주기로 하였다.

나는 밤새 곰곰이 생각해 보았다. 아무리 내게 2억 원이 필요하고, 또 내 계산으로는 그것이 타당한 금액이라 할지라도 내 생각만을 관철시키려 해서는 일이 성사될 수 없음을 잘 알고 있었다. 일을 성사시키

기 위해서는 칼자루를 쥐고 있는 자를 위해 파격적인 양보를 해야 할
필요가 있었다. 마침내 나는 그 다음날 아침 B회장에게 전화를 걸어 1
억 5천만 원을 제시하였다. 그러나 그는 1억 원이라면 인수하겠다는
의사를 피력하였다. 우리는 서로 자기의 입장을 이야기한 다음 좀더
재고해 본 후에 다시 연락하기로 하였다.

그런데 바로 그날 오후에 손 지배인이 묘한 정보를 가지고 왔다. 파
키스탄 항공의 한국 지점장으로 파견 나와 있던 미스터 리즈비(Mr.
Rizvi)가 세계적으로 유명한 모피 생산업체인 J산업을 새로운 대리점으
로 지정하기 위하여 은밀하게 움직이고 있다는 것이었다. 그것은 충격
적이었을 뿐만 아니라 유쾌하지 못한 정보가 아닐 수 없었다. 홍성사
의 항공부를 인수하는 회사를 새로운 대리점으로 임명한다는 것은 이
미 파키스탄 항공과 합의된 사항이었고 더욱이 홍성사에 뚜렷한 결격
사유가 없는 한 홍성사의 대리점 포기각서 없이는 파키스탄 항공 임의
로 새 대리점을 지정하지 않는다는 것도 합의되어 있었기 때문이다.

나는 곧장 미스터 리즈비를 만나 자초지종을 물었다. 그는 내가 그
사실을 알고 있다는 데 대하여 매우 당혹해 하면서 결국 모든 사실을
실토하였다. 자기도 어찌된 영문인지 정확한 과정은 잘 모르겠지만 본
사로부터 가능한 한 J산업을 새 대리점으로 지정할 수 있도록 하라는
전문을 받고 몇 번 접촉을 했다는 것이었다. 그러면서 아무래도 본사
쪽의 공기가 심상치 않아 보이니 K토건과 빨리 항공부 매각 건을 마무
리 지으라고 충고까지 해 주었다. 하기야 홍성사가 부도났다는 사실
자체가 대리점을 합법적, 일방적으로 해약할 수 있는 조건이 될 수도
있음은 부인할 수 없었다.

사태가 심상치 않음을 깨달은 나는 그 다음날 K토건 B회장에게 전
화를 걸어 그가 제시한 1억 원을 수용하겠다는 나의 의사를 밝혔다. 처
음 내가 계획하던 금액의 반밖에 되지 않는 금액이지만 자칫 타이밍을

놓치면 모든 것이 허사가 될 수도 있다는 위기감을 느꼈기 때문이었다. 그런데 B회장의 대답은 전혀 뜻밖이었다. 설사 홍성사의 항공부를 인수한다 할지라도 파키스탄 항공이 반드시 동의한다는 보장이 없기 때문에, 파키스탄 항공의 보장이 있어야겠고 또 인수금액도 다시 조정되어야 하겠다는 것이었다. 하루 사이에 J산업에 대한 정보를 그도 들었음이 분명하였다. 무엇인가 조치를 취하지 않는다면 일이 묘하게 전개될 수도 있는 상황임을 나는 직감하였다.

그날 오후 나는 J산업을 찾아 갔다. K사장을 만난 나는 나와 파키스탄 항공사와의 계약 관계를 설명해 준 다음, 홍성사의 항공부를 인수할 의사가 없다면 더이상 파키스탄 항공사의 대리점 계획을 추진하지 말아줄 것을 당부하였다. 그렇지 않을 경우 파키스탄 항공사와 나 사이에 법적인 문제가 발생할 수 있고, 사태가 그처럼 된다면 설사 J산업이 파키스탄 항공과 계약을 체결한다 해도 결국은 무효화될 수밖에 없을 것이라는 점을 자세히 설명하였다.

그러나 K사장은 해외 지사를 통하여 파기스탄 항공 본사로부터 직접 대리점 제의를 받았으므로 홍성사가 파키스탄 항공과 어떤 계약을 맺고 있는지는 구태여 알고 싶지 않으며, J산업도 항공화물을 많이 이용하는 만큼 만약 파키스탄 항공사가 정식으로 대리점 계약 제의를 해오면 거부하지는 않겠다는 의사를 피력함으로써 나의 제의를 사실상 거부하였다. 전후 사정을 살펴볼 때, 장기적인 안목에서 K토건의 제한된 인력송출보다는 J산업의 항공화물에 파키스탄 항공이 더 매력을 느끼고 있음이 분명해 보였다. 심상치 않은 조짐이었다. 홍성사의 부도가 유리한 조건일 수 없는 한 빨리 서둘러야만 했다. 그렇지 않을 경우 전혀 예기치 아니한 일이 일어나지 않는다는 보장이 없었다. 나는 먼저 파키스탄 항공의 한국 지점장인 미스터 리즈비로 하여금 K토건의 B회장에게 홍성사의 항공부를 인수하는 회사와 새로운 대리점 계약을 맺을 것이라는 것을 공식적으로 확인해 주도록 했다. 그리고 B회장과 몇 차례 더 만나 가격을 절충하였다. 그러나 만날 때마다 그 쪽에서 제시하는 금액은 계속 줄어들기만 하였다. 그러나 급한 쪽은 나였으니 도리없이 끌려가는 수밖에 없었다.

마침내 80년 8월 11일 K토건 B회장과 4천8백만 원에 항공부 양도 계약을 체결하였다. 처음 내가 계획했던 2억 원에 비해 무려 1억 5천2 백만 원이나 턱없이 모자라는 금액이었다. 그러나 시간에 쫓기는 나로서는 어쩔 수가 없었다. 자칫 기회를 놓쳐버리면 모든 것이 무(無)로 돌아가 버릴지도 모른다는 우려 때문에 쓰린 가슴을 억누르며 계약서에 서명하였다. 파키스탄 항공의 손호현 지배인이 증인난에 서명하였고 미스터 리즈비는 입회인으로 그 자리에 참석하였다.

사무실에 되돌아 온 나는 파키스탄 항공 앞으로 '대리점 포기 각서'를 작성하여 미스터 리즈비에게 전해 주었다. 그 각서가 있어야 파키스탄 항공이 공식적으로 K토건을 새로운 대리점으로 지정할 수 있었다. 그 각서의 내용 중에 '파키스탄 항공이 K토건을 새로운 대리점으로 지정하는 조건으로 파키스탄 항공사의 한국 대리점을 포기한다'는 구절을 삽입하였음은 두 말할 나위가 없었다.

나의 각서를 본 미스터 리즈비는 그 각서의 수신자는 본사의 어른들인데 좀더 부드러운 외교적인 내용이면 이왕 헤어지는 마당에 피차 좋은 이미지를 남기게 되지 않겠느냐고 말했다. 어차피 K토건을 지정하는 것은 다 결정된 사항이니 '파키스탄 항공이 K토건을 새로운 대리점으로 지정하는 조건으로 파키스탄 항공사의 한국 대리점을 포기한다'는 나의 구절을 '파키스탄 항공사의 대리점을 포기하니 K토건을 새로운 대리점으로 지정해 주기를 바란다'고 고칠 것을 권유하면서, 마지막 편지는 그처럼 외교적이어야 한다는 것을 유난히 강조했다. 나는 그가 원하는 대로 다시 각서를 써주었다. 이미 K토건과 계약도 끝났을 뿐만

아니라, 미스터 리즈비 자신이 그 계약의 유효성을 K토건에 확인까지
해 주었는데 무슨 일이 있으랴 싶었기 때문이었다.

　그런데 바로 그 다음날 뜻밖의 전문이 카라치로부터 들어왔다. 파키
스탄 항공 본사는 그 날부로 J산업을 한국의 새로운 대리점으로 지정
한다는 내용이었다. 나는 즉시 미스터 리즈비에게 따졌다. 그는 계속
횡설수설하면서 정확한 답변을 피했다. 무엇인가 숨기는 것이 분명했
다. 전후 사정을 살펴 본 결과 해답은 대단히 간단했다.

　파키스탄 항공은 홍성사가 부도났을 때부터 J산업을 새로운 대리점
으로 이미 정해둔 다음, 단지 나로부터 '대리점 포기각서'를 받아내기
위하여 미스터 리즈비로 하여금 홍성사와 K토건의 계약을 돕도록 한
것이었다. 그것이 있어야 합법적으로 J산업과 새로운 계약을 체결할
수 있도록 되어 있었기 때문이다. 그래서 나의 포기각서 중 '파키스탄
항공이 K토건을 새로운 대리점으로 지정하는 조건으로 파키스탄 항공
사의 한국 대리점을 포기한다'는 내용을 '파키스탄 항공사의 대리점을
포기하니 K토건을 새로운 대리섬으로 지성해 주기를 바란다'라고 변경
토록 의도적인 트릭을 썼던 것이다.

　말하자면 사기를 당한 셈이었다. 내가 1976년 파키스탄 항공사와 계
약을 체결하러 일본에 갔을 때, 당시 일본에 있던 미국인 친구들이 나
를 극구 말린 적이 있었다. 동경에서 출발해서 구라파에 도착할 때까
지 조심하지 않으면 안될 사람들이 둘 있는데 그 첫째가 파키스탄 사
람들이요, 둘째는 인도 사람들이라고 하였다. 그러면서 웬만하면 파키
스탄 사람들과는 사업을 하지 말고, 꼭 해야만 한다면 항상 경계심을
늦추지 말라고 했다. 아니면 아차하는 순간에 당한다는 것이었다. 그러
나 나는 그 이야기를 전혀 대수롭지 않게 생각하고 있다가 어처구니
없이 당한 셈이었다. 나는 아직까지 그것이 미스터 리즈비 개인의 장
난이었는지 아니면 파키스탄 항공 본사의 술수였는지 알지 못한다.

여하튼 미스터 리즈비는 자기는 어쩔 수 없이 본사의 지시에 따랐을 뿐이니 이해해 달라며 오히려 사정사정하였다. 나는 리즈비에게 이해해 줄 터이니 모든 것을 합의한 대로 이행하기만 하라고 말했다. 그는 모든 것이 잘못된 줄은 알지만 그러나 자기 선에서는 어쩔 수가 없다고 다시 사정하였다. 나는 리즈비에게 만약 사흘 내에 모든 것을 약속대로 이행하지 않으면 법적 조치를 취하겠다는 것을 분명히 본사에 통보해 줄 것을 요구하였다. 사흘이 지났지만 아무런 진전이 없었다. 오히려 J산업과 정식계약을 체결했다는 소식이 들어왔다. 다른 도리가 없었다. 난생 처음으로 고소라는 것을 해 보았다. 고소와 동시에 이 일이 외부에 알려지기 시작하자 '동아일보'와 '한국 경제' 그리고 영어신문 '코리아 헤럴드'에 '파키스탄 항공에 사기당한 한국기업'이란 제목의 부끄러운 기사가 보도되어 알 만한 사람은 다 알게 되었다.

파키스탄 항공은 설마 내가 고소까지는 할 줄을 몰랐던 듯, 수사기관에서 미스터 리즈비를 소환하고 언론에 보도되기 시작하자 황급하게 움직이기 시작했다. 곧 카라치에서 사람이 날아왔고 뭔가 중간에서 잘못되었다고 해명했다. 뿐만 아니라 J산업과의 계획을 포기하고 K토건을 새 대리점으로 지정하겠다고 통보하였다. 모든 것이 원상회복되었으므로 나는 파키스탄 항공에 대한 고소를 취하하였다.

그러자 이번에는 전혀 엉뚱한 상황이 벌어지고 말았다. K토건이 두 손을 들어버리고 만 것이다. 누구보다도 전후 사정을 잘 알고 있는 K토건은 그처럼 이중 플레이 하는 것이 파키스탄 사람들의 특성이라면, 이제는 사업을 함께 하자고 해도 그들과는 하고 싶은 의사가 없다며 홍성사의 항공부를 인수하려던 당초의 계획을 포기해 버리고 말았다. 나는 할 수 없이 K토건으로부터 받았던 계약금을 되돌려 주었다. 모든 것이 원점으로 되돌아 가버리고 말았다. 아까운 시간만 낭비한 셈이었다.

마침내 항공부는 10월이 되어서야 여행사인 'N항공'에 팔렸다. 인수 금액은 3천2백만 원이었다. K토건 때 보다도 1천6백만 원이 더 줄어든 금액이었다. 그러나 그나마 그 정도로라도 끝난 것을 다행으로 여겼다. 파키스탄 항공이 그 회사를 새로운 대리점으로 지정하였고 교통부의 승인까지 나왔다. 그것으로 파키스탄 항공사와의 관계는 일단락을 맺은 셈이었다. 그러나 그것은 새로운 문제의 시작이었다. 처음 생각했던 것보다 워낙 작은 금액에 항공부가 처분되었으니 자금 문제가 다시 대두되기 시작했다.

　부도 당시 채권자들과는 모든 부채를 3개월 동안 동결하고 그 이후 6개월 동안 분할 상환키로 약속하였었다. 그러므로 11월부터는 부채상환을 시작해야만 했다. 더욱이 부도 이후 6개 시리즈의 새로운 기획을 더 벌여놓았으니 매달 필요한 자금은 결코 적지 않았다. 항공부가 그나마 3천2백만 원에라도 팔려서 그해 연말까지는 그럭저럭 넘길 수 있었지만, 그 이후에 대해서는 뾰족한 대책이 없었다. 항공부가 그처럼 헐값에 팔린 것은 그만큼 앞날에 대한 불확실성만 짙게 하였다.

　마침내 1981년이 되었지만 정치적으로나 경제적으로 암울하기는 마찬가지였다. 그같은 상황 속에서 홍성사라고 예외일 수는 없었다. 출판 경기는 여전히 침체상태를 벗어나지 못하고 있었다. 그저 허덕거리면서 하루하루를 보내는 삶이 또다시 시작되었다. 2월 하순경이었다. 이청준 선생님으로부터 전화가 왔다. 함께 시골 여행이나 다녀오지 않겠느냐는 것이었다. 나는 쾌히 응하였다. 그렇지 않아도 서울을 떠나 어디라도 다녀오고 싶던 참이었다.

　우리는 2월 25일 서울을 출발하여 전라남도 장흥에 있는 이청준 선생님의 고향집으로 갔다. 그리고 그곳에서 이틀을 머무는 동안, 한 작가의 고향이 그의 작품세계에서 어떤 모습으로 창조되어지는지를 직접 확인하는 귀한 기회를 가질 수 있었다. 장흥을 떠나 해남에서 일박 한 뒤, 2월 28일 우리는 다음 목적지를 마산으로 정하였다.

자동차가 순천을 지날 때 갑자기 송광사 생각이 났다. 순천에 있는 송광사의 암자에는 법정 스님이 기거하고 있었다. 평소에 꼭 만나고 싶었던 분이었기에 우리는 자동차를 송광사로 몰았다.

이청준 선생님은 송광사 마당에서 기다리기로 하고 나 혼자 법정 스님의 암자가 있는 송광사의 뒷산을 오르기 시작했다. 2월 말 오후의 햇볕에 잔설이 녹아내려 가파른 산길은 미끄럽기 짝이 없었다. 서울을 떠날 때 산행 계획은 전혀 없었기에 등산화를 가져갔을 리가 없었다. 그러니 구두를 신은 채로 눈이 녹아내리는 산길을 오른다는 것은 여간 힘든 일이 아니었다. 몇 번이나 넘어질 뻔했는지 모른다.

그런데 한참을 오르다보니 요령이 생기게 되었다. 그 비탈진 산길에는 불규칙한 간격으로 크고 작은 돌멩이들이 박혀 있었는데 튀어나온 그 돌멩이만 밟으면 미끄러질 염려가 전혀 없었다. 인적 드문 비탈진 산길에 버려진 듯이 외로이 박혀 있는 돌멩이, 그러나 서툰 나그네의 발걸음을 버텨주는 '산 속의 돌멩이'—그것은 바로 '생명'이었다.

스님의 암자 불일암에 가까스로 당도했을 때에 안타깝게도 스님은 출타중이었다. 방문에는 아무런 잠금 장치가 없었다. 단지 며칠 동안 서울을 다녀온다는 메모 용지만 붙어 있었다. 누구든지 그곳에 오는 사람은 그 방에 들어가 쉬거나 부엌에서 밥을 해 먹을 수 있다는 말을 듣기는 했지만 주인 없는 방문을 열어볼 용기는 나지 않았다. 나는 암자의 툇마루에 앉아 잠시 휴식을 취했다. 비록 종교가 다르긴 하지만 한 구도자가 온 삶을 던져 수도하는 현장에 앉아 있다는 것은 참으로 묘한 감동이었다.

나는 그곳에 앉아 나의 산행을 도와주던 '산 속의 돌멩이'에 대해 다시 생각하게 되었다. 값비싼 금액으로 거래되면서 부잣집의 거실을 장식하고 있는 '수석'은 상품일 뿐 더이상 '생명'의 돌이 아니다. 자갈 밭에 널려 있는 돌멩이들은 '생명'이 아니라 생명을 방해하는 '장애물'일 따름이다. 싸움질하는 깡패의 손에 들린 돌멩이는 오히려 '죽음'이다. 그러나 진흙이나 시멘트에 섞여져서 사람들의 보금자리를 이루어 주는 돌들은 '생명'이다. 외딴길에서 묵묵히 이정표가 되어 길을 안내해 주는 바위도 역시 '생명'이다. 적막한 산 속에 외롭고 볼품없이 박혀 있다가 지친 나그네의 발길을 받쳐주는 돌멩이 또한 '생명'이다.

그렇다. 같은 돌멩이임에도 불구하고 어디에 있느냐에 따라 '장애물'이 되기도 하고 때로는 '죽음'이기도 하며 정반대로 신비한 '생명'이 되기도 한다. 만사가 다 이와 같으리라. 그렇다면 사람이라고 어찌 예외일 수 있으랴. 어떤 자리에 어떤 모습으로 있느냐에 따라 삶의 가치와 결과가 틀려지리라. 어쩌면 인생이란 일평생 '자기 자리'를 찾아가는 과정이며 '찾은 자리'를 지키는 여정인지도 모른다. 끝내 찾지 못한다면 그 삶은 자기 자신에게나 타인에게나 '죽음' 아니면 '장애물'밖에는 되지 못하리라. 그렇다면 나는 지금 내 자리를 찾았는가? 아니 나는 지금 지켜야 할 자리를 지키고 있는가, 그렇지 않으면 엉뚱한 자리에서 헤매고 있는가?

생각이 여기에 미치자 불현듯이 다리가 또다시 저려오기 시작했다. '구두 속의 돌멩이' 때문이었다. 그렇다. 나는 전혀 다른 자리를 붙들고 있었다. 내가 있어야 할 자리는 내 욕망의 자리가 아니라 하나님을 위한 헌신의 자리였다. 그런데 나는 여전히 출판을 통한 옛 영화의 회복을 최우선 목표로 삼고 있었다. 하나님은 여전히 내 삶의 장식품에 불과했다. 그러니 내 삶은 '생명'일 수 없었고 모든 것이 평탄할 리가 없었다.

나의 예상과는 달리 항공부의 매각이 그처럼 우여곡절을 겪었던 까닭도, 그러고서도 계획했던 금액의 15%에 지나지 않는 가격으로 매각

될 수밖에 없었던 까닭도 뚜렷해졌다. 내가 엉뚱한 자리에 있었기 때문이다. 말하자면 니느웨에 있어야 할 사람이 다시스를 배회하고 있는 형국이었다. 그러니 파도가 잘 날이 없었고 함께 있는 자들에게도 '죽음' 이상의 의미는 주지 못하는 존재에 불과할 따름이었다.

'나'라는 인간은 왜 이다지도 어리석으며 이렇듯 바보스러운가? 이것은 오늘 비로소 깨달은 해답이 아니다. 이것이야말로 내 머리 속에 늘 새겨져 있는 모범답안이다. 그런데도 나는 왜 현실 속에서는 이 해답을 망각하는가? 아니 기억하고 있을 때도 왜 그 적용을 회피하는가? 홍성사를 창업할 때 하나님의 은총이 없었던들 나의 능력으로 그것이 가능했겠는가? 나이 30이 되기 전 사업적인 성공을 거두고, 100여 명이 넘는 직원들을 통솔하며 세계를 호흡할 수 있는 귀한 경험을 했던 것이 오로지 나의 잘났음 때문이었을까? 부도가 났음에도 불구하고 모든 사람들이 놀랄 정도로 채권자들이 나의 입장에 서서 나를 이해해 주며 도와주는 것이 나의 능력 때문이었던가?

아니다. 결코 아니다. 그 모든 것이 하나님의 도우심이었음을 나는 너무나 잘 알고 있다. 그런데 나는 왜 이다지도 한심한 인간인가? 알면서 왜 아는 자답게 살지 못하는가? 왜 목전의 작은 이득 때문에 하나님을 잃어버리는 어리석은 삶을 살고 있는가? 그렇다. 나는 다시 내 자리를 찾아야만 한다. 홍성사를 창업할 그때, 순수하고 사심없는 마음으로 하나님께 무릎 꿇던 그때 그 자리로 되돌아 가야 한다. 내가 부도난 홍성사를 재건해야만 한다면, 그것은 옛 영화의 회복을 위해서가 아니라 오직 하나님의 영광을 드러내기 위함이어야만 한다. 그것은 홍성사의 한 부분이어서는 안되며 전체이자 목적이어야만 한다. 따라서 일반 출판도 계속한다면 그것은 그것이 목적이어서가 아니라 수단이기 때문이다.

나는 하나님께 감사와 새로운 결단의 기도를 드렸다. '불일암' 방문을 위한 그 날의 산행이야말로 하나님의 특별하신 은총이 아닐 수 없었다. 나는 김활란 선생님의 시(詩) '사랑'을 읊으면서 '산 속의 돌멩이' 아니 '생명의 돌멩이들'의 도움을 받아 산길을 다시 내려왔다.

> 고이는 물은
> 언뜻 초라하고 따분하다.
> 그러나 대하로 가는
> 줄기를 택하지 않고
> 빠져나온 연약한 물줄기는
> 심산 유곡의 보이지 않는
> 한 모퉁이에 머물러 있다가
> 목마른 사람의 생명수가 된다.
> 사랑의 본질도
> 이와같이 고여서
> 승화되는 것이리.

여행을 끝내고 서울에 돌아온 다음날 막내자형으로부터 연락이 왔다. 자형이 경영하고 있는 서울극장 4층이 온통 비어 있으니 구태여 조선호텔에 비싼 임대료를 물고 사무실을 유지해야 할 필요가 없다면, 그곳으로 사무실을 옮겨 그냥 쓰라는 것이었다. 정말 감사한 제의가 아닐 수 없었다. 항공부도 이미 매각되었을 뿐만 아니라 조선호텔 임대료도 만만치 않았으므로, 그렇지 않아도 싼 사무실을 구하려던 참이었으나 교통이나 위치가 편리한 곳에 싼 사무실을 얻는다는 것은 그리 쉬운 일이 아니어서 유보하고 있던 참이었다. 그런데 종로 3가에 위치한 서울극장의 80여 평의 사무실, 그것도 무료로 쓰라는 자형의 제의야말로 기적과도 같은 해결책이 아닐 수 없었다. 나는 감사하는 마음으로 81년 3월 7일 조선호텔에서 서울극장 4층으로 사무실을 옮겼다. 협소했던 조선호텔 사무실에 비하여 모든 것이 넉넉하고 편리하였다.

새로운 사무실에 익숙해지기 시작하던 3월 중순 경, 뜻밖에도 당시 한국 정계를 주름잡는 실력자 중의 한 사람으로 알려져 있던 H씨로부터 만나자는 연락이 왔다. 그 때는 5공화국이 막 시작되던 때였다. '80년의 봄'이 다한 뒤 '국가보위 비상대책 위원회'를 구성하여 의장을 맡고 있던 전두환 의장은 80년 8월 27일 2,524명의 대의원이 참석한 '통일주체 국민회의'로 부터 99.9%의 지지를 얻어 최규화 대통령에 이어 제11대 대통령에 취임하였다. 그 후 새로이 개정된 대통령 선거법에 의거, 1981년 2월 25일 5,271명의 대의원이 참석한 '대통령 선거인단'의 90.21% 지지로 제12대 대통령에 다시 당선되어 3월 3일에 대통령 취임식을 가졌다. 그때 H씨는 대통령의 수석 비서관이었고, 그가 내게 연락한 것은 5공화국 출범 후 열흘 정도가 지났을 때였다. 그와는 10·26 사태가 나기 전에 몇 번 만난 적이 있었다.

그가 약속 장소로 지정한 P호텔의 별실에서 그를 만났을 때에 그는 홍성사가 지식인들을 위한 월간 종합잡지를 발행할 것을 권유하였다. 나는 그것이 무엇을 의미하는지를 직감할 수 있었다. 80년 신군부는 출판 문화를 정화시킨다는 명분하에 〈뿌리 깊은 나무〉〈문학과 지성〉〈창작과 비평〉 등 의식있는 월간지나 계간지를 모두 강제 폐간시킨 뒤 새로운 잡지등록을 통제하고 있었다. 따라서 81년 초는 잡지 문화의 공백기였다. 그것은 출판계의 비극이기도 했지만 동시에 무리수를 두었던 신군부가 장악한 새 정부의 부담이기도 했다.

그러므로 홍성사로 하여금 잡지를 하라는 것은 홍성사의 이름을 빌어 정부가 잡지문화의 공백을 주도적으로 채우겠다는 것을 의미했다.

속된 표현을 빌자면 소위 '어용 잡지'를 하라는 뜻이었다. 예상했던 대로 그는 네 가지 조건을 제시하였다. 첫째 잡지 이름은 '새 시대'이어야 하고, 둘째 잡지의 편집장은 국문학자인 C씨여야 하며, 셋째 편집위원 역시 자기가 지명하는 사람을 앉혀야 하며, 넷째 필요한 자금은 넉넉하게 지원해 준다는 것이었다.

나는 왜 하필이면 이 일에 홍성사를 선택했는지를 물었다. 그는 홍성사의 출판계에서 차지하는 비중과 깨끗한 이미지 때문이라고 말했다. 말하자면 정부가 주도하는 잡지를 출판하면서도 '어용' 냄새가 나지 않을 수 있는 그릇으로 홍성사가 선택된 셈이었다. 당시 홍성사는 대학생들과 젊은 지성인 사이에서 가장 신뢰받고 있던 출판사 중의 하나였으므로 '새 시대' 출판을 위해 최적격으로 뽑힌 셈이었다. 그가 편집장으로 지명한 C교수 역시 절대로 자의적으로는 그런 일을 할 분이 아니었다. 보아하건대 그도 홍성사와 마찬가지 경우처럼 보였다. H씨는 일주일 후까지 '새 시대 창간 계획 및 자금 계획서'를 가져오라고 일방적으로 말한 뒤 자리를 떴다.

그날밤 나는 거의 뜬 눈으로 밤을 새웠다. 상식적으로는 당연히 거절해야 할 일이었다. 그러나 그 당시는 정부가 하는 일에 대해 감히 사업가가 이의를 제기한다는 것은 용납되지 않던 분위기였다. 더욱이 그가 그날 말한 것은 사적인 것이 아니라 지극히 공적인 얘기였을 뿐만 아니라, 이전에 내가 알고 있던 그와는 달리 현재의 그는 자타가 공인하는 3인의 실력자 중의 한 사람이었다. 섣불리 거절하기에는 신경 쓰이는 것이 너무 많았다.

그러나 딱 부러지게 '아니다'라는 결론을 내리지 못한 결정적인 이유는 다른 데에 있었다. 바로 H씨가 제시한 네번째 조건 때문이었다. 항공부 매각대금의 차질로 인하여 3월에는 자금이 더욱 쪼달리고 있었다. 베스트 셀러라도 하나 나오지 않는 한 언제 호전될지 예측 불가능한 상황이었다. 그런 판국에 '자금을 넉넉하게 지원한다'는 말은 참으로 매력적인 유혹이 아닐 수 없었다. 한번 '어용'이 되고서 홍성사가 살아날 수만 있다면 무엇이 문제냐는 생각과, 그럼에도 불구하고 그래서는 안된다는 두 마음의 치열한 갈등 속에서 새벽이 밝아왔다. 나는 눈을 비비며 새벽기도회에 참석하였다.

과연 어떻게 하는 것이 옳은 것인가를 두고 기도하던 중에 갑자기 '산 속의 돌멩이' 생각이 났다. 묵묵히 자기 자리를 지키고 있으므로 '생명'이 되어주는 돌멩이 ─ 그 돌멩이가 내게 해답을 주었다. 홍성사가 있어야 할 자리, 아니 지켜야만 하는 자리는 도대체 어디인가? 그것은 하나님의 영광을 위한 자리, 다시 말하면 진리를 지키는 자리였다. 그렇다면 어떤 경우에도 홍성사의 깨끗함은 지켜져야만 했다. 한 기업의 깨끗함은 결코 돈으로 살 수 없는 것이기 때문이다. 모든 것이 분명해졌다. 망설일 것 없이 거절하는 것이었다. 남은 것은 단지 어떻게 권력을 쥐고 있는 상대에게 불쾌함을 주지 않고 기술적으로 거절하느냐는 것이었다.

나는 그날 H씨가 '새 시대'의 편집장으로 지목하였던 국문학자 C씨를 만났다. 내 생각으로는 그도 거절할 것이 분명하였으므로 같이 공동보조를 취하는 것이 효과적이라고 생각했다. 그는 아직 H씨로부터 연락을 받지 못한 상태였다. H씨가 갖고 있는 계획을 나로부터 전해 들은 그는 예상했던 대로 단호하게 '안한다'고 말했다. 우리는 서로 공동대처하기로 약속하고 헤어졌다.

나는 그 다음날부터 주위에 있는 사람들에게 모든 것을 털어놓고, 어떻게 하면 기술적으로 모나지 않게 거절할 수 있겠는지 자문을 구하였다. 마침 L선생이 기막힌 안을 제시하였다. H씨가 제시한 조건과 상관없이 홍성사가 정말 역사에 남을 만한 제대로 된 잡지 창간 계획서를 제출하라는 것이었다. 그 경우 그런 엉뚱한 계획서를 제출한 홍성사는 자연스레 제외될 것이고 만의 하나라도 그 계획이 받아들여진다면 진짜 좋은 잡지를 발행하면 될 것 아니냐는 것이었다. 그것이야말로 탁견이 아닐 수 없었다. 나는 그 날로부터 여러 사람들의 자문을 구해 계획서를 작성하였다.

첫째, 민족이 나아가야 할 바른 길을 제시하기 위하여 발행하는 이 잡지의 제목은 '한 겨레'라고 한다. '새 시대'란 제호는 정부의 구호가 '새 시대'인 만큼 양식있는 독자들을 위한 잡지 제목으로는 부적절하기 때문이다.

둘째, 잡지의 편집장은 '민청련 사건'을 주도했던 L씨로 한다. 정부가 국민 대화합을 주장하고 있는 만큼 시각이 틀린 사람들의 목소리도 함께 수렴할 수 있어야 하기 때문이다. (현재 국회의원인 L씨에게는 그 당시 이미 양해를 구해 두었었다.)

셋째, 잡지에 대한 최종적인 책임은 결국 발행인에게 돌아오는 것이므로 본인이 발행인으로서 소신껏 일할 수 있기 위해서는 편집위원의 선정도 본인이 한다. 단 잡지는 문자 그대로 잡지이므로 정부의 시각도 담을 수 있는 만큼 만약 정부가 이 잡지를 통하여 하고 싶은 이야기가 있다면, 홍성사는 300페이지 중에서 매달 10페이지를 제공하고 그 10페이지에 대해서는 홍성사는 편집권을 주장하지 않는다.

넷째, 정부로부터 재정적인 지원을 받았던 잡지치고 도태되지 아니한 잡지가 없었음은 이미 공지의 사실이므로 이 잡지를 창간하는 데에 소요되는 2억 원은 전액 홍성사가 부담한다. 단지 현재 홍성사의 재정상태가 여의치 않으므로 정부는 홍성사가 해당금액을 금융기관으로부터 대출을 받을 수 있도록 알선해 준다.

나는 약속된 날 완성된 계획서를 들고 청와대에서 H씨를 만났다. 나

는 잡지란 이왕 출판할 바에야 그 생명력이 영원한 가치있는 잡지여야
만 한다는 것과, 바로 그 이유로 인하여 H씨가 생각했던 것과는 다른
계획서를 가져오게 되었다는 것을 자세하게 설명하였다. H씨는 잘 알
겠다며 계획서를 검토해 본 뒤에 연락을 주겠다고 하였다. 청와대를
나서는 나의 마음은 홀가분하기 그지 없었다. 내가 바른 계획서를 제
출한 이상 그 쪽에서 수용하지 않는다면 그것은 내가 거절하는 것이
아니라 그 쪽에서 나를 거절하는 셈이 되기 때문이었다. 그 이후 H씨
와 두 번에 걸쳐 더 만났지만 결국 모든 것을 없었던 일로 하고 말았
다.

지금와서 돌이켜 보면 그때 그 제의를 받아들이지 않았던 것이 얼마
나 다행한 일이었는지 모른다. 당장 급한 돈 때문에 '새 시대'를 창간했
더라면 오늘날의 홍성사는 결코 존재하지 않았을 것이다. '어용 출판
사'로 낙인 찍혀 모든 독자를 다 잃고 벌써 도태되어 버리고 말았을 것
이다. 버려진 '산 속의 돌멩이'를 통하여 바른 길로 인도하신 하나님께,
그래서 지금도 나는 감사를 드리지 않을 수 없다.

그러는 사이 3월 말이 가까워졌고 자금 사정은 더 어려워졌지만 경
기는 호전될 기미가 전혀 없었다. 하루는 막내누님(고은아 집사 — 본
명:이경희)으로부터 전화가 왔다. 당시 누님은 오래 전부터 '미원'의 광
고에 모델로 고정 출연하고 있었다. 누님은 '미원'으로부터 받는 광고
출연료를 한 푼도 자기를 위해 쓰지 않고 모두 필요한 이웃에게 나누
어 주고 있었다. 그날 내게 전화를 한 용건은 마침 그때 또 '미원'으로
부터 출연료를 받았는데, 이번에는 내게 보낼 테니 가장 급한 빚부터
갚으라는 것이었다. 이어 조금 있다가 누님의 운전기사가 가지고 온
봉투 속에는 3천5백만 원이 들어 있었다. 내 가슴은 또 다시 메어지는
것만 같았다.

「믿음의 글들」

　4월에 접어들자 기독교 출판을 위한 기획이 구체적인 모습을 드러내기 시작했다. 이미 만나 뵈었던 구상 선생님의 시문집(詩文集) 〈그분이 홀로서 가듯〉을 출판하기로 계약하였고, 간첩으로 남파되었다가 21년 만에 특사로 풀려났던 김훈 집사님의 신앙수기 〈재를 남길 수 없습니다〉도 계약을 완료하였다. 뿐만 아니라 시인 박두진 선생님과는 시집 〈나 여기에 있나이다 주여〉를, 김진홍 목사님과는 간증집인 〈새벽을 깨우리로다〉, 그리고 신부님의 경력을 가지신 철학박사 최창성 선생님과는 묵상집 〈사랑의 벗을 찾습니다〉를 각각 계약하였다. 일본 작가 엔도 슈사꾸의 〈침묵〉 등은 번역 의뢰를 완료하였다. 누가 보아도 흠 잡을 데 없는 기획이란 자신이 들었다. 기독교 시리즈의 첫번째 책은 이미 결심한 대로 이청준 선생님의 소설로 하기로 작정하였다.

　4월 하순 경, 이청준 선생님이 찾아왔다. 안요한 목사님을 소재로 한 장편소설을 이미 탈고한 선생님은 내게 두 가지의 양해를 구했다. 첫째는 그 작품을 〈문예중앙〉 여름호에 먼저 발표한 다음 책으로 출판하자는 것이었고, 두번째는 그 소설의 제목을 〈낮은 데로 임하소서〉로 결정했지만 〈문예중앙〉에 발표할 때는 일반 독자들을 위하여 종교적인 색채가 덜 한 〈떠오르는 섬〉으로 하겠다는 것이었다. 그 두 가지 사항 모두 나의 양해를 필요로 하는 것은 결코 아니었다. 작가가 원하는 대로 결정하기만 하면 되는 사항들이었다.

당시의 출판 시장은 지금과는 현격하게 달랐다. 지금은 100만 부가 나가는 책들도 수시로 등장하지만, 그 때는 10만부 이상 나가는 책이 1년에 몇 권 없던 시절이었다. 따라서 작가가 작품을 완성하였을 때에 특별한 경우를 제외하고는 잡지에 먼저 발표하는 것이 거의 관례화되어 있었다. 책을 출판하여 받는 인세(일반적으로 책 정가의 10%)보다도 잡지사로부터 받는 원고료가 더 큰 경우가 허다하였기 때문이다. 그러므로 작가가 잡지에 발표하지 아니한 처녀 원고를 직접 책으로 출판하는 소위 '전작 장편소설'이란 거의 찾아볼 수 없는 실정이었다.

그러므로 이청준 선생님이 새로 쓴 작품을 잡지에 먼저 발표하겠다는 것은 작가의 당연한 권리였다. 더욱이 작품의 제목 결정 역시 작가의 고유 권한이었다. 나의 양해를 구할 필요는 전혀 없었다. 그럼에도 불구하고 이 선생님이 나의 양해를 구하는 것은 그 소설의 소재를 내가 전해 드렸기 때문인 듯했다. 나는 흔쾌히 이청준 선생님의 계획에 동의하였다.

5월에 접어들었다. 그 때는 정부가 주도하여 여의도에서 개최했던 '국풍'이란 행사로 매스컴이 요란하던 때였다. 어느날 오후 이청준 선생님이 상기된 얼굴로 내 사무실을 방문하였다. 자리에 앉자 옆에 끼고 있던 두툼한 노란 봉투를 내밀었다. 〈낮은 데로 임하소서〉의 원고였다. 그리고는 〈문예중앙〉에 발표하기로 한 것을 취소하였으니 막바로 책으로 출판하자는 것이었다. 갑작스런 상황 전개에 영문을 몰라 어리둥절해 하는 내게 이청준 선생님은 다음과 같은 설명을 들려주었다.

이미 말한 바와 같이 이청준 선생님은 그 소설을 〈떠오르는 섬〉이라는 제목으로 중앙일보사가 경영하는 〈문예중앙〉 여름호에 발표하기로 하였고, 〈문예중앙〉에서는 이 선생님에게 원고료 전액을 지급하였다. 〈문예중앙〉이 여름호 조판을 거의 끝내어 갈 무렵이었다. 여의도에서 열리고 있던 '국풍'을 관람하기 위하여 방한하였던 젊은 일본 작가 한 사람이 시종일관 한국을 극찬하는 글을 발표하였다. 그때 중앙일보사 경영진에서는 〈문예중앙〉으로 하여금 그 일본작가의 장편소설을 게재하라고 지시하였다.

　〈문예중앙〉의 책임자는, 여름호는 이미 조판이 완료되었으므로 그 다음호에 게재하겠노라 보고했다. 그러자 경영진에서는 조판 완료된 장편소설을 빼더라도 반드시 이번 호에 게재하라고 다시 지시하였다. 〈문예중앙〉 책임자는 다시 경영진을 설득하기 시작했다. 이번 호에 발표되는 장편소설은 이청준 씨의 작품인데, 이청준 씨는 모든 잡지사나 출판사가 서로 그의 원고를 받으려고 줄을 서야 하는 작가인 바, 만약 약속을 어기고 그의 원고를 이번 호에서 빼버린다면 앞으로 다시는 그의 글을 받을 수 없고, 이청준 씨의 원고를 게재하지 못하는 〈문예중앙〉은 진정한 의미에서 문예지일 수가 없으므로 일본 작가의 글을 다음 호에 실어야 한다고 간곡하게 설득하였다. 그러나 경영진은 물러서지 않았다. 정책적으로 이미 결정된 일이니 지시대로 시행하라는 것이었다.

　어쩔 수 없이 순종할 수밖에 없는 〈문예중앙〉 책임자는 이청준 씨에게 자초지종을 설명하고, 〈떠오르는 섬〉을 다음 호에 게재할 터이니 양해해 줄 것을 간청하였다. 그러나 작가로 등단한 후 처음으로 약속된 대로의 '원고 게재 불가'란 일방적인 통보를 받게 된 이청준 선생님은 첫째 기분이 내키지 않아서, 둘째 만약 다음 호에 발표될 경우 본의 아니게 홍성사와의 출판 약속을 제 때에 지킬 수 없을 것이기 때문에

〈문예중앙〉의 요청을 거절하였다는 것이다. 그리고 새삼스레 다른 잡지사에 게재하는 것도 내키지 않아서, 〈문예중앙〉에서 이미 받은 원고료는 다음에 갚기로 하고 원고부터 찾아왔으니 그냥 책으로 출판하라는 것이었다.

참으로 놀라운 일이 아닐 수 없었다. 상식적으로 생각할 때에 도저히 있을 수 없는 일이었다. 당대 최고의 작가로 인정받고 있는 이청준 씨의 원고가 이미 조판까지 되었다가 일본 무명작가의 원고 때문에 빠져버렸다는 것은 다른 곳에서라면 모르되 적어도 출판계 내에서는 상상조차 할 수 없는 일이었다. 그런데 그와같은 불가능한 일이 실제로 벌어졌다. 그리고 그의 원고는 지금 내 앞에 놓여 있다. 더욱이 전혀 기대하지도 않았던 이청준 '전작' 장편소설이 하나님의 영광을 위한 첫 번째 책으로 출판되게 되었다. 바로 그 순간 몇 년 전 결코 이해할 수 없었던 한 사건이 나의 뇌리를 스치면서 나는 비로소 그 해답을 얻게 되었다.

1978년 나는 C교회에 다니고 있었다. 그해 초엔가 담임목사님이 미국 선교여행을 하고 있을 때였다. 주일 예배 후 부목사님이 임시 제직회를 소집하였다. 담임목사님의 부재 중에 부목사님이 제직회를, 그것도 임시 제직회를 소집한다는 것은 매우 이례적인 일이었다. 무엇인가 대단히 위급한 안건이겠거니 생각하고 임시 제직회에 참석하였다. 그런데 막상 참석해 보니 다소 엉뚱한 안건이었다.

당회에서는 심방용 마이크로 버스를 한 대 사기로 결정을 하였다. 당연히 새 차를 사리라 생각한 것이 한 장로님의 반대로 벽에 부딪치게 되었다. 그 장로님은 새 차를 살 필요없이 헌 차를 사서 수리를 하면 새 차 못지 않게 쓸 수 있을 뿐만 아니라 교인들의 헌금을 절약할 수도 있어 일석이조가 된다고 주장하였다. 당회원들이 자연히 '새 차파'와 '헌 차파'로 나누이게 되었는데 그 수가 각각 반반이었다.

아무리 오랜 시간 동안 토론을 거듭해도 양쪽의 균형은 깨어지지 않았다. 당회의 사회를 맡은 부목사님이 캐스팅 보트를 행사할 수밖에 없는 상황이었다. 그러나 부목사님이 결정권을 행사하기에는 양쪽의 대립이 너무 팽팽하였다. 자칫 잘못하면 담임목사님도 없는데 별 것 아닌 버스 한 대 때문에 분란이라도 일어날 것만 같았다. 그래서 부목사님은 자신이 결정권을 행사하지 않고 임시 제직회에 일임하는 지혜를 발휘한 것이었다.

먼저 '새 차파'의 우두머리인 C장로님이 나와서 왜 교회가 하나님께 '새 것'을 바쳐야 하는지를 구약 성경구절을 한 절씩 인용해 가며 또박또박 설명하였다. 그리고 하나님께 '새 것'을 바치는 것이야말로 신앙인의 의무로서, '헌 것'을 드린다는 것은 있어서도 안되고 있을 수도 없는 일이라고 못을 박았다. C장로님의 조리있는 주장이 끝나자 주로 나이드신 집사님들이 박수로 지지를 표시하였다.

이어 등단한 '헌 차파'의 기수인 L장로님은 교인들이 교회에 바치는 헌금은 절제와 절약의 원칙에서 사용되어야 함을 강조하였다. 그러므로 값싼 헌 차를 사서 만약 새 차처럼 쓸 수 있다면 그것보다 더 합리적이고 지혜로운 일이 어디 있겠느냐며, '헌 차의 아이디어'를 제공한 B집사의 자세한 설명을 들어보자고 했다. 그래서 이번에는 L장로님에게 '헌 차' 구입을 제안한 장본인으로 알려진 B집사님이 마이크 앞에 등장하였다. 자동차 정비공장을 경영하던 그는 전문가답게 열변을 토하였다. 그 요지는 이런 것이었다.

"지금 마이크로 버스 새 차 한대의 가격은 오백만 원이 넘는다. 그러나 약 10년 지난 신진 마이크로 버스를 오십만 원에 구입하여 백만 원을 들여서 수리하기만 하면 오백만 원 짜리 새 차와 성능면에서 똑같이 만들 수 있다. 결과적으로 삼백오십만 원이라는 귀한 헌금을 절약할 수 있다. 그런데 구태여 비싼 새 차를 살 이유가 무엇인가? 지금 세계 기능인 올림픽에서 해마다 한국의 젊은 기능인들이 우승을 차지하고 있는 것은 무엇을 의미하는가? 우리의 기술 수준이 세계 최정상임을 의미한다. 내 공장에 있는 기능인들만 하더라도 국내 최고 수준의 기능인들이다. 나를 믿고 나에게 맡겨 달라. 내가 책임지고 백오십만 원으로 오백만 원 짜리 새 차를 만들어 내겠다."

그의 열변이 끝났을 때, 이번에는 주로 젊은 집사님들이 박수로 응답하였다. 마침내 '헌 차'와 '새 차'를 놓고 표결이 시작되었다. 사안이 미묘한 만큼 서로 입장이 곤란하지 않도록 일반적으로 거수 표결을 하는 제직회의 관례를 깨고 빈 종이에 비밀 투표를 하기로 하였다. 나는 물론 '헌 차'에 투표하였다. 그 쪽이 훨씬 더 합리적일 뿐만 아니라 타당해 보였다.

드디어 개표가 시작되었다. 개표위원이 한 표씩 결과를 발표하면 한 집사님이 그에 따라 칠판에 정(正)자를 그어 나갔다. 그런데 처음부터 스릴 만점이었다. '새 자'가 한 표 나오면 그 다음에는 '헌 차'가 한 표 나오고, 그 반대로 '헌 차'의 표 뒤엔 어김없이 '새 차'의 표가 나왔다. 문자 그대로 시소 게임이었다. 끝까지 그 결과가 어떻게 될 것인지 아무도 예측할 수 없었다. 마침내 개표위원의 손에 마지막 투표용지 한 장이 들려졌을 때 '새 차'와 '헌 차'의 표수는 꼭 같았다. 그러니까 최후의 판가름은 마지막 투표용지 그 한 장에 달린 셈이었다. 개표위원은 한번 크게 숨을 내어쉰 후에 '헌 차' 하고 외쳤다. 그 순간 '헌 차'에 투표했던 집사님들이 '와'하고 함성을 질렀고, '헌 차'의 주창자였던 L장로님과 B집사님은 벌떡 일어나 두 팔을 힘차게 치켜 올리며 '할렐루야'를 몇 번이고 외쳐댔다. 그만큼 그 날의 투표는 박진감이 넘치는 한 편의 드라마였다.

제직회에서 결의된 대로 교회는 중고 마이크로 버스 구입과 수리에 관한 모든 것을 B집사님에게 맡겼다. 그리고 몇 주일 후에 새 페인트 칠로 단장된 마이크로 버스가 교인들에게 선을 보였다. 그런데 문제는 그 때부터 시작되었다. 교회에서 어디로든 버스가 출발은 잘 하는데, 목적지에 간 버스가 교회로 되돌아 오려면 계속 고장이 났다. 수리를 거듭했지만 고장은 멈추지 않았다. 호언장담을 하던 B집사님이 얼마나 심혈을 기울였겠는가? 그러나 결과는 마찬가지였다.

그 때부터 하나님께서 헌 차를 기뻐하시지 않기 때문이라는 소문이 '새 차파' 집사님들로부터 퍼져나오기 시작했다. 그러나 나는 도대체 그런 시각에 동의할 수가 없었다. 위대한 하나님께서 교인들이 헌 차를 바쳤다고 해서 그 헌 차를 매일 고의적으로 고장이나 나게 하신다면 얼마나 옹졸한 하나님이신가? 그런 하나님이라면 결코 믿고 싶지 않았다. 여하튼 밑빠진 독에 물 붓기 식으로 계속 수리비를 잡아먹던 그 버스는 미국에서 돌아오신 담임목사님의 결단으로 처분되었고, 시간이 흐르면서 그 버스에 대해 떠돌던 온갖 잡음은 잠잠해졌다. 하지만 B집사님이 자신의 명예를 걸고 최선을 다하여도 고장이 끊이지 않았던 사실에 대한 의구심만은 내 마음속 깊이 새겨져 있었다.

그런데 바로 그날 〈문예중앙〉에 〈떠오르는 섬〉으로 먼저 발표한 다음 〈낮은 데로 임하소서〉란 책으로 출판하기로 되어 있던 원고가 출판계의 상식으로는 상상조차 불가능한 과정을 거쳐 '전작 장편소설 원고'로 내 책상 앞에 놓여지는 순간, 도저히 이해할 수 없었던 3년 전 '버스 사건'이 결코 우연한 일도 그리고 이해할 수 없는 일도 아니라는 생각이 전광석화처럼 나의 뇌리를 스쳤다.

홍성사가 하나님의 영광을 위한 출판을 하겠다는 것은 결코 어제 오늘 시작된 일이 아니었다. 그것은 처음부터 이미 계획되어 있었던 일이었다. 〈낮은 데로 임하소서〉가 그 첫번째 열매가 될 것이라는 것도 이미 예정되어 있었던 일이다. 만약 하나님께서 이 일을 기뻐하신다면 그리고 이것이 하나님께서 예비해 두신 일이라면 하나님께서 어떻게 '하나님의 것'을 전혀 다른 제목으로 잡지에 먼저 게재케 하신 다음 그것을 받으시겠는가? 사람이 혹 잘못 생각한다면 하나님께서 하나님의 방법으로 당연히 막으시지 않겠는가?

그렇다면 3년 전의 '버스 사건' 역시 왜 하나님의 섭리하심이 아니었겠는가? 이에 대하여 I목사님께서는 그 후 다음과 같은 해석을 하였다. 하나님께서는 사람의 중심을 보시는 하나님이시다. 하나님께서는 '헌 차'를 싫어하신 것이 아니라 '헌 차'를 바치려는 사람의 중심을 받지 않으신 것이다. 다른 사람도 아닌 자동차 정비공장을 하는 사람이 교회의 돈으로 헌 차를 사서 교회의 돈을 받아 수리하기로 마음 먹었다면, 그것은 하나님께 차를 바치겠다는 마음보다는 자기 사업에 더 비중을 둔 마음이다. 하나님께서 어찌 그런 예물을 받으시겠는가? 그분이 만약 자기 경비를 들여서 그런 일을 하기로 마음 먹었다면 왜 하나님께서 그 예물을 기뻐하시지 않았겠는가? 하나님께서는 '새 차'를 기뻐하신 것이 아니라 '새 차'를 바치려는 사람들의 순수한 중심을 기뻐하신 것이다. ─ 나는 전적으로 I목사님의 의견에 동의한다.

여하튼 나는 '문예중앙 사건'을 통하여 하나님께서 이청준 선생님의 〈낮은 데로 임하소서〉를 기뻐하신다는 사실을, 한 걸음 더 나아가 홍성사의 계획 속에 하나님께서 구체적으로 역사하고 계신다는 사실을 확인하게 되었다. 그것은 얼마나 큰 기쁨이었는지 모른다. 그래서 이청준 선생님이 〈문예중앙〉에 되돌려 주어야 할 원고료 3백60만 원을 홍성사가 대신 갚아주기로 했다. 생각지도 않던 이 선생님의 전작 장편소설을 발간케 된 이상 이 선생님에게 경제적인 불이익이 돌아가게 할 수는 없었기 때문이다.

나는 하나님의 영광을 위하여 홍성사가 발행할 시리즈의 제목을
「믿음의 글들」이라 하기로 결심하였다. 나의 결심이 알려지자 회사 내
외로부터 많은 반대 의견들이 있었다. 지금은 「믿음의 글들」이라고 하
면 조금도 이상하지 않지만, 10년 전에는 너무나 생경한 이름이었기
때문이다. 특히 반대하는 사람들의 가장 큰 이유는 소유격 조사 '의' 때
문이었다. 시리즈 제목에 소유격 조사가 붙는 것은 도대체 어울리지가
않는다는 것이었다. 그리고 책을 '글들'이라는 말로 왜 격하시키려 하느
냐는 비난도 많았다. 그러나 나는 순수한 한글 이름으로서 그보다 더
좋은 이름은 있을 수 없다는 신념으로 밀고 나갔다.
　그리고 나는 다섯 가지의 원칙을 정하였다.

　　첫째 「믿음의 글들」은 신학자를 위한 시리즈가 아니라 초신자를 포함한
　　　　평신도를 위한 것이다.
　　둘째 「믿음의 글들」은 교리를 다루는 것이 아니라 복음의 '삶'을 담는 그
　　　　릇이다.
　　셋째 「믿음의 글들」은 특정한 교파를 위한 것이 아니라 예수 그리스도를
　　　　위한 통로이다.
　　넷째 「믿음의 글들」은 문학의 모든 장르를 포함한다.
　　다섯째 「믿음의 글들」은 한국 필자를 발굴하는 데 앞장선다.

　그 다음 나는 다음과 같은 「믿음의 글들」의 취지문을 작성하여 앞으
로 발행될 모든 「믿음의 글들」의 제일 첫 페이지에 게재토록 하였다.

　　믿음이란
　　한 알의 밀알이 땅에 떨어져
　　죽음으로 많은 열매를 거둠과 같이

진리의 열매를 위하여
스스로 죽어지는 것을 뜻합니다.
눈으로 볼 수는 없으나
영원히 살아 있는 진리와
목숨을 맞바꾸는 자들을 일컬어
우리는 믿는 이라고 부릅니다.
「믿음의 글들」은
평생을 혹은 가장 귀한 순간을
진리를 위해 이미 죽어졌거나
또는 죽어지기를 결단하는
참 믿는 이들의
참 믿는 이들을 위한
참 믿음의 글들입니다.

    이렇게 해서 1981년 7월 드디어 「믿음의 글들」 제1번, 이청준 전작 장편소설 〈낮은 데로 임하소서〉는 출간되었다. 그날 오후 직원들과 더불어 「믿음의 글들」 1번 출판 기념예배를 하나님께 드렸다. 얼마나 감격적이었는지 예배를 드리면서 몇 번이나 눈시울이 뜨거워졌는지 모른다. 그럼에도 불구하고 밤이 되어서는 전 직원들과 함께 이청준 선생님을 모시고 술집에서 기념 파티를 열고 취하도록 술을 마셨다. 「믿음의 글들」을 출판하고서도 출판 기념파티를 술집에서 하는 것을 당연하게 생각할 정도였으니 아직까지도 거듭난 그리스도인이 되지 못했음의 증거였다.

    돌이켜 보면 얼마나 나라는 인간은 한심한 존재였는지 모른다. 끊임없이 하나님의 인도하심과 손길을 느끼면서도 내 삶이 변화되지 않으면 안된다는 것은 애써 외면하고 있었다. 그만큼 그런 생활에 중독이 되어 있었기 때문이다. 술잔을 부딪칠 때마다 '건배' 대신에 '할렐루야'를 외쳐대었다. 사장이 그런 정도의 '가짜'였으니 직원들 중 교회에 다닌다는 사람들도 모두 내가 연출해 내는 분위기에 휩쓸리지 않을 수 없었다. 그러다 보니 교회에서 그들의 모습이 어떠하든 상관없이 술집에서는 모두 나와 더불어 술꾼으로 돌변하는 처지들이었다. 진정한 「믿음의 글들」의 발행인이 되기 위하여는 내 자신이 참 믿는 이가 먼저 되어야 한다는 가장 중요한 사실이 무시되고 있었다. 나는 까마귀 같은 존재였다.

전국 서점에 〈낮은 데로 임하소서〉를 배포하는 날부터 나는 신문에 대대적인 광고를 하기 시작했다. 광고 문안은 다음과 같이 썼다.

우리의 기도는 마침내 응답되었습니다!
우리는 오랫동안 한국 최고의 작가로 하여금
하나님의 영광을 드러내는 글을 쓰게 해 달라고 기도했습니다.
하나님께서는 마침내 한국문단의 정상 이청준으로 하여금
〈낮은 데로 임하소서〉를 쓰게 하심으로
우리의 기도에 응답해 주셨습니다.

〈낮은 데로 임하소서〉는 그 주간부터 당장 베스트 셀러에 올랐다. 표지에 「믿음의 글들」이라고 분명히 밝혔을 뿐만 아니라 제목 자체가 기독교 문학임을 짙게 암시하였음에도 불구하고, 전국 서점으로부터 주문이 쇄도하기 시작했다. 좋은 반응이 있으리라 예상은 하고 있었지만, 그러나 그처럼 큰 반응이 전국적으로 일어나리라고는 짐작도 못했다. 격려와 감사의 엽서 역시 전국에서 날아들었다. 특히 전혀 믿지 않던 자가 이 책을 통하여 예수님을 영접하게 되었다는 엽서들을 받을 때마다 얼마나 뜨거운 감동을 받았는지 모른다.

〈낮은 데로 임하소서〉가 출판계에서 선풍을 일으키자 이장호 감독이 영화로 만들기 시작했고, 그 소식은 〈낮은 데로 임하소서〉를 더 유명하게 만들어 주었다. (이후에 영화 '낮은 데로 임하소서'는 모든 사람들의 예상을 완전히 뒤엎고 대종상의 작품상과 감독상을 수상함으로써 영화계에서도 돌풍을 일으켰다.) 이와같은 기대 이상의 〈낮은 데로 임하소서〉의 대성공은 부도 이후 침체되어 있던 홍성사의 분위기를 쇄신시켜 주고도 남았다.

그뿐만이 아니었다. 〈낮은 데로 임하소서〉의 성공은 그 책 한 권만의 성공으로 끝난 것이 아니라 「믿음의 글들」이란 전혀 새로운 시리즈의 이미지를 전국에 폭 넓게 심는 데에 결정적인 역할을 해 주었다. 일반적으로 출판사가 새로운 시리즈를 기획하면 그것이 독자들 사이에 뿌리를 내릴 때까지는 엄청난 투자와 노력을 쏟아붓지 않으면 안된다. 그렇게 하고서도 성공하지 못하는 경우가 비일비재하다.

그러나 〈낮은 데로 임하소서〉는 독자들에게 「믿음의 글들」이란 생경한 시리즈에 대한 신뢰를 확고하게 해 주었다. 그래서 김훈 집사님의 〈재를 남길 수 없습니다〉, 최창성 박사님의 〈사랑의 벗을 찾습니다〉, 구상 선생님의 〈그분이 홀로서 가듯〉, 김진홍 목사님의 〈새벽을 깨우리로다〉, 박 두진 선생님의 〈나 여기에 있나이다 주여〉 등 「믿음의 글들」 시리즈로 출판되는 책들마다 화제를 모으게 되었다.

「믿음의 글들」은 순식간에 독자들의 친숙한 시리즈가 되었고 전국 서점에서는 홍성사의 「믿음의 글들」을 위한 공간을 따로 마련하기 시작했다. 참으로 놀라운 일이 아닐 수 없었다. 많은 출판인들이 「믿음의 글들」의 성공을 부러워한 것도 무리가 아니었다. 그만큼 새로운 시리즈 하나가 자리를 잡는다는 것은 어려운 일이기 때문이었다. 그 모든 것이 〈낮은 데로 임하소서〉로부터 비롯되었음은 두 말할 나위가 없었다.

결과적으로 내가 생각했던 순서가 옳았음이 입증되었다. 하나님의 영광을 드러내는 책을 효과적으로 발행하기 위하여는 먼저 일반 출판 분야에서 한국 정상을 차지해야 하고, 그 여세로 기독교 출판에 진출하되 한국 최고의 작가로부터 시작해야 믿지 않는 비기독교인에게까지 영향을 미치는, 진정한 의미에서의 「믿음의 글들」이 될 것이라는 생각은 그대로 적중한 셈이었다. 만약 이런 과정을 거치지 않았다면 그 당시 이청준 선생님의 〈낮은 데로 임하소서〉는 잉태될 수조차 없었을 것이며, 설령 되었다 할지라도 기독교 서점 이외의 일반 서점에서는 취급도 해 주지 않았을 것이다.

그러나 그 무엇보다도 하나님께서 함께 하셨기 때문임은 두 말할 나위가 없었다. 「믿음의 글들」의 매일 매일의 역사가 곧 기적의 역사였기 때문이다. 그렇다면 이제는 응당 결단을 해야만 할 때였다. 애벌레는 날개를 얻기 위하여 고치 속으로 들어가지만 결코 고치가 애벌레의 목적이 아니다. 그래서 때가 되어 날개를 얻은 나비는 더이상 고치 속에 머물지 않는다. 미련없이 벗어 던져버린다. 그리고 다시 되돌아 가지도 않는다. 더이상 필요가 없어졌기 때문이다. 만약 날개를 얻고서도 고치 속에 그대로 머무는 나비가 있다면 그것은 결코 정상적인 나비일 수가 없다.

홍성사가 「홍성신서」를 필두로 하여 12개의 시리즈를 출판하고 있다 한들 그것은, 말하자면 「믿음의 글들」이란 날개를 얻기 위한 고치에 불과하였다. 결코 그것들이 애시당초 나의 목적지가 아니었다. 이제 드디어 「믿음의 글들」은 화려한 나비가 되어 하늘을 비상하기 시작했다. 그렇다면 마땅히 고치는 버려져야만 했다. 다른 사람의 경우라면 모르겠으되 적어도 내 경우에만은 반드시 그렇게 해야만 했다. 왜냐하면 그것은 하나님과의 약속이었기 때문이다. 나의 온갖 잘못과 죄악된 삶에도 불구하고 기적적인 방법으로 하나님께서 홍성사를 붙들고 계시는 까닭이 곧 그 약속을 기뻐하신 까닭이었다.

　그러나 나는 어리석게도 그때 그것을 알지 못했다. 아니 알려고 하지 않았다.「믿음의 글들」시리즈의 예상 밖의 성공에 힘입어 재정적으로 다소 숨통이 트인 내 마음속에는 또 다시 거대한 욕망의 파도가 출렁이고 있었다. '옛 영광의 회복'이 곧 그것이었다. 따라서「믿음의 글들」은 여전히 홍성사의 목적이 되지 못한 채, 하나님의 영광이 아닌 내 자신의 영광을 위한 도구 중의 하나로 머물러 있을 수밖에 없었다.「믿음의 글들」의 진정한 발행인이 되기 위하여서는 나는 더 찢어지고 또 찢어져야만 했다.

겨울 바람

81년 7월 말 내가 살던 아파트의 경매가 법원에서 있었다. 당시 내가 살던 이촌동 소재 빌라맨션 78평형 아파트는 시가가 1억 원이 훨씬 넘었다. 그러나 하필이면 그 때의 부동산 경기는 최악이었다. 법원에서 행해지는 경매는 유찰되기가 일쑤라고 했다. 시가의 50%도 건지기 어렵다는 말들이 돌았다. 소문은 사실이었다. 그러나 3개의 금융기관에 저당잡혀 있었으므로 경매 이외의 방법으로 처분할 수는 없었다. 경매 가격은 6천2백만 원으로 낙찰되었다. 그것도 더이상 가격이 떨어지지 않도록 나를 도와주기 위하여 평소 나와 절친한 관계를 맺고 있던 '우성해운주식회사'가 입찰을 해 주어서 간신히 낙찰된 것이었다.

최소한도 1억 원 정도를 예상했던 나의 계획은 또다시 보기 좋게 빗나가고 말았다. 3천8백만 원의 차질이 또 생겼다. 그러나 그 때는 이미 〈낮은 데로 임하소서〉가 베스트 셀러 행진을 계속하고 있었으므로 재정적인 위기는 겨우 모면할 수 있었다. 단지 마음이 착잡할 뿐이었다.

집을 처분한다는 것은 부도 당시부터 계획하고 있었음에도 불구하고 막상 경매 현장을 내 눈으로 직접 목격하자 착잡한 심정을 금할 수가 없었다.

"서울 특별시 용산구 이촌동 302의 86, 빌라맨션 501호, 6천2백만 원에 우성해운주식회사에 낙찰."

이렇게 말한 다음 판사는 딱 딱 딱 하고 방망이를 세 번 쳤다. 그것으로 모든 것이 끝이었다. 판사의 말이 떨어진 그 순간부터 내 집은 더이상 내 집이 아니었다. 꿈과 사랑과 안식이 있던 그 집은 더이상 나의 보금자리가 아니었다. 법원 마당에는 눈부신 태양 빛이 쏟아지고 있었다. 수많은 사람들이 무엇인가 서로들 이야기를 주고 받으며 오가고 있었다. 그러나 내 귀에는 아무 소리도 들리지 않았다. 마치 적막 강산에 홀로 떨어진 것 같은 느낌 외에는 아무 것도 느낄 수가 없었다.

그날밤도 술에 취한 채 귀가하였다. 어머님은 주무시고 계셨다. 나는 어머님의 방에 살며시 들어가 앉았다. 그 방도 이제는 더이상 어머님의 방일 수 없었다. 우리는 어딘가로 떠나야만 한다. 문득 외로이 짐을 꾸리는 어머님의 모습이 눈 앞에 떠올랐다. 가슴이 쓰라렸다. 이제는 그 누군가 알지 못하는 사람의 방이 되어버린 그 방의 사방을 천천히 훑어 보았다. 어머님의 손때가 묻은 가구들 – 그것은 그대로 옮겨가기만 하면 된다. 그런데 내 눈길이 오른쪽 벽 위에 닿았을 때 내 가슴은 마치 칼로 도려내는 듯이 저미기 시작했다.

그 벽 위에는 외국에 살고 있는 조카들이 크리스마스나 어머님의 생신 때에 보낸 카드들이 붙어 있었다. 핀으로 꽂혀 있는 것이 아니라 아예 풀칠로 붙여진 것들이었다. 멀리 있는 손자들이 얼마나 그리웠으면 그 카드들을 마치 도배하듯 벽에 붙여두고 아침 저녁으로 바라보셨을까? 마치 손자들의 얼굴을 어루만지듯 그 카드들을 쓰다듬기는 얼마나 하셨을까? 그러나 그것만은 가져가실 수가 없다. 못난 아들 때문에 난생 처음으로 보금자리를 빼앗겨버린 원통함과 슬픔과 아픔까지도 고스란히 가져갈 수가 있지만, 그러나 저 카드들만은 가져갈 수가 없다. 뗄 도리가 없기 때문이다. 짐을 꾸리다가 그 카드들을 가져갈 수 없어 안타까워하실 어머님의 모습이 내 눈 앞에 떠오르자 나는 더이상 그 방에 있을 수가 없어 뛰쳐 나오고 말았다. 흘러내리는 눈물을 주체할 수가 없었다.

이 세상에 나보다 더 못한 불효자식이 있을까? 어머님의 연세 71세. 그야말로 편안한 여생을 즐기셔야만 할 때이다. 그런데 이제 어머님은 '당신의 집'을 잃어버리고 말았다. 어디론가 정처없이 떠나야만 한다. 모두 못난 자식 때문이었다. 일평생 편안한 삶을 살아오시다가 말년에 '남의 집' 설움을 당해야만 한다. 불효자식이 따로 없었다. 그래서 가슴이 찢어지는 듯했다.

그러나 나는 그날밤 효도를 물질적인 것과만 연관지어 생각하는 잘못을 범하고 있었다. 집 문제보다도 불신자와 같은 신실치 못한 삶으로 나는 더 큰 불효를 행하고 있었다. 어머님의 뱃속에서 생명이 잉태되는 순간부터 어머님은 기도로써 나를 키우셨다. 부자가 되라고? 출세하라고? 아니다. 하나님의 뜻대로 살아가는 진실한 그리스도인이 되도록 눈물로 키우셨다. 그러나 나는 그리스도인의 흉내만 내는 사람이었을 뿐 나의 삶은 불신자보다 더 못했다. 믿었던 아들이 밤마다 술냄새를 풍기며 그것도 새벽이 되어서야 들어올 때, 그 모습을 보아야만 하는 어머님의 심정이 어떠하였겠는가? 신실치 못한 나의 잘못된 삶이야말로 '당신의 집'을 빼앗는 것보다 더 큰 불효였으리라. 어머님은 보금자리를 잃는 아픔보다는 탕자와 같은 자식의 삶 때문에 밤마다 우셨으리라. 그러나 나는 그때 그 정도를 생각할 수 있을 만큼 성숙한 인간이 아니었다. 그래서 '돌아온 탕자'처럼 회개의 삶으로 효도하는 것이 아니라, 하루 속히 그 집보다 더 크고 좋은 집을 사서 효도하기를 밤새 굳게 결심함으로써 하나님께서 나를 바로 세우시기 위하여 주신 또 한 번의 귀한 기회를 헛되이 놓쳐버리고 말았다.

다음날부터 이사갈 집을 구해야만 했다. 나는 전세값이 그처럼 비싸다는 사실을 비로소 알았다. 12평짜리 아파트 전세금이 6백만 원을 상회하고 있었다. 그나마도 변두리가 그랬고 내가 살고 있던 이촌동의 경우는 훨씬 더 비쌌다. 집을 처분하여 1억 원을 만들려던 계획에서 3천8백만 원이나 차질이 생겼으니 6백만 원을 당장 동원한다는 것도 용이한 일은 아니었다. 실로 진퇴유곡이 아닐 수 없었다. 그러나 하나님께서는 또 피할 길을 이미 예비해 두고 계셨다.

마침 그즈음 동아일보사에 다니던 넷째자형이 영국 특파원으로 발령을 받고 온 식구들이 영국으로의 이사 준비를 하고 있었다. 본래 계획은 영국에 나가 있는 몇 년 동안 살던 집을 전세 놓는 것이었다. 그런데 내 집이 경매당했다는 소식을 들은 자형은 나더러 어머님을 모시고 자형 집에 와서 그냥 살라고 했다. 만약 그 집을 3년 동안 전세 주었을 경우를 생각한다면 그것은 엄청난 이득을 스스로 포기하는 일이었다. 그럼에도 자형은 기꺼이 나와 어머님을 위해 그 길을 선택하였다. 나는 자형들과 누님들을 위해 해 드린 것이 아무 것도 없었음에도 불구하고, 그분들의 나에 대한 사랑은 언제나 눈물겹도록 감동적이었다. 분명한 것은 가족들의 사랑이 없었던들 오늘의 나는 결코 존재하지 않았을 것이란 사실이다.

1981년 8월 15일 넷째자형이 비워둔 아파트로 이사하였다. 이촌동 소재 22평형 민영 아파트였다. 내가 살던 아파트에 비해 4분의 1의 면적에 불과하였으므로 가구 중 대부분은 남을 주거나 버렸다. 저녁 식사 시간이 되어서야 대충 정리가 끝났다. 마루에 앉아 잠시 쉬고 있는데 창 밖에서 아이들이 뛰어노는 소리가 들렸다. 내다보니 넓은 잔디

밭 너머에서 아이들이 무엇인가 재미있는 놀이를 하고 있었다. 참으로 오랜 만에 보는 아름다운 광경이었다.

그동안 내가 살던 아파트는 고층 아파트였고 나는 9층에 살았었다. 창 밖으로는 곧 바로 한강이 내려다 보였다. 그 때는 고수부지 놀이터도 없던 시절이었다. 그러므로 나는 단 한 번도 그 집에서 아이들이 노는 모습을 보거나 소리를 들어본 적이 없었다. 아파트 입구 쪽에는 시멘트로 포장된 주차 광장만 있을 뿐 넓은 잔디밭 하나 없었다. 한 쪽 구석에 조그만 어린이 놀이터가 있긴 있었지만 언제나 썰렁하게 비어 있었다. 반면에 새로 이사간 아파트는 1층에 위치해 있었다. 그래서 거실에 앉아서도 탁 트인 잔디밭과 아이들이 노니는 모습이 그대로 보였다.

나는 그날밤 잠자리에 누워 참으로 소중한 사실을 하나 깨달았다. 나는 이제껏 큰 아파트에 살면서 나야말로 누구보다도 큰 공간을 소유하고 있다는 자부심을 갖고 있었다. 그러나 그날밤 나는 비로소 내가 그동안 불과 78평에 갇혀 있었다는 사실을 깨달았던 것이다. 내게는 더이상 한 평의 소유도 없었다. 그러나 이미 내 마음속에는 이웃과 더 넓은 세상이 채워져 있었다. 나는 그날 처음 모든 것을 잃음으로 모든 것을 얻는 기쁨을 어렴풋이 느껴보았다.

그러나 그 기쁨과 평안은 그날밤을 넘기지 못했다. 그 다음날 아침이 되기가 무섭게 나는 또다시 내 욕망이 목표로 하는 바를 위하여 뛰기 시작했기 때문이다. 목표는 간단했다. 하루 속히 모든 채무를 청산하고 더 멋진 집으로 어머님을 모시는 것이었다.

나는 「믿음의 글들」 시리즈의 성공에 힘입어 일반 출판에 더 심혈을 기울였다. 하루라도 더 빨리 나의 목표를 달성하기 위함이었다. 특히 부도 이후 새로이 시작한 시리즈들을 위하여 81년 하반기에는 집중적인 노력을 기울였다. 그 시리즈들이 「홍성신서」나 「믿음의 글들」처럼 성공을 거두기만 한다면 나의 목표는 의외로 빨리 이루어지리라 믿었다. 그러다 보니 「믿음의 글들」이 일반 출판을 위해 존재하는 엉뚱한 결과가 되어버리고 말았다.

오직 「믿음의 글들」을 위한 '고치'로 사용하기 위하여 일반 출판을 시작하였음은 이미 밝힌 바와 같다. 그런데 이제는 주객이 전도되어 '고치'를 위한 「믿음의 글들」이 되어버리고 말았다. 더이상 하나님을 위한 그리고 하나님을 향한 「믿음의 글들」일 수 없었다. 이유는 한 가지, 내 마음속에 격동치는 헛된 욕망 때문이었다. 욕망을 섬기는 자의 어리석음이란 자신의 어리석음 자체를 모른다는 사실이다. 그래서 하나님께서 그 사랑하시는 자들의 어리석음을 흔들어 깨우시는 것이다. 거듭 찢으심으로, 거듭 때리심으로……

차갑던 겨울 바람도 멈추고 드디어 82년 새봄이 되었다. 얼어붙었던 땅이 풀리면서 파릇파릇 새싹들이 돋아나기 시작했다. 하늘도 땅도 공기도 사람들의 옷 차림도 봄 기운이 완연했다. 그러나 홍성사에는 스산한 겨울 바람이 점점 거세지기만 했다.

부도 이후에 홍성사의 권토중래를 위하여 막대한 자본과 시간과 정열을 쏟아부은 5개의 시리즈가 한결같이 부진의 늪 속을 헤매고 있었다. 조동일 교수와 함께 기획을 세운 「뿌리를 캐는 글들」은 그야말로 잃어버린 민족 문화를 재발굴하려는 야심찬 기획이었다. 그래서 20여 명이 넘는 필진들을 일일이 만나 계약을 하였다. 그리고 치밀한 홍보도 병행하였다. 그러나 출판되는 책마다 재고가 되어 창고에 쌓여만 갔다.

「양식의 글들」「세계를 보는 글들」「여성백과」「남기는 글들」「대학 문화」 시리즈 역시 대동소이했다. 기대를 걸었던 무크지도 사정은 마찬가지였다. 「살아있는 시들」은 평론가 김현 교수, 「살아있는 소설」은 평론가 김치수 교수, 「내일의 한국작가」는 평론가 이태동 교수가 각각 책임 편집을 하였다. 세 분 모두 그 분야의 대가였다. 그런데도 어찌된 영문인지 기본 부수도 나가지 않았다. 매일 전국 서점으로부터 되돌아 오는 반품을 정리하는 것만도 바쁠 지경이었다.

그러면 부도 이전부터 계속해 오던 시리즈는 괜찮은가 하면 그것도 아니었다. 「우리문학 추림」 「외국문학 추림」 「예술의 세계」 「홍성 미스테리」 「세계 명작 연구」 시리즈 또한 다를 바가 하나도 없었다. 기획, 편집, 장정, 영업, 홍보 등 어느 것 하나도 손색이 없었음에도 불구하고 부진을 면치 못하고 있었다. 그동안 홍성사를 대표해 오던 「홍성신서」 역시 매달 신간이 어김없이 발행되고 있었음에도 불구하고, 전체 매출액은 완만하게 감소되는 추세를 보이기 시작하고 있었다.

그 때는 출판 시장이 불황에 빠져 있을 때도 아니었다. 오히려 80년 격동기 때의 불황을 벗어나 정상궤도에 진입해 있을 때였다. 모든 출판사들이 활기를 되찾고 있었다. 그러나 홍성사는 계속 침체되기만 했다. 오직 예외가 있다면 「믿음의 글들」뿐이었다. 그 외의 시리즈는 한결같이 홍성사의 짐이 되었다. 그와 같은 침체 국면을 벗어나기 위하여 지나치다고 생각될 만큼 광고를 했다. 그러나 광고 효과는 전혀 나타나지 않았다. 도대체 이해할 수가 없었다. 홍성사에 불어오는 겨울바람은 까닭없이 거세어 가기만 했다.

아니 까닭이 없는 것이 아니었다. 거기에는 분명히 까닭이 있었다. 홍성사가 아무리 노력하고 애써도 부진의 늪을 헤어나지 못하는 까닭이 분명히 있었다. 그리고 하나님께서는 끊임없이 그 까닭을 가르쳐 주셨다. 단지 내가 내 욕망의 노예가 되어 하나님의 그 깨우쳐 주심을 외면하고 있었을 뿐이었다. 되돌아 보건대 모든 것이 분명했다. 내가 주님을 향할 때 주님께서는 내가 상상치도 못했던 것으로 내 삶을 존귀케 해 주셨고, 주님께 등을 돌렸을 때에는 주님께서 끊임없이 나를 흔들어 깨우셨다. 때로는 폭풍으로 때로는 겨울 바람으로, 때로는 찢으심으로 때로는 때리심으로……

그 폭풍 속에서마저 주님을 바라보지 않을 때에도 주님께서는 언제나 내게 피할 길을 주셨다. 부도가 났지만 수습되게 해 주셨고 집을 날렸지만 거할 곳도 주셨다. 그러므로 내 삶 속에 폭풍이 몰아친다면, 내 삶에 이는 겨울 바람이 그치지를 않는다면, 그것이야말로 하나님을 향한 바른 믿음의 삶을 살라는 하나님의 사랑의 초청장이었다. 그런데 헛된 욕망 때문에 하나님의 그 사랑의 초청을 외면하고 백해무익한 '고치'를 붙잡고 있었으니 홍성사가 침체의 늪을 스스로 빠져 나올 수 없었음은 너무나 자명한 귀결이었다. 그 해가 다 가기까지 매일매일 허덕이는 삶은 다시 계속되었다. 부도 이전의 피곤했던 삶과 다를 바가 아무 것도 없었다.

또다시 해가 바뀌어 1983년이 되었다. 새해가 되어도 피곤하기는 마찬가지였다. 내게는 그저 묵은 해의 연장일 따름이었다.

1월 15일 나는 하와이로 날아갔다. 1년 전 구상 선생님은 하와이 대학 동서문화센터 초청으로 출국하였다. 아버님처럼 모시던 노 시인이 이역만리에서 1년이란 긴 기간 동안 강의하기 위해 단신으로 출국 준비하는 모습은 웬지 쓸쓸해 보였다. 그래서 나는 동경까지 배웅을 해드렸다. 나리따 공항에서 미국행 비행기에 탑승하는 선생님께, 1년 후 돌아오실 때는 하와이까지 모시러 가겠노라 약속을 하였다. 그래서 선생님과의 약속을 지키기 위해 하와이를 향한 것이었다.

하와이에 도착하여 2월 1일 그곳을 떠날 때까지 보름 동안 참으로 오랜 만에, 정확히 말하자면 74년 사업을 시작한 이래 처음으로 휴식다운 긴 휴식을 취해 보았다. 예전에 숱하게 외국 여행을 했지만 이처럼 철저하게 사업을 떠나 긴 시일 동안 쉬어본 적은 한번도 없었다. 노

시인과 함께 태평양 하와이의 해변을 거닐면서 보내는 하루하루는 그야말로 황금같은 안식의 나날들이었다.

하와이를 떠나기 며칠 전부터 구상 선생님을 위한 송별연이 그곳 교민들에 의해서 연일 베풀어졌고, 그 때마다 나도 초대되었다. 출발 이틀 전 하와이 대학의 교수가 베푼 송별연에 참석했을 때였다. 마침 그곳에는 미국을 여행중이던 정치학자 L교수도 동석해 있었는데, 그는 5공화국의 정치 외교 자문역을 맡고 있는 것으로 알려진 학자였다. 이런 저런 얘기를 서로 나누던 중에 L교수는 미래 한국의 외교 정책에 대하여 언급하면서, 언젠가 한국은 반드시 공산주의 종주국인 소련과 외교 관계를 수립해야 할 것이라고 말했다.

그 소리에 나는 귀가 번쩍 띄었다. 그래서 양국의 정부 차원에서 무슨 교섭이라도 진척중인지를 물어보았다. 그는 현재 정부 차원의 공식적인 대화는 없지만 민간 차원에서의 상호 접촉 및 교류는 다각적으로 시도되고 있는 것으로 안다고 대답했다. 그것은 참으로 기쁜 소식이었다. 뿐만 아니라 하와이 여행을 통하여 얻은 최대의 선물이었다. 오랫동안 잊고 있었던 것을 새로이 기억나게 해 주었기 때문이다. 역시 구상 선생님과의 약속을 지키기 위하여 하와이에 오기를 잘했다는 생각이 들었다. 나는 선생님을 모시고 귀국 길에 동경에 들르면, 소련 항공사(Aeroflot)를 다시 방문하여 이번에는 기필코 일을 성사시키리라 굳은 결심을 하였다.

1977년 가을이었다. 그 때는 홍성사가 최고의 호황을 누리면서 출판부를 막 태동시키고 있을 때였다. 사무실에서 항공관계 전문서적들을 뒤적이다가 뜻밖에도 소련 항공사가 세계 최대의 항공사라는 사실을 우연히 알게 되었다. 나는 그 때까지만 해도 미국의 팬암 항공사나 TWA항공사가 세계 최대라고만 알고 있었다. 그런데 사실은 소련 항공사였다. 그도 그럴 것이 미국에는 여러 민간 항공사들이 경쟁하는데 비하여 소련에는 단 하나의 국영 항공사밖에 없으니 그럴 수밖에 없음에도 불구하고 나만 모르고 있었던 것이다.

소련 항공사는 세계 최대의 항공사로서만 유명한 것이 아니었다. 극동에서 구라파로 날아갈 경우 최단거리가 모스크바를 경유하는 코스였다. 바로 소련 항공사의 코스였다. 더욱이 소련 항공사의 비행 요금은 세계에서 제일 싼 요금이었다. 소련 항공사에 대한 이런 발견은 나로 하여금 묘한 사업 충동을 불러일으켰다. 그 얼마 전에 박정희 대통령은 대 동구권 문호개방을 천명한 적이 있었다. 그렇다고 해서 동구권이 쌍수를 들고 한국으로 뛰어올 상황이 아니었다. 한국 민간 기업인들이 뛰어가야 할 계제였다. 그런 의미에서 소련 항공사는 멋진 도전이 아닐 수 없었다.

소련 항공사가 공산주의 국가의 국영기업인 만큼 서비스 면에서는 분명 경쟁력이 떨어질 것이었다. 그러나 가장 빠른 비행시간이나 제일 싼 요금의 매력은 상대적으로 열악한 서비스의 약점을 충분히 보완해 주고도 남음이 있으리라는 판단이 들었다. 무엇보다도 소련이라는 나라는 우리나라 사람들에게는 미지의 세계였다. 그러므로 만약 한국 사람들이 소련 항공을 탈 수만 있다면 모스크바에 기착한다는 것만으로도 승객의 호기심을 끌기에는 충분하였다. 더욱이 소련 항공을 이용하는 한국 승객들이 모스크바 기착시, 서너 시간 정도 모스크바 시내 관광을 하게 할 수만 있다면 그것이야말로 최상의 경쟁력이 될 것이었다.

뿐만 아니라 만약 소련 항공과 대리점 계약을 체결하여 사업을 시작할 수만 있다면, 그것은 동구권들과 관계 개선을 목표로 하고 있는 정부를 돕는 일이 되기도 하였다. 그야말로 돈도 벌고 나라를 위해 애국도 하고, 문자 그대로 일석이조가 될 일이었다. 나는 소련 항공사와의 대리점 계약을 추진할 것을 결심하였다. 그러나 섣불리 일을 시작할 수는 없었다. 반공법이 엄연히 존재하고 있는 만큼 잘못하다가는 애국자가 아니라 범법자가 될 수도 있었다.

나는 먼저 교통부를 찾았다. 소련 항공에 대한 나의 계획을 말하고 어떻게 진행하여야 법적으로 하자가 없겠는지를 문의하였다. 교통부의 대답은 간단했다. 적성국의 항공회사에 대해서는 교통부의 소관이 아니니 외무부에 가서 상의해 보라는 것이었다. 그래서 이번에는 외무부를 찾았다. 그쪽의 대답 또한 지극히 간단했다. 그런 일은 외무부의 소관이 아니라 중앙정보부 소관이니 그쪽에 문의하라는 것이었다. 몇 사람을 다리로 하여 담당자인 L국장을 만났다. 그의 대답은 더 간단했다. 안된다는 것이었다. 내가 이유를 묻자 소련 항공이 응할 리가 없다는 것이었다.

나는 도대체 이해할 수가 없었다. 대통령이 동구권 개방을 만천하에 선언하였음에도 불구하고 교통부나 외무부는 대통령의 선언을 성사시키기 위한 계획조차 아예 갖고 있지 않았고, 누구보다도 그런 일에 앞장서야 할 정보부마저 시도해 보기도 전에 안된다고 단정짓는 것을 도무지 납득할 수가 없었다. 그러므로 나는 소련 항공에 대한 나의 계획을 포기할 수가 없었다.

수소문 끝에 대통령의 두터운 신임을 받고 있는 것으로 알려진 정보부의 실력자 B씨를 만났다. 그는 나의 설명을 듣자마자 무릎을 쳤다. 정말 멋진 생각이라는 것이었다. 일이 성사되느냐 아니냐에 상관없이 충분히 시도해 볼 가치가 있는 일이라며 자기가 책임질 터이니 일을 추진시켜 보라는 것이었다. 단 동경에 가서 소련 사람들을 절대로 임의로 만나지 말고 반드시 주 일본 한국대사관에 공사(公使)로 파견나가 있는 정보부 간부와의 협의 하에 행동하라며, 그 공사 앞으로 소개장을 써주었다.

1977년 11월 28일 나는 B씨가 써준 소개장을 들고 동경으로 날아갔다. 하룻밤을 지난 그 다음날 아침 나는 주 일본 한국 대사관으로 갔다. B씨가 소개한 공사를 만나 B씨가 써주었던 소개장을 먼저 전했다. 소개장을 다 읽은 그와 나 사이에 대화가 시작되었다.

"소련 항공사의 누구와 알고 있습니까?"

"아무도 모릅니다."

"그럼 소련 항공사와 그동안 접촉해 본 적이 없습니까?"

"한번도 없습니다."

"그렇다면 어떻게 일을 추진하겠다는 겁니까?"

"그냥 책임자를 만나보려 합니다."

그의 얼굴에 기가 차다는 표정이 역력했다.

"한번도 접촉해 본 적도 없고 아는 사람 한 명도 없는데, 소련 항공 책임자를 만날 수 있으리라고 생각합니까?"

"불가능하지 않다고 생각합니다."

"이 사장! 젊은이다운 패기와 박력은 칭찬받을 만합니다. 그러나 이 일은 아예 관두는 것이 좋을 것 같습니다. 내가 그 이유를 말해 주지요. 이곳 동경에는 소련 대사관도 나와 있습니다. 그래서 소련 외교관들과 우리 외교관들이 파티에서 마주치는 경우는 매우 빈번합니다. 그때마다 우리는 그들과 친분을 맺기 위해 접근하려고 애씁니다만 그들은 우리와 인사조차 하지 않습니다. 이런 판국인데 하물며 아무 연고도 없는 이 사장이 그곳 책임자를 만나자 한다고 만날 리가 있겠습니까? 전문가적인 입장에서 볼 때 이 일은 불가능합니다."

"그렇다면 어떻게 하면 좋겠습니까?"

"그냥 귀국하는 게 좋겠습니다. B씨에게는 내가 따로 연락을 드리도록 하겠습니다."

큰 기대를 안고 왔는데 또 다시 벽에 부딪힌 기분이었다. 그렇다고 동경까지 와서 그냥 포기하고 돌아갈 수는 없었다. 내가 다시 입을 열었다.

"잘 이해하겠습니다만 제 견해는 공사님과 조금 다릅니다. 외교관은 정부를 대표하는 공인(公人)이므로 소련 외교관들이 적대관계에 있는 한국 외교관들을 기피하는 것은 당연하다고 생각합니다. 그러나 저는 민간 사업가이고, 소련 항공사 역시 소련 정부를 대표하여 동경에 나와 있는 것이 아니라 항공사업을 위하여 진출해 있습니다. 서로에게 득이 되는 일이라면 사업가가 사업가를 만나자는 데에 거절할 이유가 없다고 생각합니다. 또 설령 이 일이 성사되지는 않는다 할지라도 누군가가 이와 같은 접촉을 계속해야 대통령의 '대 동구권 문호 개방 선언'도 언젠가는 결실을 맺지 않겠습니까?"

그는 아무 말 없이 내 의견을 경청해 주었다. 나는 다음과 같이 결론을 맺었다.

"한 가지 부탁을 올리겠습니다. 지금 공사님 앞에서 소련 항공사의 책임자에게 전화를 하게 해 주십시오. 만약 그가 나의 전화를 직접 받을 뿐만 아니라 만나자는 나의 약속 제의를 받아들인다면 그를 만날 수 있도록 허락해 주십시오. 그러나 공사님 생각처럼 그가 나의 전화를 받지 않거나, 만나자는 제의를 거절한다면 모든 것을 포기하고 서울로 돌아가겠습니다."

그의 표정이 환하게 밝아졌다. 그것 정말 좋은 생각이라며 소련 항공사의 전화 번호를 알고 있느냐고 내게 물었다. 내가 알지 못한다고 하자 그는 인터폰을 통하여 그의 비서에게 소련 항공사의 전화 번호를 알아보게 하였다. 잠시 후 전화 번호가 쓰인 메모 용지를 들고 비서가 들어오자 그는 그 메모지와 함께 전화통을 내 앞으로 내밀었다. 자기가 보는 앞에서 지금 전화해 보라는 의미였다.

나는 다이얼을 돌렸다. 그리고 교환이 나오자 분명하게 나를 먼저 밝히면서 말했다.

"나는 서울, 사우쓰 코리아(남한)에서 온 항공 사업가 이재철이라고 합니다. 총책임자를 좀 바꿔주십시오."

곧 총책임자의 여비서가 나왔다. 나는 다시 말했다.

"나는 서울, 사우쓰 코리아에서 온 항공 사업가 이재철이라고 합니다. 항공 사업관계로 총책임자와 통화하려고 합니다. 좀 바꿔주시겠습니까?"

그 여비서는 나에게 '서울, 사우쓰 코리아'에서 왔느냐고 다시 한번 확인하더니 잠시 기다려 달라고 했다. 과연 어떤 응답이 있을 것인가? 실로 긴장되는 순간이었다. 잠시 후 '헬로'라는 유창한 영어의 음성이 들렸다. 바로 총책임자였다. 나는 다시 한번 더 나를 밝히는 것으로 통화를 시작했다.

"나는 서울, 사우쓰 코리아에서 온 항공 사업가 이재철이라고 합니다. 현재 파키스탄 항공사의 한국 총대리점을 맡고 있지요. 당신을 직접 만나 서로에게 유익이 될 항공 사업에 대해 논의하고 싶습니다. 언제 만날 수 있겠습니까?"

내 말을 들은 소련 항공사의 책임자는 당장 만나자고 했다. 그 때의 시간이 오전 11시였으므로 두 시간 후인 오후 1시에 내가 그의 사무실을 방문하기로 하고 사무실의 주소를 받았다. 전화를 끊는 내 손이 떨렸다. 흥분했기 때문이었다. 결국 내 생각이 옳았음이 밝혀진 셈이었으니 흥분하지 않을 수가 없었다. 그런데 나보다 더 흥분한 사람은 내 앞에 앉아 있던 공사였다. 그도 그럴 것이 한국의 민간인이 소련 국영업체에 접근할 때, 그들이 아무런 거리낌도 없이 받아들인다는 사실이 공식적으로 확인되는 최초의 순간이었던 것이다.

이어 그는 나에게 몇 가지 주의사항을 일러주었다. 소련 항공사가 소련 국영기업체라고는 하지만, 그러나 그 총책임자는 필시 KGB의 고급 간부일 것이다. 그리고 내가 그들에게 아무리 홍성사의 사장이라고 나를 소개해도, 순수한 민간인이 먼저 그들을 찾아오리라고는 상상도 못할 것이기 때문에 반드시 나를 한국 정보기관의 요원으로 생각할 것이다. 그러므로 그가 나와 만나 이야기를 나눌 때 그 이야기는 반드시 비밀 장치를 통하여 녹음될 것이다. 따라서 사업과 관련된 이야기 이외에는 가능한 한 피하라는 것이었다. 소련 항공사의 총책임자를 만난 후에는 다시 그에게 와서 결과를 알려주기로 하고 나는 대사관을 나왔다.

점심 식사를 마친 후, 동경역 앞 소재 '타추누마 빌딩'에 있는 소련 항공사를 찾아가는 차 안에서, 이제 곧 내가 만날 사람이 그 무시무시한 KGB의 고급 간부이며 내가 할 말이 일일이 녹음될 수 있다는 것을 생각하자 순간 등골이 오싹했다. 그러나 나는 그와같은 사실을 염두에 두지 않기로 했다. 거기에 신경쓰다 보면 자칫 일을 그르치기가 쉽기 때문이었다. 나는 한국의 사업가로서 서로에게 유익이 되는 사업을 위해 소련 사업가를 찾아갈 따름이라는 본래의 마음으로 되돌아갔다. 그러자 두려울 것도 위축될 것도 없었다. 마침내 소련 항공사의 사무실 문을 열고 들어갈 때는 그저 담담한 심정이었다.

1층에서 나를 만난 여직원은 곧 비서실에 연락하였다. 그리고 3층으로 올라가라고 했다. 엘리베이터 문이 열리자 여직원 한 명이 공손히 절을 하면서 서울에서 오신 분이냐고 물었다. 총책임자의 비서였다. 소련 항공사가 나의 방문에 신경을 쓰고 있음이 역력하게 보였다. 그 여비서가 앞장서서 총책임자의 방으로 안내하였다. 1977년 11월 29일, 난생 처음으로 소련 사람과의 만남은 이렇게 시작되었다.

소련 항공사의 일본 총책임자이던 미스터 보로파예프(Mr. Voropaev)는 내가 들어서자마자 자리에서 벌떡 일어서더니 '웰컴 미스터 사우쓰 코리아'(Welcome, Mr. South Korea) 하면서 내게 다가와 악수를 청했다.

그리고 내가 그의 생애에 만나 얘기하는 최초의 남한 사람이라고 말했다. 나도 역시 마찬가지라고 응답해 주었다. 그는 육척 장신에 매우 호감이 가는 서글서글한 인상을 가지고 있었다.

자리에 앉은 우리는 그 후 약 두 시간 동안 이야기를 나누었다. 이미 그는 한국 항공 시장의 괄목할 만한 신장에 대해 관심을 갖고 있었다. 그리고 소련 항공사는 사업이 되는 곳이라면 세계 어느 곳이든 진출하는 것을 원칙으로 삼고 있다는 것도 일러주었다. 마침내 우리는 홍성사와 소련 항공사 간의 대리점 계약 체결을 서로 추진할 것을 합의하였다. 여기에서 '추진할 것을 합의하였다'는 의미는 서로 자기 정부에 필요한 허가 신청을 하기로 했다는 뜻이다. 이것은 홍성사와 소련 항공사 차원에서 결정될 문제가 아니라 결국은 양국의 정부 차원에서 결정되어야 할 것이기 때문이었다. 일의 순서는 한국 정부가 허락하는 대로 홍성사가 공식적인 대리점 계약 제의서를 소련 항공사에 제출키로 하였다.

이야기를 모두 마치고 일어서려고 하였을 때 미스터 보로파예프가 내게 한 말은 너무나 인상적이었다.

"미스터 리! 당신과 나의 만남이 역사적인 만남이 되기를 원합니다. 한국과 소련 사이에는 현재 국교가 맺어져 있지 않습니다. 그러나 만약 언제인가 우리가 서로 사업을 함께 할 수만 있다면, 우리의 만남은 양국의 수교를 위한 징검다리가 될 수 있습니다. 그런 상황이 오기만 한다면 나는 우리나라에서 최고 훈장을 받게 됨은 물론이요, 출세를 보장받게 될 것입니다. 당신의 경우에는 소련의 문을 두드린 최초의 한국 기업인으로서 막대한 경제적인 이득을 얻게 되겠지요. 우리나라의 브레즈네프 서기장과 한국의 박 대통령이 이 일을 허락하도록 우리 최선을 다합시다."

그리고 그는 나를 힘차게 끌어안고 작별 인사를 하였다. 예상 외의 적극적인 반응이었다. 마음이 마치 날아오르는 것 같았다.

나는 소련 항공사를 나오자마자 곧장 한국 대사관으로 갔다. 공사는 나를 기다리고 있었다. 미스터 보로파예프와 나누었던 이야기를 전해 주었을 때, 그는 한편으로는 놀라워하면서도 한편으로는 매우 기뻐하였다. 그는 자기 나름대로 자기 채널을 통하여 본국에 보고하면서 내가 귀국하는 대로 정보부 직원을 내 사무실로 보낼 터이니, 그때 더 정확하게 보고해 달라고 부탁하였다.

일이 그처럼 멋지게 시작되었는데 그냥 귀국할 수는 없었다. 나는 며칠 동안 동경에서 놀다가 12월 2일 귀국하였다. 그 다음날 정보부 담당 팀장이 내 사무실을 방문하였다. 당시 이 일을 담당하던 정보부의 실무 책임자는 지금 정치인이 된 L씨였다. 나는 내 사무실을 방문한 팀장에게 미스터 보로파예프와 주고받은 이야기를 상세하게 전해 주었다. 그는 내게 들은 모든 사실을 상부에 보고한 뒤, 홍성사가 공식적으로 이 일을 추진할 것인지에 대해 상부의 지시가 떨어지는 대로 연락을 주겠다고 하였다. 나는 처음 이 일을 시작할 수 있도록 도와주었던 B씨를 만나서도 있었던 모든 일을 설명해 주었다.

약 1주일이 지났을 때 정보부의 팀장이 다시 찾아왔다. 그리고 매우 고무적인 말을 해 주었다. 홍성사의 소련 항공사와의 접촉 보고서가 김재규 정보부장을 통하여 대통령에게까지 올라갔는데, 그 보고서를 읽은 박정희 대통령이 붉은 사인펜으로 '무슨 일이 있어도 반드시 성사시키라'는 메모를 정보부장에게 내려보냈다는 것이다. 그 메모를 받은 정보부장은 담당국장을 불러 대통령의 메모를 보여주었고, 그것을 본 국장은 다시 자기를 비롯한 실무자들을 독려하였다는 것이었다. 그러므로 빠른 시일 내에 소련 항공사에 공식적인 '대리점 계약 체결 제의서'를 발송하라고 일러주었다.

실로 감격적인 일이었다. 내가 계획한 일을 대통령이 결재하리라고는 상상도 하지 못했다. 더욱이 단순한 결재가 아니라 반드시 성사시키라고 적극적인 지시까지 했다는 사실은 이 일에 대한 긍지를 갖게해 주기에 충분했다. 이 일의 중요성을 스스로 확인한 셈이었다.

나는 그 날부터 소련 항공사에 보낼 문서들을 작성하기 시작하였다. 먼저 홍성사에 대한 소개서를 만들었다. 한국 항공시장의 현황과 미래에 대한 상세한 설명서도 만들었다. 그리고 소련 항공사가 한국에서 영업을 시작할 경우 예상되는 매출 계획서와 손익 계산서도 첨부하였다. 그 위에 '대리점 계약 체결 제의서'를 덧붙인 다음 정보부의 허가를 얻어 12월 12일 일본으로 발송하였다. 미스터 보로파예프에게 서류를 발송하였음을 따로 전화로 알려주었다. 그는 나의 서류를 받는 즉시 자기가 직접 그 서류를 들고 모스크바에 가서 관계 기관에 제출하겠다고 말하였다.

1977년이 지나고 78년 1월 초가 되어 미스터 보로파예프와 전화 통화가 있었다. 모든 서류는 다 제출하였고 이제는 언제까지든 기다리는 일만 남았다고 했다. 그 후 4월이 되었다. 무역부 일로 미국을 다녀오는 길에 동경에 들러 미스터 보로파예프를 만나 진척 상황을 들을 수 있었다. 현재 정치 외교적인 문제와 북한과의 관계 때문에 소련 외무성과 KGB 내에서 의견 조정이 이루어지지 않고 있다고 했다.

그러면서 그는 국제정세에 변화가 있을 때까지 몇 년이고 느긋하게 기다리자고 말했다. 그 때까지만 해도 한국과 소련은 서로 적대국이었으니 어차피 하루 이틀 만에 해결될 일이 아니었고, 또 애시당초 그렇게 되리라 생각지도 않았다. 소련 항공사는 소련의 국영 항공사인 만큼 소련 항공사가 한국에 진출한다는 것은 곧 소련 정부가 한국을 인정하는 것을 의미하는 것이었기 때문이다.

그런 상황이었으니 일이 성사되기만 한다면 10년인들 못 기다릴 것이 없었다. 때가 되기만 하면 결국 열매는 나의 몫이 될 것이다. 실제로 미스터 보로파예프와 내 선에서 할 수 있는 일은 모두 다 하였으므로 서로 기다리는 것 이외에는 달리 할 일이 없었다. 그야말로 진인사대천명(盡人事待天命)의 심정이었다. 우리는 새로운 진전이 있으면 서로 연락하기로 하고 헤어졌다.

내가 서울에 되돌아온 지 며칠이 지나지 않아, 정확히 말해서 1977년 4월 20일 뜻하지 아니한 항공사고가 발생했다. 빠리를 출발한 대한항공 비행기가 서울을 향해 비행하던 중 계기 고장을 일으켜 소련 영공을 침범하고 말았다. 이에 급거 출동한 소련 공군기가 위협사격을 가하여 승객 중 2명이 사망하고, 비행기는 소련의 무르만스크에 비상 착륙하는 불행한 사고였다. 그로부터 4일 후에 승무원 및 승객 49명과 유해 2구는 우리측에 무사히 인도되었다.

그런데 이 사고를 수습하기 위하여 우리 정부와 대한항공이 접촉한 대 소련 창구가 바로 내가 만났던 미스터 보로파예프였다. 사고 자체는 불행한 사고였지만 그러나 그 불행한 사고 때문에 내가 접촉한 채널을 통해 한국과 소련의 관계 기관 사이에 물밑 대화의 기회가 있을 수 있었다는 것은 좋은 조짐이 아닐 수 없었다. 그 사건이 다 마무리되고 난 다음 정보부 관계자는 나에게 보로파예프의 협조에 대하여 감사 편지를 띄우는 것이 좋겠다고 했다. 그래서 나는 대한항공 사고시 그가 보여준 호의에 대해 대한민국 국민의 한 사람으로서 정중한 감사의 편지를 발송하였다.

또다시 해가 바뀐 1979년 9월 28일, 나는 일본에서 다시 미스터 보로파예프를 만났다. 소련 외무성과 KGB 내에서 거의 합의점에 다다르고 있다는 소식을 전해 주었다. 한국과 소련에 국교가 없기 때문에 오히려 이 일을 추진시켜 볼 필요성을 인정하게 되었다는 것이다. 단지 북한과의 관계 때문에 어떻게 효과적으로 이 일을 성사시키느냐는 방법상의 문제만 남았다는 것이었다. 실로 흥분되는 소식이었다. 어쩌면 조만간 일이 성사될지도 모른다는 생각이 들었다. 미스터 보로파예프도 같은 생각이었는지 그 말을 전하는 그의 얼굴도 상기되어 있었다.

나는 그에게 한국 방문을 제의하였다. 언젠가 한국 내에서 사업이 시작될 때를 대비하여 미리 한번 한국을 방문해 보는 것이 좋지 않겠느냐는 의미에서였다. 그는 대단히 좋은 생각이라면서, 자기나라 관계 당국과 협의한 뒤 허가가 나면 연말쯤 한국을 방문하겠다고 말했다. 만약 그가 한국을 방문하기만 한다면 그는 한국을 공식적으로 방문하는 최초의 소련 사람으로 기록될 것이었다. 아무튼 기대에 부푼 채 설레이는 가슴을 안고 귀국하였다.

그로부터 두 달 뒤 아무도 예상하지 못했던 10·26사건이 터지고 말았다. '무슨 일이 있어도 반드시 성사시키라'고 이 일을 결재했던 박정희 대통령은 현장에서 절명해 버렸고, 무슨 일이 있어도 반드시 이 일을 성사시켜야 할 김재규 정보부장은 '대통령 시해범'으로 구속되고 말았다. 뿐만이 아니었다. 정보부장이 대통령을 저격하였음으로 인하여 중앙 정보부에는 태풍이 몰아치기 시작했고 계엄령 하의 정국은 순식간에 한 치 앞도 내다볼 수 없는 안개 속에 파묻혀 버리고 말았다.

나는 그 와중에서 엉뚱하게 나의 모든 계획이 수포로 돌아감을 직감적으로 느낄 수가 있었다. 우리나라측에서 이 일을 최종적으로 책임져 줄 사람들이 순식간에 다 사라져 버리고 말았기 때문이다. 책임있는 정부가 들어서기 전까지는 모든 것이 원점으로 돌아가버린 것과 마찬가지였다. 그러나 그 때가 언제일는지는 아무도 알 수 없었다. 더욱이 우리나라에서 정변이 생긴 이상 소련측에서도 이 일을 계속 추진시킬 까닭이 없을 것 같았다. 일단 미스터 보로파예프를 만나야 할 필요가 있었다.

나는 11월 4일 동경으로 날아가 미스터 보로파예프를 만났다. 아니나 다를까 그는 모스크바 본사로부터 이 건에 관한한 '전면 유보'라는 통보를 받았다고 말했다. 그의 표정에도 아쉬움이 역력했다. 자신이 일본 총책임자로 있을 때 큰 공을 한번 세우고 싶었는데, 잘 나가던 일이 이렇게 꼬여버렸으니 자신의 재임기간 내에 성사되기는 어렵다고 판단했던 것이다. 그러나 내 입장에서는 아직 실망할 것이 없었다. 일단 시작되었던 일인 만큼 기회가 오면 재도전하면 되기 때문이었다.

나는 미스터 보로파예프에게 만약 인사 이동이 있어 본국으로 되돌아가게 되면, 후임자와 인수인계를 할 때 이 건에 대한 모든 자료를 반드시 넘겨주기를 부탁하였다. 언젠가 일이 성사된다면 그때 이 일에 대한 모든 공은 그에게 돌리겠다는 약속과 함께 말이다. 그는 흔쾌히 나의 제의를 받아들였다. 그리고 우리는 아쉽지만 훗날을 기약하면서 헤어졌다.

바로 그것이 미스터 보로파예프와의 마지막 만남이 되었다. 그 후 80년에 들어오면서 계속된 홍성사의 자금난 그리고 부도, 그 후유증, 항공부 매각 등으로 인해 매일 쫓기는 삶을 살면서 소련 항공사는 까맣게 잊어버리고 말았다. 그런데 3년이 지나 하와이에서 L교수를 만남으로 비로소 소련 항공사에 대한 기억이 되살아났던 것이다. 더욱이 새로 들어선 5공화국 정부가 민간 차원에서의 대 소련 접촉을 시도하고 있다는 소식은 복음이 아닐 수 없었다. 내 마음은 새로운 기대감으로 부풀기 시작했다.

1983년 1월 29일, 구상 선생님을 모시고 하와이를 떠나 동경에 도착한 나는 그 다음날 아침 소련 항공사로 전화를 하였다. 내가 누구인지를 밝히고 미스터 보로파예프를 찾았다. 그러나 그는 2년 전에 본국으로 되돌아 가고 그의 후임자인 미스터 셀리베르스토프(Mr. Seliverstov)가 전화를 받았다. 내가 다시 나를 소개하자 그는 이미 나를 잘 알고 있노라고 말했다. 우리는 그날 오후 5시 30분에 소련 항공사 사무실에서 서로 만나기로 약속하였다.

동경의 해는 서울보다 더 빨리 진다. 약속 시간인 오후 5시 30분, 소련 항공사에 도착했을 때에는 이미 땅거미가 깔리고 있었다. 미스터 셀리베르스토프는 아주 잘 생긴 신사였다. 전임자였던 미스터 보로파예프가 소탈한 농부의 인상이었다면, 미스터 셀리베르스토프는 세련된 외교관 스타일이었다. 미국 사람으로 착각할 만큼 완벽한 영어를 구사하는 그는 매우 친절했다. 차를 한잔 마신 뒤, 그는 자기가 좋은 '사시미집'에 예약을 해 두었으니 가서 한 잔하면서 이야기하자고 했다. 수차례나 만났던 미스터 보로파예프에게서는 찾아볼 수 없던 모습이었다.

그는 정종을 곧잘 마셨다. 그는 지난 1년 동안 몇 사람의 한국 사람들이 대리점을 하겠다며 자기를 찾아왔었다고 말했다. 그가 말한 사람 중에는 내가 아는 사람도 있었다. 그 사람은 홍성사가 소련 항공사에 대리점 계약 제의를 했다는 사실을 내가 이야기해 주어서 알고 있는 사람이었다. 미스터 셀리베르스토프와 나는 그날, 서로 관계 당국의 허가를 얻는 대로 다시 일을 추진하기로 합의하였다.

나는 서울에 돌아오는 즉시 안기부 담당자를 찾아 신고하고 다시 소련 항공사 대리점을 추진할 수 있도록 허가를 요청하였다. 그때 중앙정보부는 '국가 안전 기획부'(약칭 안기부)로 명칭이 바뀌어 있었다. 3월 중순이 되어서야 허락이 떨어졌다. 나는 처음과 마찬가지로 여러 서류를 구비하여 3월 25일 '대리점 계약 제의서'를 발송하였다. 5월 초에 미스터 셀리베르스토프로부터 만나자는 연락이 왔다. 나는 지체없이 동경으로 날아갔다.

모스크바에서도 이 일을 성사시키기로 결정을 하고 있었다. 그러나 몇 년 전과 마찬가지로 방법상의 문제가 남아 있었다. 소련 당국으로서는 다른 공산국가들, 특히 북한과의 관계를 고려하지 않을 수 없었다. 그래서 궁리하던 중에 실로 묘책을 찾아낸 것이었다. 홍성사가 한국 내에서 소련 항공사 대리점 업무를 시작하되, 홍성사와 소련 항공사가 직접 계약을 체결하는 것이 아니라 그 중간에 일본 기업을 하나 끼워넣자는 것이었다.

다시 말하자면, 소련 항공사는 일본 기업 중 하나를 택하여 홍성사가 한국에서 대리점 업무를 하는 데에 필요한 모든 것을 위임하고, 홍성사는 바로 그 일본 기업과 계약을 체결하여 한국 내에서 소련 항공사의 대리점 역할을 하자는 것이었다. 실제 내용적으로는 홍성사가 소련 항공사와 직접 계약을 체결하는 것과 다를 바가 전혀 없었다. 그러나 외형적으로 볼 때에는 홍성사와 소련 항공사 사이에는 그 어떤 공식적인 계약도 없는 셈이었다. 소련 항공사가 그런 방법을 궁리해 낸 까닭은 그래야만 당연히 있을 수 있는 북한으로부터의 반발이나 항의를 피할 수 있기 때문이었다.

미스터 셸리베르스토프는 이와 같은 소련 항공사의 계획을 설명하면서 나의 의견을 물었다. 나로서는 반대할 이유가 전혀 없었다. 부정한 방법만 아니라면 어떻게든 일이 성사되는 것이 중요했다. 오히려 이런 궁리까지 해가면서 이 일을 이루어보려는 그들의 노력에 놀랄 따름이었다. 미스터 셸리베르스토프는 홍성사와 계약하기에 적합한 일본 기업을 찾는 대로 내게 연락하기로 하고 우리는 헤어졌다.

서울에 되돌아온 나는 소련 항공사의 계획을 안기부 담당자에게 설명해 주었다. 내 말을 다 들은 담당자는 그것이야말로 현 상황에서는 최선의 방법이라며 무릎을 쳤다. 외교 안보적인 측면에서 한국이 소련과 관계를 개선해야 하는 것은 지상과제이지만 우리 정부도 미국 등의 우방국 눈치를 살피지 않을 수 없는 형편이었다. 따라서 소련 항공이 한국에 직접 진출하는 것보다는 처음에는 그와 같이 우회적인 방법을 쓰는 것이 훨씬 더 유리하다는 것이었다.

7월 초에 미스터 셀리베르스토프로부터 연락이 왔다. 홍성사와 계약을 체결할 일본 기업으로 '프로코 항공사'(Proco Air Service Inc.)를 선정하였으며, 그 회사의 대표이사인 미스터 미끼(Mr. Miki)가 곧 서울을 방문할 터이니 만나서 모든 것을 협의하라고 했다. 나는 흥분하지 않을 수가 없었다. 그쪽에서 계약 당사자가 나온다는 사실은 이미 모든 것이 확정되었음을 의미하는 것이었다.

그 날부터 나는 매일 꿈 속에서 살았다. 화려하게 항공계에 금의환향하는 꿈, 조선호텔에 소련 항공의 간판을 내걸 때에 매스컴에서 취재 경쟁을 벌이는 꿈, '한국인들 모스크바 여행'이라는 대문짝만한 활자가 신문에 보도되는 꿈, 몇 년 전 파키스탄 항공의 대리점 때에 그랬던 것처럼 승객들이 소련 항공에 몰려드는 꿈, 비행기가 떴다 하면 수천만 원씩 내 주머니에 들어오는 꿈, 다시 벤츠차를 사고 예전보다 훨씬 더 큰 집으로 이사가는 꿈, 항공을 발판으로하여 소련과 무역을 시작하여 마침내 국제적인 거부로 등장하는 꿈 — 매일 꿈 속에서 사는 나의 삶은 즐겁기 그지 없었다.

7월 중순에 기다리던 미스터 미끼가 서울에 왔다. 그는 40대의 젊은 사업가로서 20년 이상 일본 항공업계에서 사업을 해 온 베테랑이었다. 그래서인지 한국에서 발생하는 소련 항공의 모든 매출에 대하여 지나친 자기 몫을 주장하였다. 소련 항공사에서 대리점에게 주는 몫은 일정한데 비하여, 단지 정치 외교적으로 외적 조건만을 충족시키기 위하여 동원된 프로코 항공이 지나친 몫을 요구한다는 것은 결국 홍성사의 몫이 줄어드는 것을 의미했다. 그의 요구를 따른다면 홍성사는 영업이 잘 되더라도 적자를 볼 수밖에 없었다.

할 수 없이 우리는 함께 사업을 한다는 원칙적인 합의만 한 뒤, 제반 조건에 대해서는 다시 의논하기로 하고 미스터 미끼는 동경으로 돌아갔다. 나는 미스터 셀리베르스토프에게 연락을 하여 도움을 요청하였다. 그가 중간에서 미스터 미끼를 설득하여 홍성사와 프로코 항공 사이에 모든 조건에 대한 완전한 합의가 이루어진 것은 8월 중순이었고, 마침내 프로코 항공의 미스터 미끼로부터 발송된 정식 계약서를 내가 받은 것은 1983년 8월 31일이었다.

그것은 실로 역사적인 순간이었다. 1977년 소련 항공사의 문을 무작정 두드린 지 만 6년 만에 모든 사람이 불가능하다고 여겼던 일이 드디어 성사된 것이었다. 실로 감회가 깊었다. 그것은 나 혼자만의 영예가 아니었다. 이 작은 시작이 한국과 소련 정부 사이에 공식적인 교류의 물꼬를 트는 징검다리가 될 수도 있다고 생각할 때 가슴 뿌듯하지 않을 수 없었다. 뭔가 나라를 위해 대단한 일을 한 것 같았다.

나는 그날밤 그동안 이 일을 담당하였던 안기부 팀들과 앞으로 주무 관서가 될 교통부의 담당자들을 강남의 S살롱으로 초대하였다. 말하자면 자축연인 셈이었다. 그날밤 나는 마치 황제가 된 기분이었다. 마시고 마시고 마시고 또 마셔도 술은 꿀송이처럼 마냥 달기만 했다.

다음날, 그러니까 1983년 9월 1일 아침이었다. 나는 회사에 전화를 걸어 교통부에 제출할 서류를 준비하라고 지시한 다음, 오랜 만에 친구들과 골프장으로 향했다. 큰 일을 마무리 지은 만큼 하루쯤은 머리를 식힐 필요를 느꼈다. 의정부에 있는 '로얄 컨트리 클럽'을 향해 가던 중 차 안에서 라디오를 켰다. 막 뉴스가 시작되고 있었다. 그런데 제일 첫 보도가 '미국을 출발하여 서울로 향하던 대한항공 여객기가 사할린 상공에서 실종되었다'는 뉴스였다. 사할린 상공이라면 소련 영공이었다. 그러나 대수롭지 않게 생각하였다.

의정부의 골프장에 도착하여 옷을 갈아 입고 로비로 나오자 또다시 라디오에서 뉴스가 흘러나오고 있었다. 정확한 것은 아직 알려지지 않았지만, 사할린 상공에서 실종된 대한항공 여객기는 소련 영공을 침범하여 강제 착륙당한 것 같다는 보도였다. 그 정도로도 아직 놀랄 일은 아니었다. 78년에도 대한항공이 소련의 무르만스크에 강제 불시착당한 적이 있었다. 이번에도 그런 경우라면, 그 때처럼 관계기관이 또 내가 접촉한 채널을 통하여 문제를 해결할 것이라는 생각으로 오히려 마음 든든하였다.

하루 종일 걸려 36홀을 마친 뒤, 샤워를 끝내고 클럽 하우스의 식당에 갔다. 여느 때와 마찬가지로 술과 안주를 놓고 일행과 함께 그 날의 골프에 대해 이야기를 주고 받았다. 잠시 후에 벽에 걸린 대형 TV로부터 저녁 뉴스가 시작되었다. 그 순간 나는 하마터면 들고 있던 술잔을 떨어뜨릴 뻔했다. TV에서 '실종된 것으로 알려졌던 대한항공 여객기는 소련 공군기의 사격으로 추락, 승무원을 포함한 승객 269명 전원이 사망한 것으로 밝혀졌다'는 아나운서의 다급한 목소리가 계속 흘러나오고 있었다. 나는 마치 망치로 뒤통수를 얻어맞은 것 같았다.

나는 그날 골프장으로부터 어떻게 집으로 왔는지 전혀 기억이 나지 않는다. 그만큼 그것은 충격적인 뉴스였다. 무장하지 아니한 민간 여객기를 군인들이 격추시켜 전멸시키다니, 도대체 납득할 수 없는 만행이었다. 그 장본인들이 나와 사업을 함께 하기로 했던 소련 사람이라니 실로 어처구니가 없었다. 이 뜻하지 아니한 사건으로 인하여 천신만고 끝에 성사된 일이 다시 원점으로 되돌아가 버린다고 생각하니 더더욱 기가 찼다.

그날밤 나는 뜬 눈으로 날을 밝혔다. 도저히 잠을 잘래야 잘 수가 없었다. 바로 어제 계약서를 받고 황제처럼 기고만장하여 자축연을 벌이지 않았던가. 그때 그 계약서는 마치 황금 덩어리처럼 보였다. 그런데 불과 하루도 지나기 전에 그것은 휴지짝이 되어버리고 말았다. 관계기관에서 제동을 걸 것이 불을 보듯이 뻔했다. 설령 계획대로 사무실을 개설하게 된다고 할지라도 누가 소련 항공을 타겠는가? 오히려 흥분한 국민들로부터 돌팔매질이나 당하지 않으면 다행일 것이었다.

이 불행한 사건이 모두 수습되고 국민 감정이 정리되려면 적어도 몇 년은 걸릴 것이었다. 모든 것은 원점으로 되돌아 가버리고 말았다. 기대가 컸던 만큼 절망도 컸다. 나는 그 모든 것이 꿈이기를 바랬다. 그러나 다음날 아침의 조간 신문들은 그것이 결코 꿈이 아닌 현실임을 다시 확인시켜 주었다. 시간이 흐르면서 각계 각층에서 소련을 규탄하는 성명서가 연이어 발표되었고 대규모 규탄 집회가 열리기도 하였다.

그것은 비단 국내에만 국한된 반응이 아니었다. 온 세계가 분노하고 있었다. 특히 미국과 일본을 비롯한 자유진영에 속한 나라들은 소련 항공의 자국내 취항의 일시 금지를 포함한 갖가지 제재조치를 가하기 시작했다. 나는 쓰디쓴 마음으로 소련 항공의 미스터 셀리베르스토프와 프로코 항공의 미스터 미끼에게 편지를 쓰기 시작했다.

이번에 소련 공군기에 의해 발생한 대한항공 여객기 격추사건은 참으로 비극적인 일이 아닐 수 없습니다. 이로 인하여 귀하와 합의하였던, 한국 내에서의 소련 항공 대리점 사업을 유보하지 않을 수 없음을 통보하게 된 것을 심히 유감으로 생각합니다……

그 이후에 미스터 셀리베르스토프도, 그리고 미스터 미끼도 다시는 만나보지 못했다. 그로부터 1년 3개월 뒤에 나는 내 삶의 방향을 바꾸어 신학생이 되었기 때문이다. 10년의 세월이 흘러 소련과 국교가 수립되고 대한항공과 아에로플로트(구 소련 항공)가 서로 취항하고 있는 지금, 그 때를 되돌아 보면서 냉전시대 하에서의 나와 소련 항공의 작은 만남이 양국 관계개선의 작디작은 징검다리가 되었을 것이라고 생각하며 보람을 느낀다.

그러나 그 당시에는 그로 인한 피해가 막심하였다. 이 일을 성사시키기 위하여 투자한 시간과 물질은 둘째 문제였다. 1월 말부터 8월 말까지 정확하게 7개월 동안 나의 모든 정열을 오직 이 일에만 쏟아부었었다. 그 결과 내가 소련 항공으로부터 다시 정신을 차렸을 때에는 출판은 더욱 부실해져 있었다. 「믿음의 글들」 시리즈를 제외한 모든 시리즈는 심각할 정도로 침체일로를 걷고 있었다. 당연한 결과로 연초에 비하여 자금 사정은 더욱 악화되었다.

곧 겨울이 닥쳤다. 차가운 겨울바람이 몰아치기 시작했다. 아무리 겨울바람이 차고 매섭다 할지라도 일단 집 속으로 들어가기만 하면 그 바람은 피할 수가 있다. 뿐만 아니라 불과 몇 개월만 기다리면 그 겨울바람은 봄기운에 밀려 쫓겨나버릴 바람이었다. 그러나 홍성사에 불어 닥치는 겨울바람은 아무리 피하려고 해도 피할 수가 없었다. 아무리 시간이 흘러도 그치지 않는 겨울바람이었다.

그분에의 눈뜸

해가 바뀌어 1984년 봄이 되었다. 개나리가 노오란 꽃망울을 터뜨리는 것과 때를 맞추어 대지와 사람들은 함께 옷을 갈아입기 시작했다. 언제나처럼 그 해의 봄도 따사롭기 그지없는 아름다운 봄이었다. 그러나 홍성사에 부는 겨울바람은 그 봄에도 그치지를 않았다. 아니 더욱 매서워지기만 했다. 봄이 왔건만 봄이 아니었다. 홍성사는 그 차가운 겨울바람 속에서 동상이 걸릴 정도로 계속 떨어야만 했다. 그 겨울바람은 내가 온전히 주님을 향하여 내 삶의 축을 옮길 때에만 그칠 바람이었다. 그러나 나는 그해 봄에도 내 능력으로 그 바람을 막아내려고 어리석게 허송세월을 계속하고 있었다.

그때 청와대에 있던 H씨는 행정부에 입각해 있었다. 그가 행정부에 입각하던 때부터 그와는 이따금씩 개인적으로 만나게 되었고, 84년 새해 첫날은 그와 함께 용평에서 지내기도 하였다. 3월 중순경 그와 함께 저녁 식사를 하게 되었을 때, 그는 한국에 청소년들, 특히 근로 청소년들을 위한 건전한 잡지가 없음을 한탄하였다. 이윽고 그는 나에게 그런 잡지를 한번 해 보지 않겠느냐고 물으면서, 만약 내게 뜻이 있다면 잡지 발행이 가능하도록 조처를 취하여 주겠다고 하였다.

이어 계속된 대화를 통하여 그의 제의가 순수한 제의라는 사실을 알게 되었다. 말하자면 3년 전 〈새 시대〉를 제의할 때처럼 어떤 정치적인 목적이나 의도가 전혀 개입되어 있지 않았다. 따라서 그 때처럼 아무런 조건 — 이를테면 제목은 무엇으로 해야 한다든지 편집장은 누구를 시켜야 한다든지 하는 조건이 아무 것도 없었다.

반대할 이유가 전혀 없었다. 나 역시 좋은 청소년 잡지가 있어야 한다는 생각을 갖고 있었을 뿐만 아니라, 그 때까지만 해도 잡지등록을 정부가 통제하고 있었으므로 '종합잡지 발행 허가' 자체가 하나의 이권이었기 때문이다.

잡지에는 광고를 게재할 수 있기 때문에 잡지가 성공하기만 하면 그 위력은 단행본 출판과는 비교할 수 없다. 홍성사의 모든 재정적인 어려움도 일거에 해소할 수 있다. 그러나 성공한다는 보장은 전혀 없었다. 그래서 어떤 사람들은 잡지 발행을 도박에 비유하기도 했다. 그만큼 위험부담이 큰 일이었다. 출판계에서 조금 번 돈으로 잡지에 손을 댔다가 패가망신한 사람은 부지기수였다. 반면에 잡지로 큰 돈을 번 사람들이 있는 것 또한 사실이었다.

나는 '잡지 발행'에 마지막 승부를 걸기로 했다. 어차피 위험을 감수하지 않는 사업이란 존재하지 않는다는 생각이었다. 그래서 청소년에게만 국한되는 잡지가 아니라 범위를 더 넓혀서, 청소년을 포함하여 사회생활을 하고 있는 30대 초반까지를 대상으로 하는 잡지를 발행하기로 하였다. 젊은 독자들에게 꿈과 사랑과 희망을 심어줌으로써 나라와 민족을 위한 '창조적인 일꾼'으로 세우는 것을 목적으로 한다는 의미에서 잡지 제목을 '꿈과 일터'로 정하였다. 그리고 앞으로 이 잡지가 나아가야 할 방향과 추구할 가치를 분명히 해 두기 위하여 먼저 창간

사부터 썼다.

어린 소년 유(瑈)가 아버지를 본받아 훌륭한 임금이 되겠다고 다짐을 했다면, 그것은 아름다운 꿈입니다. 그러나 장성하여 차남인 자신에겐 왕위 계승권이 없음을 알게 되고, 그래서 그릇되고 부도덕한 짓인 줄 알면서도 형의 나이 어린 아들을 힘으로 몰아내고 스스로 용상에 오른 수양대군을 일컬어 꿈을 이루었다고 말하는 사람은 아무도 없습니다. 왜냐하면 꿈의 본질은 생명과 사랑이므로, 한 생명이 다른 생명을 위한 희생물이 될 수 없듯이, 또 사랑이 증오심을 미화시키는 도구가 될 수 없듯이, 타인의 생명과 사랑을 파괴하는 것은 그 명분이 어떠하든 간에 이미 꿈이 아니기 때문입니다. 헛된 욕망이나 부질없는 야망이 꿈과 다른 점이 바로 이것입니다.

사람들은 꿈이란 단어 앞에다 '아름다운'이란 수식어를 늘 즐겨 붙입니다. 나는 이제껏 '추한 꿈'이니 '볼품없는 꿈'이니 하는 말을 들어본 적이 없습니다. 이렇듯 왜 꿈은 늘 아름다운 것으로 간주되어 오고 있을까요? 그것은 꿈의 속성인 생명과 사랑 그 자체가 아름다운 것이기 때문입니다. 이 세상에 생명보다 더 아름다운 것이 무엇이며, 사랑보다 더 나은 것은 또 무엇입니까? 결코 없습니다. 한 사람의 꿈은 —비록 작은 꿈이라 할지라도— 그래서 많은 생명에 불꽃을 피워주고 많은 사랑의 열매를 낳습니다. 마치 가장 작은 겨자씨로부터 큰 나무가 생겨나 많은 새들에게 그늘을 제공하듯이 말입니다. 어느 시대, 어느 사회를 막론하고 꿈이 중요시되는 까닭이 바로 이것입니다.

꿈이 없는 사회는 죽은 사회입니다. 그것은 타올라야 할 생명과 사랑이 없는 사회이기 때문입니다. 생명과 사랑이 없는 죽은 사회는 독선과 편견의 폭풍만이 휘몰아치는 곳으로, 거기엔 체념과 소외의 자국만이 있을 뿐입니다. 체념 그리고 소외가 눈물과 한숨을 몰고 지나간 자국 —그것이

바로 우리가 한(恨)이라고 부르는 것입니다. 한의 뒤에다 문화라는 말을
붙여 '한의 문화'라고 하든지 혹은 한을 푸는 슬기와 지혜 운운하며 한을
아무리 미화시키고 승화시킨다 해도 그것은 체념한 사람의 자위일 뿐, 한
이란 결국 가슴을 찢어놓은 상처자국일 따름입니다. 그래서 꿈이 없는 사
회는 죽은 사회, 곧 한의 사회인 것입니다.

우리 한(韓) 민족은 스스로를 한(恨)의 민족이라 부르고, 또 그렇게 불
려지기를 즐깁니다. 상놈은 죽었다 깨어나도 양반될 도리 없고, 여자는 평
생 안방에 갇혀 있어야만 하는, 일터만 강요되고 일터에 속박당해야만 하
는, 생명과 사랑이 철저하게 무시되는 사회는 한의 사회가 될 수밖에 없
습니다. 하여 쌓이고 쌓인 한은 엉뚱한 때에 예기치 아니한 곳에서, 한편
이 볼 때에는 '폭동', 또 한편이 볼 때에는 '생존을 위한 투쟁'이란 역설적
현상으로 나타납니다. 우리는 강요된 일터로부터 오는 모든 한으로부터,
또한 모든 투쟁과 다툼으로부터 자유로워지기 위하여 〈꿈과 일터〉를 창간
합니다.

학교나 직장, 혹은 가정 등 모든 일터에서 땀 흘리는 일꾼들의 참자유
를 위해 창간되는 잡지에 유독 〈꿈과 일터〉란 제호를 고집하는 이유는 일
꾼들의 참자유는 주어지는 것이 아니라 스스로 찾는 것인데, 그것은 '꿈'
과 '일터'의 조화 속에서만 가능하다는 우리의 믿음 때문입니다. '일터'가
없는 '꿈'이란 공허한 메아리일지니, 생명과 사랑의 불꽃을 피우고 전해야
할 터전과 대상이 없기 때문입니다. 예수와 석가의 사랑과 영생의 복음이
아무리 위대할지라도 무인도에서는 아무런 쓸모가 없는 것과 같은 이치
입니다. 반대로 '꿈'이 없는 '일터'란, 다시 거듭하거니와 죽은 터, 한의 터
일 뿐입니다. 꿈만 강조되거나, 일터만 주장되어서는 결코 아니됩니다.

'꿈'과 '일터'는 언제나 같은 크기, 같은 비중 ― 즉 하나의 모양으로 우리
에게 있어야 합니다.

'꿈'과 '일터'는 각각 별개의 것이면서 또한 둘이 아닙니다. 마치 물잔의

겉과 속이 다르면서도 하나이듯이 말입니다. 잔의 겉과 속은 분명히 틀림에도 불구하고 하나이기에 물을 담을 수 있는 것처럼, '꿈'과 '일터'가 둘이 아닌 하나의 조화를 이룰 때에만 그 속에 비로소 참자유가 생겨나고 그 자유 위에 새로운 창조의 꽃이 피게 됩니다. 창조의 원천인 자유 — 그 자유를 위한 '꿈'과 '일터'의 조화, 바로 그 조화를 위해 〈꿈과 일터〉는 창간되며, 그 조화를 위해 우리는 여러분과 함께 고민하고 또 노력할 것입니다.

계속해서 나는 편집위원들을 구성하기 시작했다. 세상 사람들이 모두 깜짝 놀랄 잡지가 되기 위해서는 최고의, 그리고 최대의 편집위원이어야만 했다. 그래서 8명의 편집위원이 구성되었다. 시인으로는 구상 선생님과 김남조 선생님, 소설가로는 이청준 선생님과 박완서 선생님, 교수로는 문학 평론가인 이어령 선생님, 언론인으로는 동아일보 편집국장을 역임한 김중배 선생님, 그리고 구로공단에서 청소년 복지관을 경영하고 있는 김동영 선생님과 북 디자이너 정병규 씨였다.

그야말로 쟁쟁한 인물들이었다. 이 소식을 접한 신문사 문화부 기자들은 이런 기라성 같은 인물들이 편집위원으로 나서는 잡지는 전무후무할 것이라며 모두 혀를 내둘렀다. 저절로 힘이 솟는 듯했다. 편집담당 이사로는 동아일보 사회부 기자 출신인 이연교 씨를, 그리고 주간(主幹)으로는 소설가 K씨를 각각 세웠다. 편집기자와 사진기자의 선정은 주간인 K씨에게 위임하였다. 그리하여 4월 30일 문공부로부터 '잡지 등록증'이 나오기도 전에 〈꿈과 일터〉를 위한 모든 조직이 완료되었다. 나는 9월 1일을 〈꿈과 일터〉 창간일로 정하고 창간 준비에 박차를 가하기 시작했다.

잡지란 일단 손을 대기만 하면 그 때부터는 계속 돈을 쏟아붓지 않으면 안된다. 그러나 그때 홍성사의 자금난은 절정에 달해 있었다. 어음은 수금하기가 무섭게 할인하였고, 그것도 모자라 드디어 또 사채까지 끌어쓰는 지경이 되고 말았다. 자금난을 해소하기 위한 방편으로 잡지란 승부수를 띄웠는데, 자칫 잘못하다가는 창간도 해 보기 전에 파산할 지경이었다. 〈꿈과 일터〉란 배를 계획한 대로 성공적으로 진수시키기 위해서는 비상수단을 강구해야만 했다.

나는 〈꿈과 일터〉를 소개하는 화려한 팜플렛을 만들었다. 그리고 5월 초, 그 팜플렛을 들고 전국의 잡지 총판들을 직접 찾아다니며 선수금을 받았다. 홍성사에 대한 신뢰도와 〈꿈과 일터〉 편집위원들의 지명도는 서점들의 〈꿈과 일터〉에 대한 기대감을 갖게 하기에 충분하였고 그런 만큼 선수금을 받기는 용이하였다. 닷새 동안 전국을 돌고 서울에 도착하였을 때 내 손에는 1억 4천만 원의 어음이 쥐어져 있었다. 뭔가 일이 제대로 돌아가는 것 같은 기분이었다.

그러나 그것도 잠깐이었을 뿐, 한 달이 지나기도 전에 자금난은 다시 시작되었다. 누적된 부채와 부진한 매출 때문이었다. 홍성사가 발행하는 13개의 시리즈 중에 적자를 내지 않는 시리즈는「믿음의 글들」과「홍성신서」밖에 없었으니 사정은 말이 아니었다. 6월 중순이 되자 책을 제작하는 데에도 어려움이 따르기 시작했다. 그러나 무슨 일이 있어도 〈꿈과 일터〉를 창간할 때까지는 만난을 극복하지 않으면 안되었다.

그때 가장 괴로웠던 것은 그런 사정이다보니 어쩔 수 없이 고의적으로 거짓말을 하게 되었다는 사실이다. 사업을 하다보면 약속한 날짜에 돈을 지불하지 못하는 경우가 허다하게 발생할 수 있다. 그러나 약속을 이행하기 위하여 최선을 다하였음에도 불구하고 약속을 지키지 못했을 경우 거짓말 했다고 하지는 않는다. 거래를 하다보면 여러가지 예기치 아니한 사정이 돌출되기 마련이기 때문이다. 그러나 만약 처음부터 약속을 지킬 수 없음을 번연히 알면서 약속을 한다면 그것은 명

백한 거짓말이요, 사기다.

내가 괴로워했던 것은 바로 그런 고의적인 거짓말을 전혀 거짓말이 아닌 것처럼 태연하게 행하게 되었기 때문이다. 사업을 시작한지 만 10년 만에 처음 있는 일이었다. 그것도 나를 가장 아끼고 믿어주는 사람에게 거짓말을 하고 있었으니 괴로움은 더욱 컸다. 시인 J선생님 부부는 끔직이도 나를 사랑하여 주었다. 내가 어려움에 봉착해 있음을 알자 몇천만 원을 내게 꾸어주었는데, 그때 나는 거짓 약속을 하였던 것이다. 한번 거짓말을 하였으니 약속 날짜가 되면 자연히 또 다른 거짓말을 하게 되었다. 괴로울 수밖에 없었다.

또 한 사람은 S지업의 J사장이었다. 책의 원가 중에서 가장 큰 비중을 차지하는 것이 종이 값이다. 책 값은 곧 종이 값이라고 해도 과언이 아니다. 따라서 홍성사가 자금난을 겪다보니 아무래도 거래처 중에서 지업사에 대한 미불금이 제일 많았다. 당시 홍성사에 종이를 납품하던 분이 바로 S지업 J사장이었는데 계속 책을 찍어야 되다보니 J사장에게 거듭 거짓말을 할 수밖에 없었다.

그러나 그 때마다 J사장은 아무 의심없이 나를 믿어주었고, 급기야는 미불금이 1억 원을 넘게 되었다. 웬만한 업체같으면 벌써 거래를 중단하고 무슨 조치를 취하였을 것이다. 그런데도 계속 J사장은 나의 거짓말을 믿어주었다. 내가 견딜 수 없을 정도로 괴로웠던 것은, 그때 J사장은 막 예수 그리스도를 영접하여 복음의 기쁨을 누리고 있을 때였는데, 나를 전적으로 신뢰하는 이유가 나를 신실한 그리스도인으로 여기고 있었기 때문이었다.

나를 믿고 사랑하고 있는 자들에게 거짓말을 일삼는 삶을 무한정 계속할 수는 없었다. 나는 새로운 대책을 강구하지 않을 수 없었다. 80년 부도 당시 금융기관에 대한 부채 2억 5천만 원 중, 84년 7월 현재 아직 해결되지 않은 것은 신용보증기금이 보증해 준 8천2백만 원밖에 없었다. 나는 신용보증기금을 찾았다. 그리고 홍성사에 대한 재정상태를 다시 실사한 후에 가능하면 2억 원의 신규보증을 해 줄 것을 부탁하였다. 며칠이 지난 후 신용보증기금으로부터 연락이 왔다. 홍성사에 2억 원을 대출해 주겠다는 은행이 확인되기만 하면 보증서를 발급해 줄 수도 있을 것같다는 소식이었다.

나는 홍콩은행 부산지점의 문을 두드렸다. 4년 전 부도가 났던 기업에 대한 신규대출은 여러 제약을 많이 받고 있는 국내은행보다는 비교적 자율성을 보장받고 있는 외국은행이 더 용이할 것이라는 판단과 아울러 홍콩은행의 부산 지점장 C씨는 나와 절친한 친구였기 때문이다. 나는 C씨에게 〈꿈과 일터〉의 창간 계획서를 제출하고 신용보증기금의 보증서를 담보로 2억 원을 대출하여 줄 것을 요청하였다. 그는 나의 계획서를 다 검토한 후에 쾌히 승락하였다. 그리고 신용보증기금 앞으로, 신용보증기금 보증서를 담보로 홍성사에 2억 원을 대출해 줄 수 있다는 확인서를 써주었다.

비로소 마음이 놓였다. 적어도 은행대출이 확정된 이상 고의적인 거짓말은 더이상 하지 않아도 되었다. 사정이 급한 사람들에게는 은행대출이 나오는 대로 지불하겠다고 약속하였다. 게다가 모처럼 기쁜 일이 터졌다. 언론인 김중배 선생님의 시사 평론집 〈민(民)은 졸(卒)인가?〉와 이어령 선생님의 장편소설 〈둥지 속의 날개〉가 동시에 베스트 셀러가 된 것이었다. 모처럼 만에 한숨을 돌린 나는 또다시 〈꿈과 일터〉의 창간에 박차를 가하기 시작했다. 〈꿈과 일터〉가 대성공을 거두어 나에게 옛 영화를 다시 안겨줄 꿈을 모지게 꾸면서⋯⋯.

1984년 8월 1일이었다. 〈꿈과 일터〉 창간을 한 달 앞둔 날로서 모든 준비를 마무리해야 될 시점이었다. 그런데 편집실에서 전혀 예기치 않았던 불미스러운 사건이 터지고 말았다. 정확하게 말하면 이미 진행되고 있던 사건의 뒤늦은 발각이었다. 편집실에서 나의 의도와는 전혀 다른 내용의 〈꿈과 일터〉를 따로 준비하고 있었던 것이다. 만약 조금만 늦게 알았더라면 사랑과 꿈을 심어주자는 〈꿈과 일터〉는 전혀 엉뚱하게도 '노동 투쟁지'가 될 뻔한 사건이었다. 나는 막대한 손실을 감수하면서 어쩔 수 없이 창간을 11월 1일로 두 달 연기하였다. 9월 1일 창간을 위해 전력투구해 왔던 나로서는 참으로 어처구니가 없는 일이었다. 유쾌할 리가 없었다. 밤 늦게까지 폭음을 하고 집에 당도하였을 때는 한밤중이었다.

정확하게 말하면 1984년 8월 2일 새벽 2시였다. 그 때는 영국에 있던 넷째누님 내외분으로부터 임기를 마치고 8월 초에 귀국한다는 연락이 옴에 따라 이촌동 소재의 제일 아파트를 전세 얻어 이사한 다음이었다. 나는 그 당시에 좋지 못한 습관을 갖고 있었다. 술을 먹고 아무리 밤늦게 들어가도 반드시 벨을 눌렀다. 그래서 가족을 깨운 다음 다시 저녁을 먹은 후에야 잠자리에 들었다.

그런데 이상스럽게도 그날 새벽 문 앞에 섰을 때에 벨을 누르고 싶은 생각이 없었다. 그리고 자동차 키 홀더에 마치 장식품처럼 매달려 있기만 하던 아파트 열쇠가 생각났다. 나는 열쇠를 꺼내어 문을 열고 들어갔다. 아무도 내가 들어오는지를 모르고 있었다. 내 방으로 들어가자 아내는 엎드린 자세로 잠들어 있었다. 머리맡에 성경이 펼쳐져 있는 것으로 보아 나를 기다리면서 성경을 보다가 잠든 것이 분명했다. 그런데 아내의 얼굴 아래에 하얀 노트 한 권이 깔려 있는 것이 보였다. 웬지 그것을 보고싶은 마음이 든 나는 아내가 깨지 않도록 조심스레 그 노트를 꺼내었다. 거기에는 이런 글이 씌여 있었다.

나는 오늘도 버스를 타고 수유리 너머로 갔다. 시골길을 하염없이 걸으면서 오늘도 역시 어김없이 죽음을 생각했다. 약을 먹고 죽을까 아니면

손목을 그어 죽을까……. 그러나 그것은 내가 취할 길이 아님을 나는 다시 한번 더 확인하고 되돌아 왔다. 나를 살리기 위해 십자가에서 돌아가신 주님께서 주님의 뜻을 위해 내게 주신 남편이므로 나는 사랑해야만 한다. 나는 할 수 없지만 주님께서 사랑하라 명령하시므로 나는 사랑해야만 한다.

'주님! 도와주세요. 나의 약함을 주님께서 잘 아시잖아요.'

그 노트는 여기저기 눈물로 얼룩져 있었다. 나는 그 글을 읽는 동안 심장이 멎는 것 같았다. 그리고 귀에서는 큰 북소리가 둥둥 울려 퍼지고 있었다. 또다시 다리가 심하게 저려오기 시작했다. 나는 그 글을 몇 번이고 계속해서 읽었다. 아무리 보아도 내가 잘못 본 것이 아니었다. 똑같은 내용이었다. 나는 그 노트를 본래 있던 자리에 그대로 내려놓았다. 그리고 서재에 들어가 문을 걸어 잠그고는 한없이 울었다.

사람들은 내 아내를 가리켜 '날개없는 천사'라고들 말했다. 한결같은 착한 마음씨 때문이었다. 누가 무슨 소리를 해도 화를 내는 법이 없었다. 연로하신 어머님이 종종 과한 것을 요구하거나 심한 말을 하실 때에도 아내는 언제나 웃는 얼굴로 어머님이 원하시는 대로 해 드렸다. 나에 대해서는 두 말할 것도 없었다. 허구헌 날 술을 먹고 다니고, 어쩌다 빨리 들어오는 날이면 술 친구들을 잔뜩 데리고 오는 생활이 매일 계속되어도 아내는 단 한번도 내게 짜증을 내거나 싫은 소리를 한 적이 없었다.

아무리 아내가 착하다 해도 이번에만은 예외이겠지 하는 경우에도 결코 화를 내는 법이 없었다. 그래서 아내는 선천적으로 착한 성품을 타고난 사람이라고 나는 생각하게 되었다. 어떤 경우에도 화를 낼 줄 모르는 아내, 이 세상의 그 무엇으로부터도 마음 상해 하지 않는 아내, 어떠한 상황 속에서든지 고민하거나 괴로워하지 않는 아내 — 내게는 참으로 감사하면서 또한 마음 편한 아내였다. 그 착한 마음으로 가정을 잘 꾸려나가니 감사한 아내였고, 내가 아무리 밖에서 놀고 다녀도 단 한번도 싫은 내색을 하지 않으니 마음 편한 아내가 아닐 수 없었다.

그런데 그게 아니었다. 아내는 고민도 없고 괴롬도 느끼지 못하며 화를 낼 줄도 모르는 선천적으로 착하기만 한 여자가 아니었다. 아무런 감정도 없는 석녀같은 여자는 더더욱 아니었다. 죽음을 생각할 정도로 번민과 고통을 느낄 줄 알고 자살을 꿈꿀 정도로 누구보다도 예민한 감정의 소유자였다. 그런 아내가 겉으로 화 한번 내지 않고 마음속의 고통과 괴롬의 흔적을 단 한번도 드러내어 보이지 않았던 것은 오직 믿음 때문이었음을 나는 비로소 알게 되었던 것이다.

그동안 아내가 나 때문에 얼마나 많은 밤들을 울었을까? 나 때문에 흘린 눈물의 양이 도대체 얼마나 될까? 나 때문에 아내의 마음이 찢어질 때마다 그 아픔이 얼마나 깊었을까? 나 때문에 아내가 죽음을 생각할 때 그 절망의 무게가 얼마나 무거웠을까? 결혼한 이후 매일 밤 12시가 넘어서야 술 냄새를 풍기며 귀가하는 집사 남편을 맞으며 아내가 씹어야 했을 배신감은 또 얼마나 컸을까?

나는 도대체 어떻게 된 인간인가? 아내가 나 때문에 번민과 고통의 소용돌이 속에서 눈물 흘리던 그 순간 나는 도대체 어디에 있었던가? 아내가 나 때문에 죽음을 생각하던 그 긴박한 시간에 나는 도대체 무엇을 하고 있었던가? 아내가 오직 믿음으로 자기 자리를 지키고 있을 때 나는 도대체 어디에 있었던가? 아내가 슬픔을 감추고 오직 웃음으로 나를 대할 때 나는 단 한번만이라도 진실되이 아내를 대했던 적이 있었던가?

내 마음속으로부터 끊임없는 질문들이 마치 봇물 터지듯 터져나왔다. 그러나 나는 그 많은 질문에 단 한마디의 대답도 던질 수가 없었다. 대답할 말이 전혀 없었다. 아내가 죽음의 절망 속에 빠져갈 때 나는 환락의 자리에서 나의 쾌락만을 좇던 한심한 인간이었으니 무슨 대답할 말이 있었겠는가? 그래서 울지 않을 수가 없었다. 태어나서 그 날처럼 울기는 처음이었다. 내가 14살이 되던 해, 아버님이 돌아가셨을 때에도 그처럼 울지는 않았다. 아무리 울고 또 울어도 뜨거운 눈물은 그칠 줄을 몰랐다.

아내가 불쌍해서 울었다. 그동안 아내가 겪어야만 했을 아픔이 고스란히 나의 아픔이 되어 내 마음을 난도질하고 있었다. 그 아픔 때문에 울지 않을 수가 없었다.

내 자신이 한심해서 울었다. 헛된 욕망과 쾌락의 노예된 나의 삶 때문에 사랑하는 아내가 죽음을 생각하고 있다는 사실도 알지 못한 채, 내 아내야말로 이 세상에서 제일 행복한 여자요, 나야말로 가장 이상적인 남편이며 멋진 남자라는 착각 속에 빠져 있었던 내 자신이 너무너무 한심해서 울지 않을 수가 없었다.

무엇보다도 부끄러운 나의 믿음 때문에 울었다. 아내는 나같이 한심한 남편을 오직 주님에 대한 믿음 때문에, 사랑하라는 주님의 명령에 대한 순종으로써 사랑하고 있었다. 그런데 나의 믿음은 어떠한가? 아니 내게 과연 믿음이라는 것이 있긴 있는가? 지나간 세월 동안 주님께서 얼마나 나를 사랑해 주셨던가? 그러나 나는 여전히 믿음이란 이름으로 주님을 이용만 하려는 믿음없는 자였다. 필요하면 숨이 넘어가도록 주님을 찾고 나의 뜻이 이루어지기만 하면 가차없이 등을 돌려버리는 배신자였다. 그러니 내 삶 속에 주님의 말씀에 대한 순종이 자리할 틈새란 전혀 없었다. 바로 그것이 모태신자요, 홍성사를 하나님의 영광을 위하여 바친다고 서원했던 나의 적나라한 실상이었으니 주님 앞에서 부끄럽고도 부끄러워 울지 않을 수가 없었다.

지나간 세월이 아까워서 울었다. 내 나이 만 35세 — 그동안 나는 도대체 무엇을 해 왔는가? 아무 것도 없었다. 황금같은 나의 귀한 젊은 나날들을 헛되고 헛된 욕망 때문에 어이없이 모두 탕진시켜버리고 말았다. 나에게도 순결한 믿음의 세월이 있었는데, 나에게도 순수한 영혼의 세월이 있었는데 그러나 지금의 나의 영혼은 더럽게 오염된 추하디추한 넝마조각 같은 몰골일 따름이었다. 그래서 덧없이 허송해 버린 세월이 아까워서 울지 않을 수가 없었다.

어머님이 불쌍해서 울었다. 나이 39세가 되시던 느지막에 일곱번째의 막내를 얻으시고 얼마나 기뻐하셨던가? 내 나이 세 살 되던 해 첫아들을 잃으시매, 딸 다섯 중에 외아들로 남은 내게 대한 사랑은 얼마나 지극하셨던가? 내가 중학교 3학년이 되던 해, 뜻밖에도 아버님이 돌아가시자, 불과 만 14세의 나이에 호주가 된 나에게 거셨던 기대는 얼마나 크셨던가? 새벽마다 나를 위하여 기도하신 기도가 얼마나 높으며 나를 위하여 흘리신 눈물은 또 얼마나 많았던가? 그러나 나는 그 어머님의 기대와는 달리 폐인같은 삶을 살고 있다. 나 때문에 아내가 죽음을 생각할 정도였다면 나로 인하여 어머님이 느끼셨을 절망감과 배신감은 또 얼마나 컸을까? 그래서 울지 않을 수 없었다.

누님들이 불쌍해서 울었다. 하나밖에 없는 남동생이기에 누님들은 언제 어디서나 나를 내세워 주었다. 제일 큰누님은 나보다 19살이나 많았다. 누님 친구 중의 한 분은 내 동창생의 어머니였다. 이를테면 큰누님과 나 사이에는 어머니와 자식뻘의 나이 차이가 있었다. 그런데도 큰누님 역시 언제나 나를, 아버지를 대신한 호주로 높여주었다. 어찌 그뿐이랴. 내게 무슨 일이라도 있을라치면 누님들과 자형들은 물심양면으로 발벗고 나서 도와주곤 하였다. 그분들은 진정 나를 자랑으로 여기고 있었다. 그러나 나는 그분들의 자랑은 커녕 수칫거리가 되고 있었음에도 이제껏 그 사실을 까맣게 모르고 있었다. 그런 나를 대할 때마다 그분들이 마음으로 느꼈을 아픔을 생각하니 그분들이 불쌍해서

울지 않을 수가 없었다.

나는 주님을 향해 회개의 울음을 터뜨렸다. 잘못 살아온 내 인생에 대한 회개, 자기 착각과 자기 도취에 빠져 있었던 어리석음에 대한 회개, 목적으로서의 하나님이 아니라 나의 욕망을 위하여 하나님을 도구로 삼았던 그릇된 믿음에 대한 회개, 하나님에 대한 약속과는 달리 여전히 홍성사를 내 탐욕의 수단으로 삼고 있는 불충에 대한 회개, 단 한 번도 진지하게 하나님 말씀을 내 삶 속에 이루려 한 적도 없었고 그렇기에 단 한 사람도 진정으로 사랑해 본 적이 없었던 이기적 삶에 대한 뼈아픈 회개 때문에 나는 울지 않을 수가 없었다.

나는 뜨거운 눈물을 흘리며 옛날의 그 순수했던 믿음을 되찾게 해달라고 기도드렸다. 그러나 내 마음은 괴롭기만 했다. 숱한 배신의 삶으로만 일관해 온 나같이 추하고 역겨운 죄인의 기도를 하나님께서 들어주실 리가 만무하리라 생각되었다. 나는 이미 하나님으로부터 버림받은 영혼 아니 저주받은 영혼이라 생각되었다. 그래서 울지 않을 수 없었다. 울고 또 울고 그것도 모자라 나중에는 가슴을 치며 울었다.

도대체 얼마나 울었을까? 누군가가 등 뒤에서부터 나를 포근히 감싸주는 것을 느꼈다. 혹시 나의 울음소리를 듣고 잠을 깬 아내인가? 돌아보았지만 아무도 없었다. 착각이었나보다. 다시 눈을 감았다. 그 순간 이내 누군가가 또 나를 감싸주었다. 조금 전보다 그 포근함이 더욱 또렷했다. 다시 뒤돌아 보았지만 여전히 아무도 없었다. 이상스럽게 생각하며 또다시 눈을 감았을 때, 내 마음속 저 깊은 곳으로부터 세미한 음성이 울려왔다.

"나의 사랑하는 재철아, 나는 단 한번도 너를 버린 적이 없단다."

나는 깜짝 놀랐다. 그 음성은 계속되었다.

"네가 나를 버리던 그 순간에도 나는 줄곧 너와 함께 있었단다. 앞으로도 나는 영원토록 너와 함께 할 것이다. 나는 너를 사랑하기 때문이다."

　너무나 놀라운, 아니 감격적인 순간이었다. 그것은 주님의 음성이었다. 내가 내 자신에 대해 가장 참담함을 느끼던 그 비참한 밤, 그래서 내 영혼은 주님께로부터 버림받고 저주받았다 괴로워하며 그 비통하던 밤, 주님의 영은 바로 그곳에 충만한 사랑으로 나와 함께 하고 계셨다. 나를 그 넘치는 사랑으로 품어주고 계셨다. 그날 비로소 나를 찾아오신 것이 아니라 언제나 그렇게 변함없는 사랑으로 나와 함께 하고 계셨던 것이다. 단지 내가 나의 욕심과 무지 때문에 그 사랑을 알지 못하고 보지 못했을 따름이었다. 그날 바로 그 밤에, 나 자신에 대한 절망에 떨던 그 참담한 밤에, 언제나 나와 함께 하고 계셨던 주님의 그 진하디 진한 사랑에 비로소 눈떴던 것이다. 성령의 '터치'(touch)가 내 영혼의 눈을 열어주셨던 것이다.

　나는 또다시 울지 않을 수가 없었다. 그러나 이번에는 방금 전과는 눈물의 의미가 달랐다. 그것은 감격의 눈물이었다. 기쁨의 눈물이었다. 감사의 눈물이었다. 그리고 새로운 삶을 다짐하는 결단의 눈물이었다. 새벽이 깨어나기 시작하고 있었다. 그 순간은 나의 영혼이 깨어나고 있는 순간이었다. 나는 주님 앞에 다섯 가지의 서원기도를 드렸다.

　첫째, 지난 만 35년 동안 황금같이 귀한 시간을 헛된 욕망을 위해 허송해 왔음을 속죄하기 위하여 신학을 하기로 서원하였다. 고등학교 때와 1977년도에 신학에 대한 끌림을 받았던 적이 있었다. 그러나 처음에는 주위의 반대로 두번째에는 벌여놓은 사업 때문에 포기하고 말았다. 그러나 이번에는 반드시 실행하기로 결심하였다. 그와 같은 방법으로 나를 주님께 얽어매지 않는 한, 나는 또다시 주님을 배신할 자임을 깨달았기 때문이다. 내게 신학을 할 실력과 자격이 있는가에 대해서는 자신이 없었다. 신학을 하기에는 너무도 더러운 과거를 소유하고 있는 까닭이었다. 단지 내가 신학을 결심했다는 것은 나의 삶을 이제부터는 온전히 주님께 드리겠다는 결단의 의미였다.

둘째, 하나님의 영광을 위하여 「믿음의 글들」이란 나비가 아름답게 잉태된 이상 '고치'에 더이상 미련을 갖지 않고 정리해 나갈 것을 서원하였다. 다시 말하면 하나님의 영광을 위한 출판 이외의 모든 출판은 정리하기로 하였다는 의미이다. 그러나 기존 시리즈를 정리한다는 것은 필자들과 전국의 서점들과 해결해야 할 많은 문제들을 내포하고 있었다. 그것은 하루 이틀 만에 해결될 일이 아니었다. 전국의 서점에 깔려 있는 재고만도 10만 권이 넘었기 때문이다. 경우에 따라서는 출판계의 관례처럼 2~3년이 걸릴 수도 있었다. 그 기간이 얼마나 소요되든간에 더이상 새로운 계약을 하지 않고 일반 출판을 단계적으로 정리해 나가기로 했다.

셋째, 일평생토록 내 이름으로 된 예금통장을 갖지 않을 것을 서원하였다. 돌이켜 보면 내가 타락하게 된 까닭이 돈 때문이었은즉 돈의 바른 청지기가 되기 위함이었다. 내 개인의 복적을 위하여 돈을 모으지 않는 한, 또다시 돈으로 인해 하나님을 버리는 일은 없을 것이란 믿음이었다.

넷째, 일평생토록 내 이름으로 등기되는 집을 사지 않기로 서원하였다. 하나님께서 부도란 '매'로 나를 치셨음에도 불구하고 여전히 내 사업의 목적이 하나님에서 벗어나 있는 까닭은 '옛 영화의 회복'을 목적으로 삼고 있기 때문이었고, 그것은 예전보다 더 큰 집을 사서 보란듯이 떵떵거리며 이사 가는 것으로 압축되고 있다는 사실을 깨달았기 때문이다.

다섯째, 앞으로는 그 어떤 경우에도 나 자신에 대하여 집착하지 않을 것을 서원하였다. 이제껏 지나온 세월 속에 내가 계획한 대로 되어진 것은 하나도 없다는 것을 비로소 깨달았기 때문이다. 나의 삶 속에 남아 있는 것이 있다면, 끊임없이 멀어져가는 나를 포기치 않고 끌어 당기시는 하나님의 손길뿐이었다. 그러므로 천지를 창조하신 하나님의 위대하신 계획이 내 삶 속에 이루어지게 하기 위하여는 더이상 나 자신에게 집착하지 말아야만 했다. 그래서 하루하루 되어져가는 일 속에서 겸손하게 하나님의 뜻을 발견해 나가기로 한 것이다.

드디어 날이 밝았다. 정말 새 아침이었다. 통장을 갖지 않고 집을 사지 않기로 한 서원에 대해, 날이 밝았다고 해서 후회함이나 불안감 같은 것은 전혀 없었다. 오히려 하나님의 나라와 그의 의를 먼저 구하기만 하면 모든 것을 하나님께서 책임져 주신다는 약속의 말씀이 또렷하게 내 심령 속에 새겨지고 있었다. 한잠도 자지 못했음에도 피곤하지 않았다. 이상한 힘이 나를 사로잡고 있는 것을 느꼈다. 그토록 좋아하던 술과 담배의 냄새조차 역겨워진 것이 바로 그 날부터였고, 트럼프나 화투짝이 보기도 싫어진 것 역시 그 날부터였고, 주위의 친지나 동료 그리고 가족들이 나더러 '사람이 변했다'고 말하기 시작한 것도 바로 그 날부터였다.

1984년 8월 2일 ─ 그 날이야말로 늘 내 곁에 계시던 주님에 대하여 비로소 눈을 뜬 날이었다. 주님의 영광을 드러낸다는 것은 위대한 업적을 남기기 이전에 주님을 위해 사는 삶 자체를 의미한다는 것을 비로소 깨달은 날이었다. 그 날은, 말하자면 나의 새로운 생일날이었다.

하나님의 예비하심

나의 의도와는 전혀 상관없이 〈꿈과 일터〉를 '노동투쟁을 위한 잡지'
로 만들려 했던 편집실의 불미스러운 사건으로 인하여, 〈꿈과 일터〉를
위해 입사했던 편집기자들은 모두 홍성사를 떠나게 되었다. 나는 〈꿈
과 일터〉를 계속 추진하는 것이 하나님을 위한 일인지를 놓고 며칠을
생각하다가 그대로 계속하기로 하였다. 출판계 저명인사들로 편집위원
까지 구성되어 있었을 뿐만 아니라 많은 필진들의 원고가 이미 들어와
있었고, 더욱이 서점들로부터 1억 4천만 원이나 되는 선수금까지 받은
마당에 창간도 하지 않는다면 그것은 사기나 다름없는 행위라 여겨졌
기 때문이다.

홍성사가 아예 출판을 하지 않으면 모르되 하나님의 영광을 위하여
「믿음의 글들」에 주력하기로 한 이상, 서점들과 필진들의 홍성사에 대
한 믿음을 훼손시키지 않는 것이 중요하다고 판단하였다. 홍성사가 신
의를 상실한다는 것은 곧 하나님의 영광을 위하여 출판하는 「믿음의
글들」에 대한 신뢰의 추락을 의미하는 것이 된다. 일단 창간만 하고 나

면 그 이후에 사정이 여의치 않아 폐간하는 것은 오히려 문제가 있을 수 없었다. 최선을 다 한 이상, 주어진 결과에 대해서는 떳떳할 수 있는 것이다.

나는 당시 장로회 신학대학 신대원에 재학중이던 소설가 조성기 씨와, 그가 서울대학 영문과를 다닐 때부터 눈여겨 보아오던 안교성 씨(현재 몽고에서 선교사로 사역중)에게 〈꿈과 일터〉의 편집기자 일을 부탁하였다. 그 두 사람은 전혀 잡지 출판에 경험이 없었지만, 그럼에도 불구하고 잡지에서 가장 중요한 창간 작업의 실무를 그들에게 부탁한 까닭은 이왕 〈꿈과 일터〉를, 옛 영화의 회복을 위해서가 아니라 홍성사의 신뢰를 위해 창간하기로 한 이상 다소의 어려움이 있더라도 복음의 토대 위에서 〈꿈과 일터〉를 꾸미고 싶었기 때문이다.

10월 초가 되면서 잡지 창간에 대한 자금 수요가 급격하게 늘어나기 시작했다. 김중배 선생님의 〈민은 졸인가?〉와 이어령 선생님의 〈둥지 속의 날개〉가 베스트 셀러 행진을 계속하고 있었지만 자금은 여전히 모자랐다. 11월 1일 〈꿈과 일터〉를 창간하기 위하여는 늦어도 10월 20일까지는 완성된 원고를 인쇄소에 넘겨야 하므로, 그 전까지 필요한 자금을 확보해 두는 것이 중요했다.

10월 중순, 나는 다시 신용보증기금을 찾아서 약속한 '보증서'를 좀 빨리 발급해 달라고 부탁하였다. O지점장은 부도가 났던 기업에 대한 재보증이기 때문에 시간이 다소 걸린다며 10월 말경이 되어야 될 것 같다고 했다. 사정이 그렇게 돌아가서는 〈꿈과 일터〉 창간계획에 차질이 생길 수밖에 없었다. 나는 좀더 빨리 처리해 줄 것을 간청하였다. 나의 사정을 들은 O지점장이 묘책을 내어놓았다. 보증서는 책임지고 발급해 줄 테니까 만약 사정이 그토록 급하다면, 홍콩은행에 보증서를 추후 제출하는 조건으로 먼저 대출을 해 달라고 부탁해 보면 어떻겠느냐는 것이었다. 홍콩은행은 시중은행과는 달리 융통성이 있는 만큼 가능할 수도 있을 것이란 얘기였다. 만약 홍콩은행에서 필요로 한다면 자기가 홍콩은행에 신용기금은 홍성사에 보증서를 발급할 것이란 사실을 확인해 줄 수도 있다고 말했다.

참으로 고마운 분이었다. 나는 홍콩은행 부산지점의 C지점장에게 연락하여 그와 같은 대출이 가능하겠는지를 물었다. 그는 신용보증기금이 반드시 보증서를 발급해 줄 것이라는 것을 어떻게 확인할 수 있겠느냐고 물었다. 그래서 나는 신용보증기금의 O지점장에게 확인할 수 있도록 해 주었고, 마침내 홍콩은행 부산지점은 10월 말까지 신용보증기금의 보증서를 제출한다는 조건으로 10월 19일 홍성사에 2억 원을 대출하여 주었다. 2억원이란 돈은 결코 작은 금액이 아니었다. 그럼에도 불구하고 그 돈은 삽시간에 흔적도 없이 사라지고 말았다. 그만큼 그 당시 홍성사의 자금사정이 나빴기 때문이었다.

그런데 뜻하지 않았던 문제가 생겼다. 신용보증기금의 O지점장은 '이미 일어난 대출에 대해서는 사후보증을 해 줄 수 없다'는 신용기금의 내규를 모르고 있었던 것이다. 나의 화급한 사정을 들은 그는 순수하게 나를 돕고자하는 의미에서, 이왕 보증서는 발급될 것이니 먼저 홍콩은행에 대출을 부탁해 보라고 권했고 또 홍콩은행 C지점장에게 그 사실을 확인까지 해 주었다. 그런데 막상 10월 말이 되어 보증서를 발급하게 되었을 때에야 O지점장은 그와 같은 내규를 알게 되었다. 그 이전에 이런 예가 한번도 없었으므로 그가 이같은 내규를 알 까닭이 없었던 것이다.

나에게 전후 사정을 설명한 O지점장은 정말 미안해서 어쩔 줄을 몰라 했다. 특히 같은 금융인으로서 홍콩은행의 C지점장에게 더더욱 미안해 하였다. 그러나 어쩔 수 없는 일이었다. 그의 잘못일 수 없었기 때문이다. 나를 도우려던 일이었으니 책임을 따지자면 나의 책임인 것이다. 결과적으로 신용보증기금 O지점장으로 인해 〈꿈과 일터〉는 차질없이 창간될 수 있었지만, 홍콩은행의 C지점장에게는 전혀 뜻하지 않게 피해를 입힌 꼴이 되고 말았다. 아직까지 홍콩은행에 대한 채무액을 홍성사가 매달 갚고 있는 것을 보면서, 내 마음속에 홍콩은행과 C지점장에 대한 미안함이 지워지지 않는 이유가 바로 여기에 있다.

드디어 11월 1일 〈꿈과 일터〉는 창간되었다. 모든 신문에 전 7단 광고를 실었다. 그러나 반응은 신통치 않았다. 모든 잡지는 창간호에서 승패가 결정나는 법이다. 〈꿈과 일터〉가 성공하기 힘들다는 것을 직감할 수 있었다. 그러나 담담하였다. 모든 것에 집착하지 않기로 했기 때문이다. 어차피 돈이 목적이 아니라 홍성사의 신의를 목적으로 했던 일이기에, 결과가 이렇게 될 수도 있음을 예상하고 있었기 때문이기도 했다. 나는 안달하기보다는 오히려 모든 일을 직원들에게 일임한 다음, 하나님께 서원했던 대로 신학교 입시를 준비하기로 했다. 내가 주님께 서원한 대로 나아가기만 하면 하나님께서 원하시는 모습대로 홍성사를 직접 가꾸어 주실 것을 확신했다.

나는 당시 내가 섬기던 충신교회의 박종순 목사님께 신학교 진학 계획을 말씀드린 후, 서점에서 입시에 필요한 책들을 구입하였다. 시험과목은 성경, 영어, 상식 그리고 논문이었다. 그때 이미 신학교를 다니고 있던 조성기 씨와, 역시 신학교 진학을 준비하고 있던 안교성 씨의 조언을 많이 받았다.

1984년 12월 17일 장로회 신학대학 신대원 입학시험이 있었다. 150명 모집에 약 500명이 응시하였다. 나의 생각보다 훨씬 높은 경쟁률이었다. 고사장에 들어가 보니 나보다 나이가 많아 보이는 사람은 거의 없었다. 첫째 시간은 성경시험이었다. 시간 종료를 알리는 벨이 울렸을 때 나는 그만 집에 가고 싶었다. 분명하게 답을 쓸 수 있었던 것이 별로 없었기 때문이다. 신학교에 응시한 자가 성경시험을 망쳤으니 더 시험을 치를 용기가 나지 않았다. 그러나 지금 집에서 나를 위하여 간절히 기도하고 있을 어머님과 아내를 생각하자 차마 시험을 포기할 수는 없었다.

둘째 시간은 영어시험이었다. 마지막 문제까지 다 답을 썼을 때 벨이 울렸다. 영어시험도 만만치는 않았지만 그러나 성경시험과는 달리 답을 다 쓸 수 있었다는 데 대해 다소 안심이 되었다. 셋째 시간의 상식시험이 끝났을 때 또다시 풀이 죽고 말았다. 상식이라기에는 너무도 전문적인 문제들이었다. 셋째 시간이 끝난 다음에는 한 시간의 점심시간이 있었는데 마침 조성기 씨가 찾아와 점심을 사주면서 격려해 주었다. 나에게 문제가 어려우면 다른 응시자에게도 똑같이 어려운 법이므로 용기를 잃지 말고 끝까지 최선을 다하라는 것이었다. 그 말에 힘을 얻고 다시 시험장으로 들어갔다.

마지막 시험은 논문이었다. 다행스럽게도 논문 제목이 평소에 내가 많이 생각하고 있던 주제에 관한 것이었다. 즉 성경과 과학에 대한 상관관계를 논하라는 것이었다. 네 과목의 시험 중에서 제일 자신있게 답안지를 메꾸었다. 그러나 시험을 다 끝내고 집으로 돌아가면서 내년에 다시 도전하리라 마음먹었다. 성경과 상식을 워낙 못 쳤으므로 합격하리라고는 전혀 생각되지 않았기 때문이다.

12월 28일 발표날이 되었다. 나는 발표를 보러 갈 필요가 없었다. 이미 떨어졌다고 짐작하고 있었기 때문이다. 그런데 나와 함께 응시한 편집실의 안교성 씨가 발표를 보러 간다고 하였다. 〈꿈과 일터〉 원고 마감 때문에 쫓기고 있는 그가 종로에서 광나루까지 갔다 오려면 여간 힘든 일이 아닐 것 같아, 내가 그를 위한 기사가 되어주기 위하여 차를 몰고 그와 함께 학교에 갔다.

타자로 친 조그만 합격자 발표 명단이 1층 로비 기둥 위에 붙어 있었다. 명단 앞으로 다가간 안교성 씨가 "이름이 있어요!" 하고 외쳤다. 나는 당연히 그의 이름을 의미한다고 생각하였다. 그러나 이내, 그는 자기 자신을 자랑할 줄 모르는 사람이라는 생각이 미치자, 그것이 내 이름을 뜻하는지도 모르겠다는 생각이 들었다. 나는 명단 앞으로 다가 갔다. 그리고 한동안 그곳에서 움직일 수가 없었다.

'168번 이재철'

그것은 분명히 내 이름, 나의 수험번호였다. 다른 사람의 이름은 하나도 보이지 않았다. 그 명단 위에 오직 나의 이름만 보였다. 그 이름 위로 아내의 얼굴이 보였다. 얼마나 기뻐할까? 어머님의 얼굴도 겹쳐졌다. 얼마나 감사해 하실까? 그 이름 위에서 주님의 음성이 울려 퍼졌다.

"나의 사랑하는 재철아! 나는 오래 전부터 너를 위해 이 날을 예비해 두고 있었단다."

이윽고 공중전화로 아내에게 합격을 알리는 내 음성이 떨렸다. 차를 몰고 되돌아 오면서 나는 울고 있었다.

1985년에 접어들자마자 내게는 전혀 새로운 생활이 시작되었다. 3월에 예정된 정식 입학 전에 히브리어 강좌가 1월 초부터 시작되었기 때문이다. 나는 홍성사의 업무 중 영업에 관한 전권을 홍순홍 이사에게, 그리고 관리 및 총무에 관한 전권은 최내화 이사에게 일임하였다. 홍순홍 이사는 1977년부터 나와 동고동락해 온 사이였고, 최내화 이사는 충신교회에서 함께 신앙생활을 하던 믿음의 동지였다. 그 두 분이 자기 일처럼 열성적으로 홍성사를 지켜주었기에 나는 마음놓고 공부를 할 수 있었다.

3월이 되었다. 〈꿈과 일터〉를 계속한다는 것은 더이상 의미가 없다는 결론이 두 이사로부터 제기되었다. 나는 이미 원고가 다 마감된 4월호를 마지막으로 자진 폐간하기로 하였다. 창간한 지 일곱 달 만의 폐간이었다. 나는 편집위원들과 그동안 원고를 주었던 많은 필자들을 일일이 찾아다니며 사정을 이야기하고 양해를 구했다. 경제적인 손실은 말할 수 없이 컸지만 홍성사의 신의는 지킨 셈이었다. 그것으로 만족했다. 재정적인 손실은 회복할 수 있지만 무너진 신의는 회복될 수 없음을 알고 있었기 때문이다.

그리고 이미 이 때는「믿음의 글들」과「홍성신서」를 제외한 모든 시리즈들도 거의 정리되어 있었다.「홍성신서」역시 이미 입고된 원고 이외에는 새로운 기획이나 계약을 하지 않고, 한 달에 일정 부수 이상 나가지 않는 책들은 중판도 하지 않기로 하고 있었다. 이처럼 모든 것이 정리되어 나가자 홍성사가 명실공히「믿음의 글들」에만 전념할 수 있는 여건이 조성되기 시작했다.

1986년이 되었다. 신대원 2학년이 되던 해였다. 이 해를 잊을 수 없는 이유는 바로 이해 1월 1일부터 영락교회의 교육전도사가 되었기 때문이다. 85년 연말이 되면서부터 함께 공부하던 동급생들이 속속 교회의 교육전도사로 결정되기 시작했지만 나는 아예 꿈도 꾸지 않고 있었다. 나같이 나이 많은 학생을 전도사로 불러줄 교회가 있을 것 같지 않았다. 그런데 느닷없이 영락교회의 교육전도사가 된 것이다.

영락교회의 전도사라면 모든 신학도들이 한번쯤은 봉사해 보기를 원하는 동경의 대상이다. 따라서 내가 그곳에서 전도사로 봉사하게 되리라고는 꿈에서조차 생각해 본 적이 없었다. 그런데 나의 전임자였던 이병일 목사님과 강수봉 목사님이 후임자를 물색하면서 기도하던 중, 학생수첩의 사진을 보고 나를 선택하였다는 것이다. 내가 알지 못하는 사람에 의해 모든 사람이 동경하는 곳으로 선택받게 하시는 하나님의 예비하심은 참으로 오묘하기 짝이 없었다.

4월 초가 되었다. 새벽까지 책을 보다가 화장실에 가기 위하여 거실로 나왔을 때였다. 어머님 방의 조금 열려진 문틈 사이로 어머님의 애절한 기도소리가 흘러나오고 있었다. 모두가 잠든 고요한 새벽이었으니 어머님의 기도소리는 또렷하게 들려왔다. 그런데 그 기도의 내용이 너무도 가슴 아픈 것이었다.

"하나님 아버지! 또 세 달만 있으면 이 집을 떠나 다른 곳으로 이사해야 합니다. 아무쪼록 알맞는 집을 얻게 해 주시고, 이 집으로부터 전세금을 받아 이사갈 집에 전해 주는 모든 과정에 조금도 차질이 없도록 하여 주시옵소서."

내가 어린 시절 부산에서 살 때, 가끔 어머님을 따라 국제시장에 갔었다. 포목점에서 옷감을 살 때는 주인이 자로 옷감을 잰 뒤 한쪽 끝을 이빨로 물어뜯은 다음 두 손으로 옷감을 '쫙' 하고 찢어주곤 하였다. 그런데 바로 그날밤 어머님의 그 기도소리를 듣는 순간 내 귀에 그 옷감 찢어지는 소리가 '쫙' 하고 울려 퍼졌다. 바로 나의 가슴이 찢어지는 소리였다.

그때 우리는 이촌동 소재의 제일 아파트 603호에 살고 있었다. 84년 7월에 같은 아파트 702호로 이사했었는데 1년이 지나자 집 주인이 집을 비워달라고 하여, 마침 전세 나와 있던 603호로 85년 7월에 이사하였던 것이다. 그러나 얼마 전 그 집 주인으로부터도 비워달라는 통보를 받았던 터였다. 그래서 이리저리 집을 알아보던 중이었다. 어머님은 벌써부터 그것이 걱정이 되어서 그토록 애절하게 기도하고 계시는 중이었다.

어머님의 친정은 구포에서 소문난 만석꾼이었고, 아버님도 사업을 하셨기에 어머님은 평생 고생 없이 살아오신 분이었다. 그러므로 자연히 모든 면에서 통이 크신 분이었다. 그런 어머님이 76세가 되신 지금 전세금 주고 받는 일에 차질없게 해 달라는 기도를 하시느라 밤잠을 못 주무시다니!

내가 집을 갖지 않겠다고 서원했을 때 아내에 대해서는 미안하지를 않았다. 오히려 아내는 그와 같은 나를 진심으로 기뻐해 주었기 때문이다. 그러나 어머님에 대해서는 미안한 마음이 없을 수 없었다. 나의 서원 때문에 어머님이 육적으로나 심적으로 고생하시는 데 대해 늘 마음의 빛이 있었다. 그런 판국에 어머님의 그런 기도를 직접 듣고 보니 내 마음이 갈기갈기 찢어지는 것만 같았다.

그날밤 나는 잠을 잘 수가 없었다. 집을 사지 않겠다는 서원을 철회해 버릴까. 서점으로부터 다소 무리를 하여 선수금을 걷거나 아니면 책을 덤핑해서라도 이번 기회에 집을 장만하여 어머님의 여생을 편히 모시는 것이 자식의 참된 도리가 아닐까. 하나님께서도 '네 부모를 공경하라'고 명하셨으니, 나를 위해서가 아니라 어머님을 위한 일이라면 용납해 주시지 않을까. 별의별 생각이 다 들었다. 말하자면 온갖 유혹이 나의 마음을 휘어잡으려 하고 있었다. 그러나 어떤 경우에도 그럴 수는 없었다. 나는 창문으로 쏟아져 들어오는 새벽 빛을 맞으며 하나님 앞에 무릎 꿇고 기도드리기 시작하였다.

"주님! 이 땅에 태어난 사람들은 평균 80년을 산다고들 말합니다. 그러면 저의 경우는 1년에 한번씩 이사한다 해도 40번만 이사하면 됩니다. 제가 기쁨으로 그 일을 행하려는 저의 중심을 기뻐해 주심을 감사드립니다. 하지만 제 어머님은 이제 몇 년밖에 더 못 사실 것입니다. 어머님은 주님께서 사랑하시는 당신의 여종이십니다. 어머님께서 매년 손수 이삿짐을 싸시는 것을 더이상 보는 것은 자식으로서 정말 괴롭습니다. 주님! 저는 지금 이 집 주인이 왜 집을 비워달라는지 이유를 알지 못합니다. 간구하오니, 주님께서 어머님을 부르시는 그 날까지 어머님께서 이 집에서 그냥 지내실 수 있도록 집 주인의 마음을 감동시켜 주십시오. 전세금은 주인이 올려달라는 대로 올려드리겠습니다. 제발

이 기도를 들어주십시오. 어머님께서 이 땅을 떠나신 후에는 몇십 번이든 주님께서 가라시는 대로 가겠습니다. 예수님의 이름으로 간절히 기도드립니다. 아멘."

며칠이 지났을 때 막내누님으로부터 아내에게 만나자는 연락이 왔다. 누님을 만나고 온 아내가 누님의 얘기를 다음과 같이 전해 주었다.

자형이 사업과 관련이 있는 한 사람으로부터 어쩔 수 없이 떠맡게 된 집이 한 채 있는데 오랫동안 아무도 살지 않고 비어 있다는 것이다. 3층으로 된 그 집이 매우 크기 때문에 1층은 가정집으로 쓰고, 2~3층은 홍성사 사무실로 쓰면 어떻겠느냐는 것이었다. 내가 내 믿음으로 주님의 뜻대로 살기 위하여 집을 사지 않는 것은 좋은 일이지만, 같은 자식인 누님의 입장에서 어머님이 매년 짐을 꾸려 이집 저집 옮겨 다니시는 것은 도저히 볼 수가 없다는 것이었다. 그러므로 그 집에 들어가서 살면 그 집은 내 집이 아니므로 나는 여전히 하나님과의 약속을 지키는 것이 되고, 어머님은 다시 이사하지 않아도 되니 모두에게 유익하지 않겠느냐는 것이었다. 더욱이 집과 홍성사가 붙어 있으면 학교에 다니면서도 여러가지 편리한 점이 많이 있지 않겠느냐는 것이었다.

하나님께서는 참 신비한 방법으로 응답하신다는 생각이 들었다. 나는 감사하는 마음으로 자형 부부와 그 집엘 가 보았다. 마포구 합정동에 있는 그 집은 그야말로 대저택이었다. 마당이 길보다 높은 곳에 위치해 있어 지하실이 길과 같은 높이에 있었다. 그러므로 길에서 보면 4층짜리 집이었고 마당에서 보면 3층인 셈이었다. 사람이 오래 살지 않았으므로 대대적인 수리를 하기로 하고 일단 견적을 뽑아보기로 하였다.

보름 후에 '현대종합공사'로부터 나온 견적을 보고 나는 깜짝 놀랐다. 수리비가 물경 6천2백만 원이나 되었기 때문이었다. 나는 그 집으로 들어가는 것을 포기하였다. 6천2백만 원이라는 거금도 없었을 뿐만 아니라 설령 내게 그만한 돈이 있다 해도, 내가 기거할 집의 수리를 위해 그 많은 돈을 지불한다는 것은 전도사로서 덕이 되지 않는다는 판단에서였다. 나의 생각을 전해 들은 자형 부부는 참으로 뜻밖의 이야기를 하였다. 수리비 전액을 자형 부부가 부담할 터인데 왜 필요없는 걱정을 하느냐는 것이었다. 나는 감격과 놀라움에 할 말을 잃어버리고 말았다.

4월 20일부터 8월 4일까지 만 105일 동안 그야말로 대대적인 수리가 진행되었다. 벽만 남겨두고 모두 철거한 뒤에 철저하게 새로이 단장을 하였다. 말이 수리였지 사실은 새로 짓는 것과 마찬가지였다. 사용된 자재는 모두 최고급품들이었다. 나는 그 집을 위하여 못값 하나도 내지 아니하였다. 공사비뿐 아니라 커튼 비용까지 일체 자형 부부가 지불해 주었다. 공사가 다 끝난 뒤 그분들이 지불한 금액은 모두 7천2백만 원에 달했다.

1986년 8월 5일, 지금 이 글을 쓰고 있는 합정동 집으로 이사하였다. 먼저 1층에 가정 살림을 풀었다. 우리 가족이 쓰기에 넉넉한 공간이었다. 2층에는 홍성사의 짐을 넣었다. 편집실, 총무부, 영업부, 미술실 등 자리를 잡고 보니 공간이 남지도 않고 모자라지도 않고 딱 맞았다. 3층에 있는 방은 나의 서재로 쓰기로 하고 평소에 내가 사무실에서 쓰던 책상과 14개의 책장 그리고 응접 셋트 1조를 넣었다. 신비스럽게도 자로 잰 듯이 정확하게 맞아 떨어졌다.

그런데 더욱 신비스러운 것은 지하실이었다. 출판사의 사무실이 아무리 훌륭해도 책을 쌓아둘 수 있는 창고가 붙어 있지 않으면 그것은 쓸모없는 사무실일 수밖에 없다. 사무실과 창고가 떨어져 있으면 불편한 일이 한두 가지가 아니기 때문이다. 그러므로 출판사는 어디에 사무실을 얻든 항상 창고로 쓸 수 있는 공간이 있는지를 먼저 살피게 된다. 만약 합정동의 이 집이 아무리 좋다고 할지라도 창고를 위한 공간이 없다면 문제가 아니될 수 없었다.

당시 홍성사가 보유하고 있던 재고는 총 12만 권이었다. 봉고에 3천 권의 책을 실을 수 있으므로, 봉고 40대 분량의 책이었다. 만약 그 12만 권의 책을 쌓아 올린다면, 책의 두께를 평균 1.5cm로만 잡는다 해도 그 높이가 1,800m에 달하는 분량이었다. 결코 작은 분량이 아니었다. 그 책을 효율적으로 관리하기 위해서는 최소한도 20평의 창고가 있어야만 했다. 그런데 놀라운 것은 이 집의 지하실이 22평이나 된다는 사실이었다. 12만 권의 책을 모두 입고시키고 보니 마치 처음부터 홍성사의 창고를 위해 지어진 것처럼 알맞았다.

본래 이 집을 지었던 사람은 여자였다고 한다. 남편과 사별한 그 여사업가에게는 무남독녀 외동딸이 있었다. 그래서 1970년 이 집을 지을 때 1층에서는 자기가 기거하고 2층은 외동딸 내외가 쓸 수 있도록 설계를 하고, 그 외동딸이 미술을 전공했기에 화실의 용도로 3층에 외딴 방을 하나 만들었다고 한다. 그리고 그 넓은 지하실은 차고로 지었다고 한다. 나는 도대체 그 여인이 자동차를 몇 대나 굴렸는지, 그리고 무슨 목적으로 그와 같은 대규모의 지하실을 지었는지 알지 못한다.

단지 분명한 것은 이 집은 송두리째 우리 가정과 홍성사를 위해 지어진 집이라는 사실이다. 다시 말하면 하나님께서는 이미 16년 전, 한 여인을 통하여 1986년에 우리 가정과 홍성사가 함께 거할 수 있는 집을 한 치의 오차도 없이 정확하게 설계하시고, 때가 되매 자형 부부를 통하여 이곳으로 인도하신 것이었다. 어머님께서 새로이 이사갈 집을 위해 그토록 애절하게 기도하시던 바로 그날밤, 내가 어머님 살아계시는 동안만 있던 전셋집에서 살 수 있게 해 달라고 부르짖던 그날밤, 하나님께서는 이미 더 좋은 것을 16년 전부터 예비해 두고 계셨던 것이다. 참으로 시공을 초월하시는 하나님이 아닐 수 없었다.

3층 서재 바로 앞으로는 개신교 성지인 '양화진 선교사 묘역'이 내려다 보이고, 그 너머로는 천주교 성지인 절두산이 자리잡고 있다. 그 두 장소야말로 이 땅에서 가장 거룩한 곳이 아닐 수 없다. 나는 지금도 틈이 나는 대로 그 두 곳을 산책한다. 그리고 그곳에 세워져 있는 비석의 비문을 읽으면서 그 비석의 주인공들과 많은 대화를 나눈다. 그 두 곳이야말로 내 영혼의 정화장이요, 영감(靈感)의 보고(寶庫)이다. 목회자로서 이보다 더 좋은 곳에 서재를 가질 수는 없을 것이다. 더욱이 서재의 모든 유리는 방음유리이기에 문만 닫으면 마치 수도원처럼 고요해진다. 서재 한 쪽 모퉁이에는 조그만 기도실까지 있어 그곳에 무릎을 꿇고 앉으면, 나는 이내 중세 수도원의 수도사가 된다.

이사한 첫날밤, 바로 이 서재의 기도실에 무릎을 꿇었을 때 어찌 감격의 눈물을 흘리지 않을 수 있었겠는가! 뜨거운 눈물을 흘리며 감사의 기도를 드리는 나의 심정은, 마치 스위스의 산속에서 '라브리'(L'abri)를 운영하던 프란시스 셰퍼(Francise Shaeffer) 목사님과 똑같은 심정이었다.

우리나라 말로 '피난처' 혹은 '은신처'란 뜻을 가진 '라브리'란, 프란시스 셰퍼 목사님 부부가 '하나님의 살아 계심을 삶과 일 속에서 실증적으로 보여주기 위하여' 스위스의 산속에 세운 영적 공동체이다. 쉽게 말하자면 우리나라 강원도 황지에 있는 '예수원'을 연상하면 된다. 셰퍼 목사님 부부는 오직 하나님의 함께 하심을 실증적으로 보여주기 위하여 다음과 같은 원칙을 세웠다.

1. 우리는 필요한 물질을 위하여 사람을 찾아나서지 않고 오직 기도로 하나님께만 아뢴다.
2. 우리는 필요한 일꾼을 찾아나서지 않고 하나님께서 택하시고 원

하시는 일꾼을 보내어 주시기를 기도한다.

3. 우리는 위원회 등을 두어 조직적으로 장래를 계획하지 않고, 다만 날마다 하나님께서 계획하신 일들이 드러나기를 간구한다.

이와 같은 믿음으로 시작된 '라브리'인지라 만약 하나님께서 책임져 주시지 않는다면 그야말로 산속에서 그냥 굶을 수밖에 없는 처지이다. 그러나 하나님께서는 시마다 때마다 오묘한 방법으로 먹여주시고 입혀 주시고, 필요할 때마다 필요한 사람들을 보내어 주셨다.

어느날 밤 부인이 목사님께 내일 아침 먹을 것이 없다고 말했다. 그러나 이 때까지 늘 하나님께서 책임져 주셨으므로 목사님 부부는 하나님께 기도드리고 걱정하지 않았다. 새벽이 되었을 때 저 산 밑에서부터 여러 사람들의 소리가 들렸다. 높은 곳에서는 본래 아래 쪽의 작은 소리도 잘 들리는 법이다. 한참 지나서 몇 명의 젊은이들이 배낭과 양손에 먹을 것을 잔뜩 지고 '라브리'에 들어섰다.

목사님은 그들이 어디서 온 청년들인지 물었다. 그들은 영국에서 왔노라고 대답했다. 오늘 이곳으로 올 계획을 언제부터 세웠느냐고 묻자 몇 달 전부터였다고 답한다. 그들이 가져온 빵으로 조반을 준비하여 식탁에 앉았을 때 그 시간은 정확하게도 평소에 목사님이 아침 식사를 하는 시간이었다.

그 순간 셰퍼 목사님은 감격한다. 하나님께서는 스위스의 산 속에 앉아 있는 자신의 그날 아침 식사를 제 시간에 맞추어 공궤해 주시기 위하여 저 멀리 영국에 있는 청년들의 마음을 몇 달 전부터 감동시키시고, 때를 맞추어 그들로 하여금 런던의 히드로 공항에서 비행기를 타게 하시고, 스위스 취리히 공항에 도착한 다음에는 버스와 도보를 이용하게 하시사 단 1초의 오차도 없이 자신의 식탁을 책임져 주셨기 때문이다. 그러니 그가 그 산 속에서 감격의 감사기도를 드렸음은 너무나 당연하지 않겠는가?

이 집으로 이사하던 첫날밤, 바로 이와 같은 셰퍼 목사님의 심정으로 감격하면서 주님 앞에 무릎 꿇었다. 그리고 나는 마태복음 6장 25~34절을 암송하면서 위대하신 하나님을 찬양하였다.

목숨을 위하여 무엇을 먹을까 무엇을 마실까 몸을 위하여 무엇을 입을까 염려하지 말라 목숨이 음식보다 중하지 아니하며 몸이 의복보다 중하지 아니하냐 공중의 새를 보라 심지도 않고 거두지도 않고 창고에 모아들이지도 아니하되 너희 천부께서 기르시나니 너희는 이것들보다 귀하지 아니하냐 너희 중에 누가 염려함으로 그 키를 한 자나 더할 수 있느냐 또 너희가 어찌 의복을 위하여 염려하느냐 들의 백합화가 어떻게 자라는가 생각하여 보라 수고도 아니하고 길쌈도 아니하느니라 그러나 내가 너희에게 말하노니 솔로몬의 모든 영광으로도 입은 것이 이 꽃 하나만 같지 못하였느니라 오늘 있다가 내일 아궁이에 던지우는 들풀도 하나님이 이렇게 입히시거든 하물며 너희일까보냐 믿음이 적은 자들아 그러므로 염려하여 이르기를 무엇을 먹을까 무엇을 마실까 무엇을 입을까 하지 말라 이는 다 이방인들이 구하는 것이라 너희 천부께서 이 모든 것이 너희에게 있어야 할 줄을 아시느니라 너희는 먼저 그의 나라와 그의 의를 구하라 그리하면 이 모든 것을 너희에게 더하시리라 그러므로 내일 일을 위하여 염려하지 말라 내일 일은 내일 염려할 것이요 한 날 괴로움은 그 날에 족하니라(마 6:25~34)

오병이어

1986년 12월 3일은 2학년 2학기 기말고사가 끝나는 날이었다. 마지막 시험을 마치고 홀가분한 기분으로 집에 온 나는 2층 홍성사로 올라갔다. 저녁 7시 30분경이었다. 그런데 평소와는 전혀 다른 분위기였다. 무겁기 짝이 없었다. 최내화 이사가 내 방으로 들어와서 그날 홍성사가 부도났다는 보고를 하였다. 마침내 예상하고 있던 순간이 온 것이었다.

11월 말부터 홍성사가 극심한 자금난에 빠져들고 있다는 사실을 알고 있었다. 80년도에 있었던 첫번째 부도 이후, 〈꿈과 일터〉를 포함하여 내가 나의 헛된 욕망을 위해 무절제하게 출판을 확장했던 후유증 때문이었다. 한 달에 이자만도 1천만 원 이상이나 지불되고 있었으니 심각할 수밖에 없는 상황이었다. 그러나 최내화 이사나 홍순홍 이사는 내게 일체 그런 말을 하지 않았다. 내가 공부에 전념할 수 있도록 어떻게든 자신들이 해결해 보려 했던 것이다. 나는 그분들에 대해 마음속 깊이 감사하면서 그분들에게 모든 것을 그대로 맡겨두고 있었다. 어차피 하나님께서 나를 신학하게 하신 이상 그분들을 통하여 하나님의 뜻을 이루신다는 것과, 설령 또다시 부도가 나는 경우가 생긴다 하더라도 그것 또한 가장 확실한 하나님의 수습책일 것임을 믿고 있었기 때문이다.

그때 홍성사는 「홍성신서」와 「믿음의 글들」을 제외한 11개의 시리즈를 이미 정리하고 있었다. 그것은 전혀 큰 문제가 아니었다. 그 시리즈는 대부분 실패한 시리즈였기 때문에 절판하는 데에 아무런 문제가 없었다. 재정적인 손실만 감수하면 그만이었다. 그러나 「홍성신서」는 문제가 틀렸다. 황금기 때에 비하여는 매출이 다소 감소되었다고 하나, 그러나 여전히 출판계에서는 영향력 있는 시리즈였다. 이미 출판된 100여 종 가운데 매출이 거의 없어 1년 내내 절판 상태에 있는 책이 불과 10여 종밖에 되지 않는다는 것이 그 좋은 증거였다. 그러므로 만약 홍성사가 일방적으로 「홍성신서」를 절판해 버린다면 필자와의 사이에 여러 문제가 발생할 수밖에 없는 상황이었다.

필자가 자신의 원고를 출판사에 맡긴다는 것은 사실은 필자의 인격을 맡기는 것이다. 따라서 그 책이 나가고 있음에도 불구하고 출판사가 일방적으로 책을 절판해 버린다든지, 혹은 그 책의 출판권을 타 출판사에 양도한다는 것은 그 필자의 인격을 말살하고 팔아버리는 비도덕적인 행위가 된다. 그러나 부도가 났을 때는 상황이 달라진다. 타 출판사에 양도해서라도 책이 절판되지 않게 하는 것이 필자의 인격을 존중하는 것이기 때문이다. 따라서 홍성사의 부도는 「홍성신서」를 거리낌없이 정리할 수 있는 호기(好機)가 될 수 있었다.

그러나 그동안 「홍성신서」의 정리가 이루어지지 않았던 진짜 이유는 사실은 다른 데 있었다. 내 마음속 가장 깊은 곳, 아무도 모르는 곳에는 아직까지 욕망의 찌꺼기가 남아 있었던 것이다. 전국의 유명 서점마다에는 「홍성신서」만을 꽂아두는 자리가 따로 있을 정도로 「홍성신서」는 확실하게 성공한 시리즈였다. 그렇게 되기까지 「홍성신서」에 투자된 금액과 정열과 시간은 이루 말할 수 없을 정도였다. 그처럼 홍성사의 간판격인 「홍성신서」를 하루 아침에 포기하기에는 솔직히 너무나 아까웠다. 그러므로 시간이 흐를수록 나는 남몰래 「홍성신서」를 그대로 지키면서 하나님 앞에서 명분도 가질 수 있는 방도를 찾았던 것이다. 그것이 바로 '쿰 중창단'과 '다짐의 만남'이었다.('쿰'이란 '일어나라'는 뜻이다.)

혼성 4중창단이었던 '쿰 중창단'은 1986년 4월에 결성되었다. 성악을 전공한 전문 네 사람의 전문 성악인과 반주자 그리고 나레이터로 구성되었던 '쿰 중창단'은 두 달 동안의 연습을 거쳐 6월 첫째 주부터 활동을 개시하였다. 매 주일 저녁마다 주로 작은 교회를 다니면서 찬양예배를 드리는 일을 하였다. 사례비는 일체 사양하였다. 처음에는 서울에서만 활동했으나, 시간이 가고 소문이 나면서부터는 경기도, 강원도, 충청도에까지 활동 범위가 넓어지게 되었다.

'다짐의 만남'이란 평신도를 위한 '신앙강좌'였다. 그런데도 유독 '다짐의 만남'이라는 이름을 붙인 까닭은 지식의 습득을 위한 신앙강좌가 아닌, 실천을 위한 만남의 시간이라는 의미에서였다. 매주 목요일 저녁 기독교 백주년 기념관의 강의실을 빌어서 첫째 주와 셋째 주는 동교동교회 음동성 목사님의 성경공부, 둘째 주는 유명인사의 간증, 마지막 주에는 오성춘 교수님의 영성훈련을 계속하였다. 원하는 사람은 아무런 제한없이 누구나 와서 무료로 들을 수 있었다. 이처럼 '쿰 중창단'과 '다짐의 만남'을 운영하기 위해서는 이 일을 전담하는 간사도 있어야 했고, 이를 위해 소요되는 경비는 연간 2천만 원이 넘었다.

내가 궁리해 낸 '묘책'은 그것으로 멈추지 않았다. 나는 홍성사가 발행하는 모든 도서의 십분의 일을 필요로 하는 곳에 무료로 나누어 주기 시작했다. 말하자면 발행된 도서의 십일조였다.

'이 책은 홍성사가 하나님께 십일조로 바친 도서입니다.'

이런 문구를 인쇄한 빨간 스티커를 책 표지에 붙여 어디든 필요로 하는 곳에 발행도서의 십분의 일을 나누어 주었다. 말하자면 하나님을 향한 철저한 과시였다.

'하나님! 홍성사는 하나님을 위해 이처럼 '쿰 중창단'과 '다짐의 만남'을 운영하고 있으며, 모든 발행도서의 십분의 일로 나눔을 행하고 있습니다. 이 모든 일에 필요한 경비를 감당하기 위하여는「홍성신서」를 계속해야 되지 않겠습니까?'

이를테면 그런 일을 행하는 것이 진정으로 하나님의 영광을 위해서가 아니라「홍성신서」를 포기하지 않으려는 욕망 때문이면서도, 바로 그와 같은 일들로 나의 욕망을 교묘하게 위장하고 있는 셈이었다. 다시 말하면 나는 하나님을 시험하고 있는 셈이었다. 내가 하나님께 서원했던 바를 스스로 번복하기 위하여 트릭을 쓰고 있는 것을 하나님께서 눈치채시는가 아닌가를 말이다. 사람들은 그런 일을 행하는 홍성사와 나 자신에게 갈채를 보내었다. 그러나 나의 마음은 편치 않았다. 이 세상 모든 사람이 다 몰라도 나만은 내가 왜 그런 일을 하고 있는지 정확하게 알고 있었기 때문이다.

이런 연유로 인하여 최 이사가 부도 사실을 알려주었을 때에 나는 오히려 담담할 수 있었다. 나의 죄를 누구보다도 내가 잘 알고 있었으므로 하나님께서 그 부도를 통하여 내게 요구하시는 것이 무엇인지를 확연하게 깨달을 수 있었다. 그것은 미련없는 그리고 변명을 필요로 하지 않는「홍성신서」의 포기였다. 하나님께서「홍성신서」자체를 혐오하시기 때문이 아니라,「홍성신서」를 통하여 내가 스스로 자기를 부인하는 참 믿음을 보여드리기를 원하셨기 때문이었다. 그래서 오히려 미안해 하는 최 이사를 격려해 줄 수 있었다. 하나님의 뜻에 굴복하기만 하면 아무리 찢어져도 하나님께서 다시 싸매시고 세우심을 믿었던 까닭이다. 그 사건을 통하여 인간의 의지란 얼마나 연약한지, 그러나 그 반면에 인간의 욕망이란 얼마나 질기고 교활한 것인지를 다시 한번 통감하였다. 그 위에 한 가지 더, 목회자가 되기 위한 길에 들어섰다고 해서 저절로 깨끗한 심령의 소유자가 되는 것이 아니며, 끊임없이 자기를 갈고 닦지 않는 한 목회자가 세상 사람들과 다를 바가 전혀 없다는 사실, 아니 훨씬 더 교활해질 수 있다는 사실의 경험은 참으로 소중한 체험이었다.

부채 총액은 10억 3백만 원, 자산 총액은 8억 원이었다. 그러나 서점에서 반품으로 되돌아와 상품으로서의 가치를 상실한 재고도서 등 부실자산을 공제하면 실제 자산은 6억 원에 불과하였다. 단행본 출판사의 경우 이런 상황이라면 재기불능이라 판정하는 것이 일반적인 관례다. 그러나 절망할 것도 포기할 것도 없었다. 하나님께서 무엇을 요구하시는지를 알고 있는 한, 그것을 위해 하루하루 최선을 다해 나아갈 때에 하나님께서 도우실 것이기 때문이다. 나와 홍성사를 하나님께서 원하시는 대로 바로 세우시기 위한 하나님의 방책이 부도였다면, 또한 하나님께서 수습책도 이미 예비해 두셨을 것이다.

마침 방학이 시작된지라 나는 한편으로는 직원들과 더불어 채권자들을 만나 한번 더 기회를 줄 것을 부탁하면서, 한편으로는 필자들의 양해 하에 「홍성신서」를 처분하기 위하여 사람들을 접촉하기 시작했다. 거래처인 S사, 대형 단행본 출판사인 K사, 외국어 출판으로 유명한 S사, 전집 출판사인 K사, 기독교 출판사인 D사 등과 접촉을 하였다. 그러나 쉽지가 않았다. 책 종류가 100종이 넘는 대형 시리즈를 선뜻 인수한다는 것은 출판사마다 독특한 개성과 이미지가 있으므로 용이한 일이 아니었다. 그러는 가운데 해가 바뀌어 1987년 2월이 되었다.

2월 12일 저녁 거래하던 은행 지점장으로부터 전화가 왔다. 홍성사

발행의 4천2백만 원짜리 당좌수표를 소지한 사람이 방금 부도 확인을 받아갔는데, 그 목적이 인신구속을 위한 것 같으니 피하는 것이 좋겠다는 것이었다. 어음 아닌 수표를 발행해 준 회사는 두 곳밖에 없으므로 4천2백만 원을 제시한 회사가 어느 회사인지는 금방 짐작할 수 있었다. 그러나 설령 구속되는 한이 있더라도 피신할 생각은 전혀 없었다. 80년도에 부도가 났을 때도 마찬가지였지만 내가 도망가서는 절대로 수습될 수 없을 뿐만 아니라, 만약 구속되어야 한다면 그것 또한 하나님의 수습책일 것이란 생각에서였다.

그 다음날 아침, 그러니까 2월 13일이었다. 최 이사가 내 방으로 올라와 다소 근심스러운 표정으로 말했다. 이제 방금 평소에 잘 알고 지내는 마포 경찰서의 형사로부터 전화가 왔는데, 부도수표 건으로 고발이 들어와 연행하러 출발하였으니 피하라더라는 것이었다. 나는 최 이사에게 오히려 내가 구속되면 그것이 더 좋은 수습책이 될지도 모르니 혹 구속되더라도 믿음으로 하루하루 대처해 나가자고 안심시켜 주었다.

조금 있으려니 형사가 도착했다. 그리고 함께 마포서로 가자고 했다. 나는 이렇게 가면 얼마나 지나야 집으로 되돌아 올 수 있는지를 물었다. 그는 자기의 경험으로 볼 때, 부도난 수표를 회수하지 못하는 한, 최소한도 1년 정도는 각오해야 할 것이라고 말했다. 그리고 5분 간 여유를 줄 테니 정리할 것이 있으면 빨리 정리하라고 했다. 나는 먼저 영락교회 앞으로 전도사 시직서를 썼다. 그리고 잠시 생각에 잠겼다. 지금 경찰서로 연행된다는 것을 아내에게 알리는 것이 나은지 아닌지를 얼른 판단할 수가 없었다. 결국 남편이 형사에게 끌려가는 모습을 아내가 보지 않는 것이 좋겠다는 생각이 들었다. 나는 최 이사에게 내가 나간 다음 아내에게 모든 사실을 알려줄 것과 나의 사직서를 영락교회에 제출해 줄 것을 부탁한 다음 집을 나섰다.

경찰서에 도착하자마자 조서를 받은 다음 나는 '대기 감방'에 수감되었다. 간단한 조사를 받는다거나 즉심에 넘겨질 사람들은 '보호실'에서 대기하게 되지만, '부도수표'의 경우처럼 구속이 확실한 사람들은 구속영장이 떨어지기까지 '대기 감방'에서 기다리게 되는데 그곳은 구치소의 감방과 똑같은 구조였다. 두 평 정도의 좁은 마룻바닥으로 이루어진 방 한 구석에는 변기가 있었다. 온기라고는 전혀 없는 마룻바닥에 두 사람이 담요를 뒤집어 쓴 채 쪼그리고 앉아 있다가 내가 들어가자 담요를 한장 내밀어 주었다. 나는 감사하다는 인사와 함께 담요를 받았다. 얼마나 오랫동안 얼마나 많은 사람의 손때가 묻었는지 냄새가 역겹기 짝이 없었다. 그러나 준 사람의 성의를 생각해서 물리칠 수는 없었다. 나는 담요를 방석으로 만들어 깔고 앉았다. 그리고 등을 벽에 기대고 눈을 감았다. 만감이 교차하였다.

나는 내가 뿌린 씨를 거두고 있는 중이었다. 수표를 돌리고 나를 고발한 사람은 다름 아닌, 내게 말할 수 없는 호의를 베풀어 주었음에도 불구하고 내가 거짓말로 대했었던 두 사람 중의 한 사람, 즉 S지업의 J사장이었다. 그리스도인으로서 그리스도인인 나를 믿고 나에게 최선을 다해 주었음에도 불구하고 내가 그에게 거짓말을 했었다는 사실을 뒤늦게 알았을 때에 그가 느꼈을 배신감이 얼마나 컸을까? 더욱이 내가 부도까지 나서 더욱 믿을 수 없는 지경에 있으니, 지금 기일이 아직 도래하지 아니한 6장의 수표를 한꺼번에 돌려버리고 나를 고발한 그의 심정을 충분히 이해할 수 있었다. 나는 나대로 그에게 거짓말을 했었다는 죄책감 때문에 최선을 다하느라고 했지만, 당장 돈을 들고 가서 부채를 다 갚지 않는 한 어찌 그의 가슴에 패였을 배신감의 골이 메워질 수 있었겠는가?

나는 조용히 회개기도를 드렸다. 그리고 J사장을 위하여 기도드렸다. 기도를 드리는 동안 내 마음속에는 평화가 찾아왔고 그리고 새로운 믿음이 생기게 되었다. 주님께서 단순히 나의 거짓되었던 행동을 벌하시려는 목적으로만 이곳으로 부르신 것이 아니라는 믿음이었다. 다시 말하면, 하나님께서 같은 그리스도인인 J사장을 도구로 하여 나를 유독 감방 속으로 몰아넣으신 것은 나를 회개케 하려 하심과 동시에, 또 다른 하나님의 뜻과 계획이 있으시기 때문이라는 믿음이었다. 나는 소망 가운데에서 하나님의 그 뜻과 계획을 기다리기로 했다.

저녁이 되었을 때 아내가 챙겨준 두터운 옷들 그리고 성경과 찬송을 가지고 최내화 이사가 찾아왔다. 성경책이 얼마나 귀한 것인지 그날 그 순간에야 뼈저리게 느꼈다. 그곳에서 읽는 말씀은 구구절절이 나의 관절과 골수와 혼과 영을 쪼개었다. 그해 2월은 얼마나 추웠는지 두터운 옷을 껴입었음에도 불구하고 밤이 깊어갈수록 뼛속까지 시려왔다. 밤이 되자 세 사람이 또 들어왔다. 밤 12시가 되었을 때에는 낮부터 있던 두 사람이 불려 나갔다. 구속영장이 떨어져서 유치장으로 수감되는 것이라 했다. 형사는 나에 대한 구속영장은 내일 밤에 떨어질 것이라고 일러주었다.

나는 조용히 눈을 감았다. 어머님의 얼굴, 아내의 얼굴, 그리고 어린 승훈이와 승국이의 얼굴이 차례대로 때로는 겹쳐져서 내 눈 앞에 계속 떠올랐다. 사랑하는 가족들의 마음이 얼마나 아플까? 그들에게 주님의 평화를 내려달라고 간절하게 기도드렸다. 평생 처음 경험하는 감방의 밤은 추위와 더불어 점점 더 깊어만 갔다.

몇 시나 되었을까? 그새 깜빡 잠이 들었었나 보다. 갑자기 감방의 철문 열리는 소리가 나더니 이내 철커덩하고 다시 닫기는 소리가 났다. 등 뒤에서 인기척이 있는 것으로 보아 누군가 새로운 사람이 들어왔나 보다. 그런데 뒤를 돌아볼 수가 없었다. 너무 심신이 피곤해 있었던 것이다. 나는 또다시 깊은 잠속으로 곯아 떨어지고 말았다.

다시 철문 열리는 소리에 잠을 깨었다. 어제 밤에 들어온 세 사람을 형사가 불러내었다. 그제서야 살펴보니 새로운 청년 한 명이 한쪽 구석에 쪼그리고 앉아 있었다. 새벽녘 내가 잠이 들었을 때 들어온 그 사람임이 분명했다. 오른쪽 눈 주위에 시퍼렇게 피멍이 들어 있었다. 폭력을 휘두르다 잡혀온 것처럼 보였다. 얼굴에 피멍자국만 없었다면, 귀공자라 할 만큼 잘 생긴 얼굴이었다. 무엇을 생각하는지 그는 계속 눈을 내리깔고 있었다. 우리는 아무 말 없이 그냥 앉아만 있었다.

조금 후, 구내 식당에서 아침 식사 주문을 받으러 왔다. 비록 대기감방에 갇혀는 있지만 아직 정식으로 구속된 것은 아니었기 때문에 식사 때마다 자기 돈을 내고 시켜 먹어야만 했다. 보아하니 그 청년에게는 돈이 없어 보였다. 나는 무엇을 먹겠는지 그에게 물었다. 그는 아무 대답이 없었다. 나는 육개장을 두 그릇 시키고 돈을 치렀다. 그는 계속 아무 말이 없었다. 잠시 후에 육개장이 배달되어 왔다. 나는 한 그릇을 그의 앞에 밀어주고 감사기도를 드렸다. 기도를 끝내고 눈을 떴을 때 그는 나를 뚫어지게 쳐다보고 있었다. 나는 비로소 눈인사를 하고 식사를 하기 시작했다. 이윽고 그도 숟가락을 들었다.

식사가 다 끝난 다음 밥그릇을 물린 뒤였다. 그가 처음으로 입을 열었다.

"조금 전 식사하시기 전에 기도를 드리시던데 혹시 예수 믿는 분이세요?"

나는 그렇다고 고개를 끄덕이며 내 곁에 있던 성경과 찬송을 가리켰다. 그 순간 그는 갑자기 두 무릎 사이에 고개를 파묻고는 흐느끼기 시작했다.

"사실은 저두요…… 어릴 적에는 주일학교에 다니던 교인인데요…… 내가 하나님을 배신해서 지금 벌을 받고 있는 거예요……. 나는 이제 어떻게 해야……."

그는 어깨를 들썩거리며 더 격렬하게 울기 시작했다. 나는 그에게 깊은 사연이 있음을 직감하였다. 나는 그의 곁으로 다가가 오른팔로 그를 안아주었다. 그는 내 품 속에서 계속 울었다.

당시 27살이던 K청년은 살인을 저지른 자였다. 마포에 살고 있던 그는 나흘 전인 2월 10일 밤 동네 사람과 어울려 술을 마시고 화투 놀이를 하던 중, 사소한 시비가 발단이 되어 싸우다가 힘이 부치자 자기를 덮치는 상대방을 그만 과일 깎는 칼을 집어 찔러버리고 말았다. 그런데 그것이 살인이 되고 말았다. 그야말로 우발적인 살인이었다. 자기의 칼에 찔린 상대가 더이상 움직이지 않는 것을 보고 그제서야 살인을 했다는 무서운 사실을 깨달은 그는 그냥 뛰었다. 목적지도 없이 그저 길이 뚫린 대로 뛰고 또 뛰었다. 새벽이 되어 그가 도착한 곳은 고속버스 터미널이었다. 그곳에서 제일 먼저 출발하는 버스를 무작정 탔다. 김제 가는 버스였다.

아무런 연고도 없는 김제에 도착한 그는 즉시 집에 전화를 걸었다. 자기 칼에 찔린 사람이 혹 죽지 않았을지도 모른다는 가느다란 희망 때문이었다. 전화를 받은 아내는, 그러나 그 사람의 죽음을 다시 확인시켜 주면서 어린 자식을 위해서도 제발 자수할 것을 눈물로 호소하였다. 그는 그만 전화를 끊어버렸다. 이제 더이상 살 소망이 없다고 판단되었기 때문이다. 이 거리 저 거리를 무작정 배회하던 그는 해가 질 무렵 약방을 돌아다니면서 수면제를 사 모았다. 자살하기 위함이었다.

이 정도면 죽기에 충분하다고 생각될 만큼의 수면제를 구했을 때 그는 포장마차에서 소주를 시켰다. 한 잔 또 한 잔 들이킬 때마다 지난 27년이 주마등처럼 스쳐 지나갔다. 그는 참을 수 없는 괴로움 때문에 계속 마시지 않을 수 없었다. 소주 한 병을 다 비웠을 때였다. 마침 그 순간 교회의 종소리가 들렸다. 그 날은 2월 11일 밤, 바로 수요일 저녁 예배를 알리는 종소리였다. 서울이라면 듣지 못했을 종소리였다. 그 종소리는 옛날 어린시절 주일학교에 다니며 예배드리던 시절이 아련히

떠오르게 하였다.

'그래! 죽기 전에 교회에 가서 기도나 드리고 죽자.'

어린시절 따스하기만 하던 교회의 모습을 연상하며 종소리가 나던 교회 예배당에 들어섰을 때, 그를 기다리는 것은 차가운 눈초리들뿐이었다. 그도 그럴 것이 거룩한 예배시간에 술 냄새를 풍기며 낯선 이방인이 들어왔으니 누가 그를 반가워하겠는가? 추운 겨울 밀폐된 조그만 예배당, 더욱이 난로까지 피운 그 좁은 공간은 금방 역겨운 술냄새로 가득 차버리고 말았다. 사람들이 힐끔힐끔 뒤돌아 보기 시작했다. 늦게 온 교인들이 아무 것도 모르고 그의 곁에 앉았다가는 이내 다른 자리로 옮겨 앉았다. 주보를 들고 안내를 하던 전도사님인 듯한 사람은 오른쪽 건너편에서 계속 자신을 노려보고 있었다. 아마 도둑으로 오인하고 있는 것 같았다. 그의 주머니에는 수면제가 들어 있었다. 그는 죽음을 목전에 두고 있었다. 죽기 전에 마지막 기도를 드리며 최후의 안식을 찾기 위하여 찾은 예배당 — 그러나 그곳은 그가 더이상 있을 곳은 아니었다.

그는 목사님이 교인들에게 통성기도를 하자고 했을 때, 그러나 아무 것도 기도하지도 못한 채 살며시 예배당을 나오고 말았다. 조금 전 소주를 마시던 포장마차가 다시 보였다. 그는 그곳에서 또 소주를 마시기 시작했다. 예배당보다 마음이 훨씬 편했다. 얼마나 소주를 마셨을까? 술기운 때문일까, 죽음이 두렵지 않다는 생각이 들었다. 그는 가게에서 소주 한 병을 더 산 다음 인근 여관으로 들어갔다. 소주가 마지막 한 컵 남았을 때, 그는 주머니에 있던 수면제를 꺼내어 몽땅 입 속에 털어 넣은 다음 소주를 들이켰다. 그것으로서 그의 27년에 걸친 인생은 끝이었다.

얼마나 지났을까? 갑자기 눈이 부셨다. 여기가 도대체 어디일까? 그는 눈을 비비며 눈을 떴다. 그리고는 깜짝 놀랐다. 아무리 보아도 죽었어야 할 자신이 여관방에 그대로 살아 있었기 때문이었다. 여관방 유리창으로부터 아침 햇살이 쏟아져 들어오고 있었다. 2월 13일 아침이었다. 그 많은 수면제를 다 먹었는데도 왜 죽지 않았을까? 도대체 이해를 할 수가 없었다. 그는 주머니를 뒤져 보았다. 놀랍게도 수면제가 그대로 들어 있었다. 불과 몇 알만 없어졌을 뿐이었다. 워낙 술이 취하여 수면제를 다 털어 먹는다는 것이 불과 몇 알만 삼킨 것이었다. 소주가 그의 생명을 살린 것이었다.

일단 살았다는 것이 확인되자 더이상 죽고 싶은 생각이 나지 않았다. 아니 이상하게도 살고 싶은 욕구가 그를 사로잡았다. 어디론가 멀리 피신해야겠다는 생각에 지갑을 열어보았지만 몇천 원밖에 없었다. 그는 서울의 아내에게 전화를 했다. 도피자금을 지원받기 위해서였다. 그는 아내와 그날밤 대전의 고속버스 터미널 공중전화 앞에서 만나기로 약속하였다.

남편의 전화를 받은 그의 아내는 곰곰이 생각하다가 마포 경찰서 형사과를 찾아갔다. 그리고 자기가 남편을 대신하여 자수하는 만큼 남편의 자수로 인정해 준다는 조건으로 그날밤 남편과 대전에서 만나기로 한 약속을 신고하였다. 그것이 남편의 형량을 조금이라도 줄일 수 있는 유일한 방법이요, 그녀가 사랑하는 남편을 위하여 할 수 있는 최선의 방책이라고 믿었기 때문이다. 그녀는 경찰차를 타고 대전으로 갔다. 약속된 장소에서 남편을 만났을 때에 숨어 있던 경찰들이 그를 체포하였다. 남편은 그런 일이 있을 것을 예상이라도 했다는 듯, 아내에 대한 일말의 원망의 기색도 없이 순순히 체포에 응하였다.

밤 12시가 넘어 마포 경찰서에 도착한 그는 경찰조사에서 아무 것도 숨김없이 사실 그대로 진술하였다. 그리고 새벽에 내가 있던 대기감방에 수감되었다가 그날 아침, 이를테면 2월 14일 아침 나와 단 둘이 만나게 되었던 것이다.

그는 내 품 속에 얼굴을 파묻고 울음을 그치지 않았다.

'하나님께서 이 청년을 구하시려고 나를 이곳으로 보내셨구나.'

나는 그 청년의 어깨를 잡고 바로 앉혔다. 그리고 그에게 복음을 제시했다. 그는 곧 마음의 평안을 되찾았다. 자신의 죄를 회개하고 고인과 그 유족들을 위해 기도하였고, 자신의 삶을 예수 그리스도에게 맡기면서 그 범죄로 인하여 주어질 어떤 판결도 달게 받겠다고 간절한 마음으로 기도하였다. (그는 그의 아내가 자수한 것과 상대방의 폭력사실 또한 인정되어 법정에서 7년형을 선고받고 모범수로 복역하다가 이미 특사로 풀려나 지금 착실한 그리스도인으로 살아가고 있다.)

잠시 후에 그는 새로이 조사를 받기 위해 불려나갔다. 썰렁한 감방에 나 혼자만 남게 되었다. 그러나 주님의 평화가 가득 차오름을 온 영혼으로 느낄 수 있었다. 주님께서 이곳에 또 예비해 두신 일들이 무엇일까? 마음이 설레었다.

조금 있으려니 마포 경찰서에 출입하던 조선일보 사회부 기자가 나의 수감기록을 보고 찾아왔다. 도와줄 것이 없느냐는 물음에 그냥 감사하다는 인사말로만 대신했다. 철창문 밖은 그대로 수사과였다. 토요일이었음에도 불구하고 형사들은 쉴새없이 바쁘게 움직이고 있었다. 오전 11시쯤 성경을 읽고 있는데, 언제부터인가 철창 쪽에서 나를 응시하는 눈초리를 느낄 수 있었다. 무심코 돌아보니 아내가 서 있었다. 나는 철창 쪽으로 갔다. 창살을 사이에 두고 우리는 마주 보았다. 아내는 환한 표정으로 웃고 있었다. 그러나 나는 알고 있었다. 속으로는 울고 있다는 사실을…… . 한참 뒤 아내는 핸드백에서 예쁘게 포장된 조그만 상자 하나를 꺼내어 창살 틈으로 넣어주었다. 그리고는,

"승훈이와 승국이가 아빠를 무지무지하게 사랑한대요. 내일 교회 다녀온 후 다시 올 게요."

라고 말했다. 나는 오늘밤 중으로 구속영장이 떨어지면 어디로 가게

될지 모르니 오지 말라고 했다. 그러나 아내는 어디에 있든 찾아오겠노라는 말을 남기고 되돌아 갔다.

아내가 떠난 뒤, 나는 아내가 전해 주었던 상자를 풀어 보았다. 뜻밖에도 거기에는 예쁜 초콜릿이 들어 있었다.

'웬 초콜릿일까?'

의아해 하면서 그 속에 들어 있는 하얀 쪽지를 펴보았다. 그 위에는 이렇게 쓰여 있었다.

사랑하는 여보! 힘내세요. 이것은 끝이 아니라 하나님의 구원의 시작임을 믿습니다. 나와 우리의 사랑하는 승훈이와 승국이에게 당신은 언제나 자랑스럽습니다.

1987년 2월 14일
당신을 사랑하는 애주 드림

나는 아내의 쪽지에 쓰인 날짜를 보고서야 비로소 그 초콜릿의 의미를 알 수 있었다. 그 날은 바로 '발렌타인 데이'였던 것이다. 여자가 사랑하는 남자에게 초콜릿으로 사랑을 고백한다는 날 말이다. 바로 그런 날 감방에 갇힌 남편을 사랑으로 격려하고 지금 돌아가고 있는 아내의 마음이 얼마나 쓸쓸할까? 앞으로 최소한 1년은 이렇게 살아야 한다는데…… 사랑하는 가족들과 함께 있을 수 있다는 것이 얼마나 큰 행복인지 뼈저리게 느꼈다.

오후 2시경이 되자 영락교회 집사님들이 면회를 왔다. 평소에 나를 사랑하고 끔직이도 위해 주던 집사님들이었다. 영락교회 교육부에서는 당분간 나의 사직서를 수리하지 않기로 결정했다는 이야기도 전해 주었다.

조금 있으려니 홍성사에 있다가 경향신문으로 자리를 옮긴 손달진 부장, 평소에 절친하게 지내던 신재현 변호사가 우연히 홍성사에 전화를 걸었다가 소식을 듣고서는 차례로 찾아왔다. 최내화 이사와 홍순홍 이사도 다녀갔다. 저녁이 되자 넷째자형 부부와 막내자형 부부가 찾아왔다. 나 한 사람 때문에 여러 사람에게 심적으로 고통을 끼치고 있다고 생각하자 마음이 편치 않았다.

밤이 되자 조사를 마친 사람들이 다시 감방에 들어왔다. 형사가 나더러 밤 12시에 구속영장이 떨어지는 대로 정식으로 수감될 테니 미리 잠을 좀 자 두라고 말했다. 그렇다고 잠이 올 리가 없었다. 나는 우발적으로 살인을 저질렀던 K청년과 이야기를 좀 나누다가 성경을 읽기 시작했다. 그곳에서 그래도 하룻밤을 지내서 그런지 첫날처럼 방안의 공기가 역겹지는 않았다.

이윽고 밤 12시가 되자 형사가 와서 구속영장이 떨어진 사람들을 불러내었다. 그런데 내 이름은 끝까지 부르지 않았다. 웬 영문인지 물었더니 형사는 이상하게 나에 대한 영장은 기각되어 내려왔다면서 자기도 그 이유를 모르겠다고 말했다. 그러면 나는 어떻게 되는 거냐고 물었더니 하루 더 그곳에 있어야 되겠다고만 말했다. 할 수 없었다. 나는 대기감방을 나서는 K청년에게 내 성경을 주었다.

함께 있던 자들이 모두 나가버리자 갑자기 나만 혼자 남게 되었다. 왜 내 영장은 기각되었을까? 나도 그 이유를 알 수 없었다. 단지 배변할 기회를 주신 하나님께 감사를 드렸다. 변기통이 감방 내에 있었지만 사람들이 빤히 쳐다보고 있는 가운데 큰 일을 치를 배짱은 도저히 나지 않아 속절없이 참고만 있었던 것이다. 때를 맞추어 배변을 할 수 있다는 것만도 행복의 조건이라는 것을 그때 처음으로 절감하였다.

2월 15일 주일 아침이 되었다. 주일 아침이어서 그런지 바깥쪽 수사과도 어제 아침과는 달리 조용하였다. 나 혼자 그곳에서 무릎을 꿇고 예배를 드렸다. 예배랄 것도 없었다. 성경을 K청년에게 주어버렸으므로 창세기에서부터 기억나는 구절들을 한절 한절씩 묵상하며 기도하였다. 그리고 영락교회의 예배시간에 맞추어 내가 담당하고 있던 아이들과 교사들을 위하여 기도드렸다. 전도사가 갑자기 없어졌으니 지금쯤 어떻게 예배드리고 있을까? 아이들에게 미안한 마음과 아울러 답답한 심정이었다. 주일날 아침 예배당에서 예배를 마음껏 드린다는 것이 얼마나 큰 은총인지도 그날 아침 그곳에서 통감하였다.

점심시간이 조금 지났을 때였다. 형사가 철창문을 열더니 나오라고 했다. 그리고는 나를 별실로 안내하였다. 나는 깜짝 놀랐다. 그곳에는 나의 수표를 돌렸던 S지업의 J사장이 와 있었다. 더 놀라운 것은 J사장의 곁에는 막내자형 부부가 서 있었다. 내가 막상 더더욱 놀라던 것은 그 다음이었다. J사장은 안주머니에서 부도처리된 나의 수표 6장을 꺼내어 내 손에 쥐어주었다. 그리고 자신도 같은 신앙인으로서 많은 갈등이 있었다고 토로하면서 미안하다고 말하는 것이었다. 미안하기로 따진다면야 내가 백 번 더 미안할 수밖에 없는 처지였다. 그런데 그가 마포서까지 직접 찾아와 수표까지 되돌려 주니 더욱 송구스러울 뿐이었다.

나는 어떻게 상황이 그렇게 급변하였는지 그 영문을 알 수가 없었다. 아니 알 겨를이 없었다. 부도수표의 경우 부도난 수표를 회수하기만 하면 그 발행자를 구속할 사유는 없어져 버린다. 바로 나는 그 순간부터 자유의 몸이었다. 형사로부터 다시 조서를 받은 다음 나는 '자유인'으로 마포서를 나섰다. 금요일 아침 형사에게 연행될 때에 1년을 각오하고 집을 나섰는데 불과 이틀 만에 집 앞에 서고 보니 실로 꿈만 같았다. 어머님과 아내가 얼마나 기뻐하였는지는 말할 필요조차 없다. 나는 만 두 살짜리 승훈이와 이제 겨우 4개월 된 승국이를 뼈가 으스러져라 안아주었다. 가정이 얼마나 소중한 보금자리인지도 그 날에서야 비로소 사무치도록 확인하였다.

나는 제일 먼저 샤워를 하였다. 언제든지 원할 때에 마음대로 샤워를 할 수 있다는 사실만으로도 감사해야 한다는 것 또한 그날 처음 깊이 깨달았다. 불과 이틀 동안에 나는 얼마나 많은 것을 깨닫고 또 경험하였는지 모른다. 그 모든 것이 하나님께서 예비해 두신 은총이었다. 저녁 식사를 마친 후에야 아내를 통하여 어떻게 해서 내가 그토록 갑자기 나오게 되었는지, 어떻게 그처럼 극적인 상황이 연출되었는지 자초지종을 알게 되었다.

그 전날밤, 그러니까 토요일 밤에 막내자형 부부가 J사장의 집을 방문하였던 것이다. 자형 부부는 나를 대신하여 J사장에게 정중하게 사과하고 자형의 수표를 대신 발행해 주는 조건으로 나의 수표를 되돌려 줄 것을 부탁하였다. 단지 나에 대한 배신감에서 수표를 돌렸을 뿐, 본래 심성이 좋은 J사장이 이의없이 동의함으로써 내가 그토록 빨리 자유의 몸이 될 수 있었던 것이었다.

나는 그날밤 하나님께 깊이 감사의 기도를 드렸다. 또 내 인생의 고비 때마다 구원의 손길을 펴주는 막내자형 부부를 위하여도 간절한 마음으로 기도드렸다. 그리고 자형 부부를 위하여 내가 무엇을 해 드릴 수 있는지를 곰곰이 생각해 보았다. 그것은 오직 한 가지 — 진실된 목사가 되는 것뿐이었다.

'부도수표사건'을 통하여 하나님께서 예비해 두신 일이 또 있었다. 아니 그것이야말로 하나님께서 그 '사건'을 일어나게 하신 주된 이유였다. J사장이 「홍성신서」를 인수하게 된 것이었다. 그때 홍성사는 J사장의 S지업에 1억여 원의 부채를 지고 있었다. 마침 J사장은 K출판사도 경영하고 있던 터라, 홍성사가 「홍성신서」를 K출판사에 넘기는 조건으로 S지업에 대한 부채를 상쇄하기로 한 것이었다. 막대한 자금과 노력을 투자하여 출판계에 널리 알려져 있던 「홍성신서」 시리즈를 1억원에 넘긴다는 것은 홍성사 입장에서 볼 때에는 아쉬움이 없는 것은 아니었으나, 한편 그 당시 상황에서 그만한 금액으로나마 그 방대한 시리즈를 인수할 사람이 흔치 않다는 것도 이미 「홍성신서」 매각을 위해 노력했던 내 자신이 더 잘 알고 있었다. 그러므로 그것은 J사장의 큰 결단이 아닐 수 없었다.

단지 나의 입장에서는 「홍성신서」의 매각 금액보다도 「홍성신서」 필자들의 책이 절판됨이 없이 계속 출판될 수 있도록 명예롭게 「홍성신서」가 정리되었다는 데에 더 큰 의의를 두고 있었다. 그러나 그것은 '수표사건'이 있었기에 가능한 일이었다. J사장이 「홍성신서」와 1억 원의 채권을 상쇄키로 결단한 것은 돈을 벌겠다는 생각에서가 아니라, 같은 그리스도인으로서 나의 수표를 돌렸던 데 대한 마음의 빚을 갚기 위함이기 때문이었다. 내가 「홍성신서」에 미련을 버리지 못하고 있을 때, 하나님께서는 하나님의 방법으로 포기케 하시고 정리까지 주관해 주신 것이었다.

내가 하나님과의 약속을 지키기 위하여 「홍성신서」를 포기하게 되었음을 밝혔을 때, 정면으로 반대하는 직원들이 있었다. 이유는 대단히 간단했다. 그래서는 홍성사가 당장 망한다는 것이었다. 그들의 주장은 정확했다. 당시 출판을 계속하던 시리즈는 「홍성신서」와 「믿음의 글들」뿐인 반면에 부채 총액은 10억 3백만 원이었다. 「홍성신서」를 1억 원에 넘긴다 해도 부채는 9억 3백만 원이 남는다. 당시 이미 발행된 「믿음의 글들」이 30종에 불과한데 비하여 「홍성신서」는 100종이었다. 「홍성신서」의 매출이 평균적으로 전체 매출의 55%를 점하고 있었다. 그런 상태에서도 부도가 났는데 하물며 「홍성신서」의 발행을 전면 중지하고, 겨우 전체 매출의 45%를 점하고 있을 뿐인 「믿음의 글들」만을 출판해서야 어떻게 9억 3백만 원의 부채를 갚을 수 있겠는가? 갚기는 고사하고 매출이 반 이하로 줄어들 경우 몇 달도 버티지 못한 채 도산해 버리고 말 것은 불을 보듯이 빤한데 어찌 그런 어리석은 일을 할 수 있는가?

그들의 주장은 이론적으로나 경영학적으로나 한 치의 틀림도 없는 정확한 것이었다. 상식적으로 보면 그것은 망하는 길로 뛰어드는 꼴이었다. 그러나 그들은 한 가지 사실을 모르고 있었다. 하나님과 나와의 관계였다. 홍성사가 세워진 뒤 하나님과 나 사이에 어떤 관계가 맺어져 오고 있었는지를 알지 못하고 있었다. 그리고 하나님께서 원하시는 길을 걸어갈 때에 모든 인간의 상식과 계산과 예측을 초월하시는 하나님의 역사가 이루어진다는 사실 또한 모르고 있었다. 아니 눈에 보이는 것이 너무 빤해 보였으므로 그런 사실들을 믿으려 하지 않았다. 나는 그들에게 성경을 펴서 마태복음 14장 13절에서부터 21절까지를 읽어주었다.

예수님께서 떡 다섯 개와 물고기 두 마리로 수많은 사람을 먹이셨다는 이른 바 '오병이어'(五餠二魚)의 기적이었다. 나는 반대하는 직원들에게 말했다. 이제부터 우리가 전념하려고 하는「믿음의 글들」은 지극히 적은 '오병이어'에 불과하다. 이것으로는 부채를 갚기는 커녕 회사를 운영하기도 어렵다. 그러나 이 작은「믿음의 글들」을 주님께 드리면 주님께서는 반드시 '오병이어의 기적'으로 갚아주신다고 오늘 약속하고 계신다. 이제 홍성사가 하나님의 영광을 위한 출판 이외에는 일체 손대지 않는다는 것은 돌이킬 수 없는 하나님과의 약속이다. 그러므로 나를 믿고 따라달라고 간절한 심정으로 부탁하였다.

나의 말을 믿지 못했던 직원들, 아니 주님의 약속의 말씀을 믿지 못했던 사람들은 그때 홍성사를 떠났다. 머지 않아 도산할 것이 분명했으므로 더 이상 있을 가치가 없는 일터라고 판단했기 때문이다. 결국 홍성사에는 '갈릴리 사람들'만 남게 되었다. 외형적으로 볼 때에는 이때 홍성사는 반드시 도산해야만 했었다. 어느 구석을 보아도 도산할 구멍만 보였기 때문이었다.

그러나 '오병이어의 기적'은 3월부터 당장 나타나기 시작했다. 남은 것이라고는 한 달에 한 권씩 신간을 발행하는 「믿음의 글들」밖에 없었다. 그렇다면 매출은 당연히 전달에 비해 45%로 줄어들어야만 한다. 아니 「홍성신서」를 포기함으로 인하여 서점에 대한 홍성사의 영향력이 줄어들었으니 매출이 45%보다 더 줄어드는 것이 당연한 이치일 것이었다. 그런데 3월의 매출은 2월보다 오히려 더 늘어났다. 직원들이 놀라워했던 것은 너무나 당연한 일이었다. 대부분 우연이라고 생각하는 것 같았다. 그런데 4월 역시 마찬가지였다. 5월, 6월도 그랬다. 그 이후 지금까지 월별 매출이 87년 2월 이전보다 떨어진 적은 단 한번도 없었다.

「믿음의 글들」만 가지고는 부채를 갚기는커녕 운영도 어려우리라는 것이 당시의 정확한 현실적인 판단이었지만, 그로부터 5년이 지난 지금 홍성사의 부채는 4억 7천만 원이다. J사장이 「홍성신서」를 인수해 주면서 상쇄하여 준 1억 원을 빼고도 5년 동안 4억 3천3백만 원의 부채를 갚은 셈이다. 본래 예수님을 믿지 않던 홍순홍 상무는 이 일 후로 주님을 영접, 지금은 진실한 그리스도인으로 홍성사 직원들의 성경공부를 인도하고 있다. '오병이어의 기적'은 결코 전설 속의 이야기가 아니었다. 하나님께서는 오래 전부터 내게 바로 이런 믿음을 요구하시고 계셨던 것이다. 아니 이런 믿음을 주시기를 원하고 계셨다. 바로 이런 믿음만이 「믿음의 글들」을 만들 수 있기 때문이었다.

예수께서 들으시고 배를 타고 떠나사 따로 빈 들에 가시니 무리가 듣고 여러 고을로부터 걸어서 좇아간지라 예수께서 나오사 큰 무리를 보시고 불쌍히 여기사 그 중에 있는 병인을 고쳐주시니라 저녁이 되매 제자들이 나아와 가로되 이곳은 빈 들이요 때도 이미 저물었으니 무리를 보내어 마을에 들어가 먹을 것을 사 먹게 하소서 예수께서 가라사대 갈 것 없다 너희가 먹을 것을 주어라 제자들이 가로되 여기 우리에게 있는 것은 떡 다섯 개와 물고기 두 마리뿐이니이다 가라사대 그것을 내게 가져오라 하시고 무리를 명하여 잔디 위에 앉히시고 떡 다섯 개와 물고기 두 마리를 가지사 하늘을 우러러 축사하시고 떡을 떼어 제자들에게 주시매 제자들이 무리에게 주니 다 배불리 먹고 남은 조각을 열두 바구니에 차게 거두었으며 먹은 사람은 여자와 아이 외에 오천 명이나 되었더라(마 14 : 13~21)

하나님의 세우심

홍성사가 78년 1월 25일 〈소유냐 삶이냐〉를 출판한 이래 87년 2월 중순까지 만 9년 동안 발행한 책은 총 350종이 넘었다. 그러나 마지막으로 「홍성신서」까지 정리하고 보니 「믿음의 글들」 30종만 남았다. 그 야말로 새로 시작하는 셈이었다. 부채는 아직까지 9억 3백만 원이나 남았다. 직원들도 반 정도가 떠났다. 80년도에 부도났을 때처럼 처분할 재산이 따로 있는 것도 아니었다. 맨 주먹으로 부도난 회사를 일으킨다는 것은 참으로 어려운 일이다. 매일매일 어려운 일이 한두 가지가 아니었다. 이때 최내화 이사와 홍순홍 이사 그리고 관리를 맡고 있던 이남진 부장이 얼마나 애썼는지 모른다.

그러나 모든 상황이 비관적이고 모든 여건이 부정적이었음에도 불구하고, 「믿음의 글들」만 남은 홍성사를 하나님께서 하나님의 방법으로 세우시는 것을 도처에서 확인할 수 있었다.

2월 하순, 등록 때가 되었다. 신대원 3학년, 졸업반이었다. 그런데 등록할 돈이 없었다. 나는 하나님께 이렇게 기도드렸다.

'하나님, 졸업 1년을 앞두고 등록금이 없습니다. 그렇다고 사람에게 돈달라는 말을 하지 못하는 저를 주님께서 잘 아시지 않습니까? 만약 제가 제 능력으로 부도난 홍성사를 지키는 것이 하나님의 뜻이라면 등록 때까지 돈이 없게 해 주십시오. 홍성사가 궤도에 오를 때까지 몇 년이든 기꺼이 휴학하겠습니다. 그러나 제가 신학교를 졸업하는 것이 하나님의 뜻이라면, 그리고 하나님께서 하나님의 방법으로 홍성사를 세우실 계획이시라면 제게 등록금을 허락해 주십시오. 어느 쪽이든 주님께 순종하겠습니다.'

등록 마감 전날 어머님이 나를 부르셨다. 방으로 가서 뵈었더니 저금통장과 도장을 주셨다. 보아하니 등록금이 없는 것 같은데 통장에 있는 돈으로 등록하고 나머지는 급한 대로 홍성사를 위해 쓰라는 것이었다. 그 통장에는 6백만 원이 들어 있었다. 80년에도 그러셨던 것처럼 어머님은 푼돈을 모아두셨다가 결국은 나를 위해 미련없이 포기하시는 것이었다. 나는 어머님의 그 사랑의 통장 속에서, 홍성사는 내가 책임질 터이니 염려하지 말라는 하나님의 메시지를 읽을 수 있었다.

부도가 난 출판사의 제일 큰 애로점은 신문에 광고를 할 수 없기 때문에 신간이 나와도 독자에게 알릴 방법이 없다는 것이다. 그래서 한 달에 한 권씩 발행되는 「믿음의 글들」 신간을 계속 구독하여 줄 회원을 모집하기로 했다. 그 당시 몇몇 출판사들이 독서회원 제도를 운영하고 있긴 하였지만 그것은 독자가 출판사에서 우송된 목록을 보고 원하는 책만 직접 주문하는 제도였지, 내가 구상하는 것처럼 모든 신간을 계속적으로 매달 구독하는 방식은 아니었다. 나는 「믿음의 글들」은 일반서적과는 틀리므로, 독자의 영혼을 살찌게 하는 정말 좋은 책만 출판하는 한 충분히 그와 같은 제도가 가능할 수 있다고 생각하였다.

그래서 신간을 구독해 줄 사람들의 모임 이름을 '쿰 선교회'라 정하고, 회원들을 모집하기 위하여 신청엽서를 부도 직후부터 출고되는 모든 책 속에 끼워 넣었다.

마침 부도가 난 지 한 달 만인 87년 1월 6일, 기독교 방송의 '새롭게 하소서' 프로에 출연하여 대담할 기회가 있었다. 그 자리에서 얘기를 나누던 중 '쿰 선교회'에 대하여 이야기하게 되었다. 그 방송이 나간 뒤 전국에서 엽서가 들어오기 시작하더니 2월 말경에는 벌써 수백 통에 이르게 되었다.「믿음의 글들」신간을 계속 구독하면서,「믿음의 글들」을 위하여 기도해 주는 동역자들이 전국에 수백 명이나 퍼져 있다는 사실은 참으로 하나님의 큰 격려요, 소망이 아닐 수 없었다.

2월 마지막 날, 김성일 선생님이 방문하였다. 김성일 선생님은 작가 중에서 내게 세번째로 많은 영향을 끼친 분이었다. 출판을 시작한 이래 많은 소설가, 시인들과 교분을 맺으면서 나는 많은 것을 배우고 많은 것을 느꼈다. 당대의 유명한 거의 모든 작가들과 가졌던 길고 짧은 만남들은 어떤 식으로든지 내게 영향을 미쳤다. 그러나 그 중에서도 가장 큰 영향을 미쳤던 분으로는 이미 밝힌 바 있는 구상 선생님과 이청준 선생님 외에 김성일 선생님이 있었다.

83년 11월 4일, 당시 한국일보 편집 부국장이던 정달영 선생님으로부터 전화가 왔다. 꼭 소개시켜 줄 사람이 있으니 함께 점심이나 하자는 것이었다. 약속 장소인 안국동의 한정식 집에 갔을 때, 정달영 부국장이 소개한 사람이 바로 소설가이자 대우중공업 부장이던 김성일 선생님이었다. 6척 장신에 배우처럼 잘 생긴 분이었다. 정 부국장은 서로 알고 지내면 매우 좋은 교분이 맺어질 것이라고 말하면서, 지금 한국일보에 연재되고 있는 김성일 선생님의 연재소설 〈땅끝에서 오다〉를 읽고 있느냐고 물었다.

일반적으로 신문연재 소설은 통속소설이 대부분이기 때문에 나는 신문소설을 읽어본 적이 없었다. 앞에 앉아 있는 김성일 선생님께는 미안했지만 아니라고 대답했다. 정 부국장은 나더러 그 소설을 읽어보고 웬만하면 홍성사의 「믿음의 글들」로 출판하면 좋겠다는 말을 하였다. 마침 김성일 선생님이 원고를 갖고 있었다. 나는 원고를 읽어본 다음 김선생님께 직접 연락을 하기로 하고 헤어졌다.

그날 김성일 선생님과의 만남은 매우 인상적이었다. 점심식사 도중에 정 부국장이 맥주를 시켰다. 정 부국장은 가톨릭 신자였으므로 거리낌 없이 맥주를 마셨고 나는 개신교 집사이면서도 기꺼이 마셨다. 물론 담배도 피워댔다. 그런데 김성일 선생님은 술과 담배를 일체 손에 대지 않았다. 아예 술잔을 받지조차 않았다. 나는 김성일 선생님에게 본래 술 담배를 못하는지 물었다. 그의 대답은 예수님을 영접한 후에 끊었다는 것이었다. 나는 그 순간 김 선생님으로부터 매우 강한 인상을 받았다. 문단에 수없이 많은 크리스천들이 있지만 예수님 때문에 술 담배를 끊었다고 자신있게 대답하는 사람을 나는 그날 처음 보았기 때문이다. 더욱이 대우중공업의 간부라는 점을 감안할 때 그것은 확실히 내게는 '사건'이었다.

사무실에 들어온 나는 오후 3시경부터 〈땅끝에서 오다〉를 읽기 시작했다. 그리고 다 읽기까지 나는 전화도 받지 않고 자리에서 한번 일어서지도 않았다. 그만큼 그 소설이 나를 사로잡았기 때문이다. 그처럼 좋은 소설이 「믿음의 글들」의 식구가 된다는 것은 하나님의 은총이 아닐 수 없었다. 나는 그날밤 당장 김성일 선생님에게 출판할 것을 통보하였다. 김 선생님이 그 소설을 쓸 때에 홍성사의 「믿음의 글들」에 넣을 수 있도록 해 달라고 기도했었다는 사실은 한참 지나서야 알게 되었다.

〈땅끝에서 오다〉를 출판하게 되면서 김성일 선생님과 자연히 자주 만나게 되었고, 나는 많은 것을 배우게 되었다. 이청준 선생님을 통하여 글에 대한 통찰력을 터득하고 구상 선생님을 통하여 깊은 영성에 눈뜨게 되었다면, 김성일 선생님을 통하여는 세속적인 직업 속에서 크리스천의 신앙을 실천하는 삶을 배우게 되었다. 대부분의 크리스천들이 '신앙 따로 직업 따로'의 삶을 살고 있는 것이 과장없는 현실이다. 그래서 교회 안에서의 모습과는 판이한 직장에서의 모습에 대하여 갈등이나 가책을 갖지 않는다. 오히려 그것을 당연한 것으로 받아들인다. 나 역시도 그런 범주의 신앙인이었다. 만약 직장 안에서 참 크리스천의 마음으로 행동하는 사람이 있다면 그는 금방 고지식한 사람으로 매도당하고 말 것이다.

그런데 김성일 선생님은 어디에서나 말씀대로 사는 분이었다. 세속적인 직업을 갖고 있는 사람이 아니라면 놀랄 것도 없다. 그러나 그는 재벌기업의 간부였다. 더욱이 주님을 영접하기 이전에는 자타가 그 능력을 인정하던 유능간부였다. 그러나 어느날 갑자기 크리스천이 되어 술 담배를 끊고 말씀대로 사는 사람이 되었을 때, 교인들이 보기에는 좋았을 망정 회사측에서 볼 때는 아까운 사람 하나 버린 꼴이었다. 그는 하루 아침에 무능한 사람으로 분류되어 좌천당하는 쓰라림을 맛보아야만 했다. 그럼에도 불구하고 그는 참다운 크리스천으로서의 삶을 포기하지 않고 있었다.

대부분의 사람들은 자신의 욕망을 채우기 위해서 혹은 더 출세하기 위해서 예수님께 매달린다. 그런데 그는 예수님 때문에 오히려 현실적으로 큰 불이익을 당하고서도 전혀 괘념치 않았다. 도리어 그것을 당연하게 받아들이면서 그 속에서 하나님의 뜻을 발견하고 기뻐하는 삶을 살고 있었다. 나는 그의 영향을 받지 않을래야 받지 않을 수가 없었다. 그는 세속적인 직업을 갖고 있는 사람들 중에서 내가 만난 최초의 크리스천다운 크리스천이었기 때문이다. (그 이후 그는 예전과는 전혀 다른 의미의 능력을 인정받아 지금은 중역으로 일하고 있다.)

84년 7월 31일이었다. 그날 사무실을 찾아온 김 선생님과 저녁식사를 함께 하게 되었다. 평소 때처럼 나는 술을 마셨다. 같은 크리스천이라고 하면서 그는 술잔에 손도 대지 않는 판국에 나 혼자 마냥 마시기가 좀 민망해졌다. 솔직히 말하면 양심의 가책을 느꼈다. 그래서 내 자신을 합리화하며 변명할 기회를 갖기 위해 크리스천의 음주에 대해 어떻게 생각하는지를 물었다. 예상했던 대로 그는 교회의 전통에 따라 금하는 것이 좋다는 답변을 하였다. 나는 그런 경우를 위해 늘 준비해 두고 있던 질문으로 오히려 역공을 펼쳤다. 즉, 같은 크리스천임에도 불구하고 가톨릭의 신부님들의 흡연과 음주는 왜 문제 삼지 않느냐는 질문이었다. 만약 그것이 문제가 되지 않는다면 나의 음주 또한 전혀 문제될 것이 없지 않느냐는 논리였다.

이 질문에 대해 내 마음을 움직일 정도로 명쾌한 해답을 제시하는 사람을 나는 그동안 만나본 적이 없었다. 그러므로 신부님들이야말로 나의 흡연과 음주행각을 합법화시켜 주는 구세주나 마찬가지였다. 그런데 그날 김 선생님의 답변은 전혀 예상치 못한 답변이었다.

"가톨릭의 신부님들이 술이나 담배를 하기 때문에 나도 할 수 있다는 이 사장의 생각에 나는 동의할 수가 없습니다. 그분들은 주님께 그들의 가장 귀한 것을 바친 분들입니다. 동정(童貞)이지요. 그것은 사실은 그분들의 삶 자체를 송두리째 바친 것을 의미합니다. 만약 이 사장이 신부님들처럼 이 사장의 가장 귀한 것을 주님께 바친 삶을 살고 있다면, 이 사장 자신을 위해 술이나 담배 정도를 즐긴다 한들 무방하겠지요. 그러나 주님께 아무 것도 드린 것이 없으면서 유독 음주와 흡연에 국한하여 자신을 신부님과 일치시킨다면, 그것은 교만이거나 죄악이 아닐까요? 우리가 신부님들처럼 우리의 가장 귀한 동정을 드릴 수 없게 된 바에야 나 자신을 위해 술 담배를 즐기고 싶은 마음 정도는 당연히 주님께 드려야 되지 않을까요?"

그것은 참으로 내 폐부를 찌르는 말이었다. 아니 충격적인 말이었다. 그날 나는 집으로 돌아가면서 곰곰이 생각해 보았다. 나는 과연 주님께 무슨 귀한 것을 드렸는가? 아무리 생각해 보아도 아무 것도 없었다. 늘 드린다고 입으로 외치기만 했을 뿐 실제로는 드린 것이 아무 것도 없었다. 오히려 언제나 받기 위해서만 안달했을 뿐이었다. 그날밤 나는 많은 것을 생각하였다. 그리고 그 다음날 밤 자정이 지나, 즉 1984년 8월 2일 새벽 2시, 나는 아내의 노트를 통해 내 곁에 계시는 주님에 눈뜨게 되고 비록 서투나마 나의 보잘것 없는 삶을 주님께 드리기 시작하였다. 그 두 밤은 서로 깊은 연관성을 갖고 있었다. 그것은 곧 김 선생님과 나와의 관계를 의미하는 것이었다.

87년 2월 마지막날 나를 찾아온 김 선생님은 원고 뭉치를 꺼내놓았다. 새로 쓴 장편소설 원고인데 듣자하니 홍성사가 부도가 나서 어렵다는데, 만약 도움이 된다면 출판하라는 것이었다. 나는 평소 김 선생님의 믿음과 인품을 알고 있었지만, 그럼에도 불구하고 너무 놀랐다. 출판사가 일단 부도나면 맡겨 놓았던 원고도 찾아가는 것이 세상인심이다. 그러므로 부도난 회사가 새로운 투자 없이 작가의 새 원고를 받는다는 것은 거의 불가능한 일이었다.

그런데 김 선생님은 부도난 홍성사를 자기 발로 걸어와서 아무데도 발표한 적이 없는, 그야말로 '전작 장편소설' 원고를 아무 조건 없이 맡긴 것이다. 그 때는 이미 〈땅끝에서 오다〉와 그 후편인 〈땅끝으로 가다〉가 인기리에 발매되고 있던 중이었기 때문에 많은 출판사들이 김성일 선생님의 다음 작품을 노리고 있을 때였다. 만약 다른 출판사에 가져갔다면 계약금만 해도 엄청난 돈을 받을 수 있었을 것이다. 그러나 홍성사에서는 계약금은 고사하고 언제 책이 나올 수 있을지도 불투명했다. 그럼에도 불구하고 김 선생님은 오직 주님에 대한 믿음으로 그리고 나에 대한 사랑으로 자신의 새로운 원고를, 그것도 장편소설 두 권 분량의 원고를 내게 들고 왔던 것이다.

부도난 회사가 작가의 '전작 장편소설' 두 권을 동시에 출판한다는 것은, 서점이나 거래처와의 관계에서 볼 때 실추된 명예와 신용을 회복할 수 있는 더없이 좋은 기회이다. 나는 그날밤도 거의 뜬 눈으로 새웠다. 김 선생님이 너무 고마웠기 때문이었다. 그리고 또 많은 것을 생각했다. 믿음이라는 것이 무엇인지, 누구를 사랑한다는 것은 무엇을 의미하는지 그리고 나눔의 삶을 산다는 것은 또 무엇을 뜻하는지……

그 다음날인 3월 1일은 공휴일이었지만 나는 꼼짝도 할 수 없었다. 김 선생님이 갖고 온 〈제국과 천국〉 상·하권의 원고에 사로잡혀 버렸기 때문이었다. 그 원고를 통하여 나는 또다시 하나님의 나에 대한 메시지를 읽을 수 있었다.

'너는 먼저 나의 나라와 나의 의를 구하라. 그리하면 홍성사는 내가 책임지리라.'

부도가 난 직후, 나는 주일 저녁마다 교회를 순방하며 찬양으로 하나님께 봉사하는 일을 하고 있던 '쿰 중창단' 단원들에게 양해를 구하였다. 더이상 홍성사가 '쿰 중창단'을 위한 재정지원을 할 수 없는 상황이 되었기 때문에 팀을 해체하기 위함이었다. 당시 내가 그들을 위하여 내릴 수 있는 결정은 그것이 유일하였다. 나의 설명을 들은 단원들은 뜻밖에도 홍성사가 그들에게 지급하는 '거마비'가 없더라도 하나님의 영광을 위하여 서로 사심없이 모인 만큼, 이구동성으로 계속하겠다는 것이었다.

그래서 우리들은 — 테너 김승철 씨, 베이스 양태원 씨, 소프라노 윤영신 씨, 알토 함영인 씨, 반주자 함영주 씨, 나레이터 손영규 전도사님 그리고 나는 매 주일 저녁마다 우리를 부르는 곳으로 달려가서 기쁨으로 주님을 찬양하였다. 홍성사가 비록 적은 금액이나마 '거마비'를 지급할 때보다 더 은혜가 충만하였다. 주님께서 우리 가운데 계시는 것을 날마다 확인할 수 있었다.

홍성사가 평신도를 위한 신앙강좌로 개설했던 '다짐의 만남'은 86년 12월 중순, 부도 직후에 방학에 들어갔기 때문에 부도의 와중에 휩쓸리지 않을 수 있었다. 그러나 87년 3월 초가 가까워 오면서부터 고민이 생겼다. 강사비나 대관료를 부담할 재정적인 능력이 없었기 때문이다. 문제는 작년 겨울방학을 하던 날, 비록 홍성사가 부도나긴 했지만 내년 3월에는 어떠한 일이 있어도 반드시 개학할 것이라고 거기에 참여하는 교인들과 굳게 약속한 데 있었다. 그 약속을 믿고 있는 사람들로부터 언제 '다짐의 만남'이 개학하는지를 묻는 전화가 계속 걸려왔다. 약속을 지키자니 돈이 없고 약속을 어기자니 그들에게 거짓말한 꼴이 되어버렸다. 참으로 난감하지 않을 수 없었다.

나의 이런 딱한 사정을 알게 된 '다짐의 만남'의 고정 강사였던 오성춘 교수님과 음동성 목사님이 6개월 동안 강사료 없이 자원봉사를 하겠다고 나섰다. 참으로 감사한 일이었다. 그 다음은 장소문제였다. 마침 부도 이후에 홍성사의 직원은 반이나 줄어 있었다. 남은 직원들을 세 방에 합류시키고 가장 큰 사무실을 '예배실'로 쓰기로 했다. 그래서 정확하게 3월 첫째주부터 약속했던 대로 '다짐의 만남'은 다시 시작되었다. 첫째주와 셋째주 목요일은 음동성 목사님의 성경공부, 마지막 목요일은 오성춘 목사님의 영성훈련을 종전대로 시행하였다. 단지 두번째 목요일의 외부인사 간증 시간에는 내가 대신 성경공부를 맡았다. 간증자에게 지불할 강사료가 없었기 때문이다.

처음에는 예배실에 넣을 의자를 살 돈이 없어 목요일이 되면 충신교회에서 철제의자 50개를 빌려왔다가는 금요일이면 다시 되돌려 주기를 거듭하였다. 그러던 어느날 현재 충현교회 담임 목사님의 사모님이자

소설가인 이건숙 선생님이 홍성사 사무실을 방문하였다가 우리의 사정을 알게 되었다. 이 선생님은 신촌에 있는 신 목사님 개인 연구원에서 쓰던 강의실용 의자 50개와 강대상 하나를 기한 없이 쓸 수 있게끔 빌려주었다. 명실공히 예배실다운 예배실이 된 것이다. 그곳에서 매주 목요일 아름다운 '다짐의 만남'이 이루어졌다. 그것이야말로 곧 하나님과의 만남이었다.

3월 중순이 되었다. 최내화 이사가 매우 난처한 입장에 놓여 있음을 알게 되었다. 부도가 나기 전, 한참 자금이 급할 때 최 이사가 같은 교회에 다니던 L집사님의 돈을 빌려 썼는데 그만 만기가 지나버리고 말았던 것이다. 평소 절친하던 두 사람의 관계가 돈 문제로 인하여 난처하게 되어버리고 말았다. 나는 최 이사와 함께 L집사님을 만나 사정하였다. 그러나 L집사님도 사정이 급하기는 마찬가지였다. 닷새 내로 그 돈이 반드시 있어야 한다며 오히려 내게 통사정을 하였다. L집사님은 나와도 잘 아는 사이였으니 피차 덕이 되지 못했다. 금액은 1천2백만 원이었다. 결코 작은 돈이 아니었다.

내가 할 수 있는 일이라고는 하나님께 기도하는 것밖에 없었다. 3층 서재에 있는 기도실에서 간절히 기도드렸다. 어떤 경우에도 교우들끼리 돈 때문에 시험에 드는 일이 있어서는 하나님께 영광이 되지 않을 터이니 도와주시기를 간구하는 기도였다. 그런데 기도하는 도중에 자꾸 '네 것으로 갚으라'는 주님의 음성이 들렸다. 나는 내 집도 없고 돈을 모으는 통장도 없으며 부도 후에는 자동차마저 처분해 버린 것을 주님께서 다 아시는데 내 것이 어디에 있다고 내 것으로 갚으라시는지 하나님께 물었다. 주님의 응답은 똑같이 '네 것으로 갚으라'는 것이었다.

나는 곰곰이 생각하기 시작했다. 도대체 내게 남아 있는 것이 무엇인가? 내게 남아 있는 것 중에서 무엇이 돈이 될 수 있단 말인가? 생각하던 나는 깜짝 놀랐다. '내 것'이 있었기 때문이었다. 아니 엄격히 말하면 내 것이 아니라 아내의 것이었다. 그것은 바로 내가 결혼 때 아내에게 준 패물이었다. 하나님께서 명령하셨으니 남은 것은 순종하는 일뿐이었다.

나는 아내를 데리고 집 앞에 있는 커피숍으로 갔다. 집에서 그런 이야기를 하기에는 너무 미안하다는 생각이 들어서였다. 아내는 내가 차 한 잔 사겠다고 하자 무슨 영문인지도 모른 채 마냥 좋아하기만 했다. 차를 마신 후 내가 전후 사정을 다 이야기하고 아내의 협조를 구했을 때 아내의 첫마디는 미안하다는 것이었다. 무엇이 미안하냐고 묻는 내게 아내는 이렇게 대답했다.

"당신이 알다시피 전 패물을 하고 다니지도 않잖아요. 그래서 그런 패물이 제게 있다는 사실을 잊고 살았답니다. 당신이 부도났을 때, 그때 이미 제가 먼저 그런 것을 챙겨서 당신에게 드렸어야 했는데…… 당신 입으로 그런 얘기를 하게 하다니……. 정말 미안해요."

정말 미안한 표정으로 이야기하는 아내의 눈에는 눈물이 고이고 있었다. 나도 눈물이 핑 돌았다. 부부란 이래서 세상에서 제일 소중한 관계로구나. 나는 진심으로 아내에게 감사하였다.

그 다음날 아내와 나는 보석상을 찾았다. 평소에 알고 지내던 그 보석상 주인은 금붙이는 일정한 가격이 정해져 있기에 문제가 없지만 다이아몬드나 진주 등은 그것을 구입한 보석상이 아니면 제 값을 받을 수 없으므로 구입한 곳을 가라고 권해 주었다. 그렇지 않을 경우 제 값의 반도 받기 힘들다는 것이었다. 또 다른 보석상을 찾았지만 그곳의 대답도 마찬가지였다. 어쩔 수 없이 막내누님을 찾아갔다. 왜냐하면 내가 결혼할 때 패물구입을 막내누님에게 부탁했기에 어느 보석상인지는 막내누님만 알고 있었기 때문이었다. 누님에게 모든 사정을 이야기한 나는 L집사님과 약속한 날이 사흘 남았으므로 이틀 내에 처분될 수 있도록 해 달라고 부탁하였다.

L집사님과 약속한 전날 밤이 되었다. 저녁이 되도록 누님으로부터는 아무런 연락이 없었다. 또다시 기도하는 수밖에 없었다. 밤 10시가 되었다. 갑자기 초인종이 울렸다. 나가보니 막내누님의 기사가 누런 봉투를 가져왔다. 봉투를 뜯자 그 속에는 정확하게 1천2백만 원이 들어 있었다. 나는 패물이 팔렸나 보다 하고 누님에게 감사하기 위해 전화를 했다. 알고보니 패물은 아직 팔리지 않고 있었다. 단지 내가 약속을 지킬 수 있도록 누님이 자기 돈을 보내준 것이었다. 본의 아니게 또 누님의 도움을 받았다. 나는 너무나 미안해서 패물이 팔리면 얼마가 되든지 누님이 가지라고 말했다.

다음날 나는 L집사님을 찾아가서 1천 2백만 원을 갚았다. 그때 그 후련했던 마음은 이루 표현할 도리가 없었다. 집으로 되돌아 오면서 하나님과 누님에게 얼마나 감사했는지 모른다. 그후 며칠이 지나 누님이 또 돈을 보내왔다. 전화를 걸어 무슨 돈이냐고 물었더니 패물 팔린 값이라고 했다. 왜 누님이 가지지 않았느냐고 했더니 자기 돈은 이 다음 다른 빚 다 갚은 후에 주어도 좋으니, 그 돈으로도 급한 사람 빚 먼저 갚으라는 것이었다. 그런데 마침 그날 홍성사 때문에 부도가 나게 생긴 채권자가 있었다. 그에게 갚아야 할 금액이 패물 판 값과 똑같았다. 그 채권자가 그날 부도를 면한 것은 당연했다. 하나님의 해결하심의 방법은 실로 깊고도 오묘했다.

2월 중순 내가 「홍성신서」 포기를 선언하고 실행에 옮겼을 때였다. 직원 한 명이 이제부터라도 '이중장부'를 쓸 것을 내게 은밀히 권하였다. 그런 편법이라도 쓰지 않는다면 「믿음의 글들」에 대한 믿음만을 가지고는 절대로 재기할 수 없다는 것이었다.

내가 74년 홍성사를 설립한 후 그 때까지 단 1원도 탈세하지 않는 것을 원칙으로 삼고 있었던 데에는 그만한 까닭이 있었다. 70년 12월 대학졸업 세 달 전에 취직한 외국인 회사가 내게 제일 먼저 가르쳐 준 것은 탈세하는 것이었다. 그때 내가 겪어야만 했던 갈등은 너무도 컸었다. 대학을 갓 졸업한 젊은이의 정의감에서도 그러하였지만, 한 걸음 더 나아가 외국인들이 한국 땅에서 자행하는 탈세행위의 하수인이 되었다는 민족적 양심 때문이었다. 그 때의 갈등과 심적 고통이 얼마나 컸던지 이 다음에 내가 사업하는 기회가 오면 절대로 탈세하지 않으리라 굳게 결심하기에 이르렀다.

74년 홍성사를 세운 뒤 항공사업과 무역사업을 할 때에는 아무런 문제가 없었다. 외국기업과의 거래이므로 모든 자료를 빠짐없이 세무서에 신고하는 데에 전혀 장애가 없었기 때문이다. 그런데 출판을 시작하면서부터 문제가 생겼다. 당시 출판계와 서점은 으레 세무자료를 누락시키는 것을 당연한 관례로 여기고 있었다. 일반적으로 총 매출의 30% 정도만 자료를 발생시키고 있는 실정이었다.

그런 판국이었으니, 78년 1월 25일 〈소유냐 삶이냐〉를 필두로 책을 출판하기 시작한 홍성사가 세금 계산서를 100% 발행하자 서점으로부터 반발이 일어난 것은 너무나 당연한 일이었다. 전국 곳곳에서 항의가 들어왔다. 계속 모든 자료를 발생시키면 홍성사와의 거래를 중단하겠다는 것이었다. 나는 세금문제 때문에 홍성사와 거래하길 원치 않는 서점과는 미련없이 거래를 중단토록 하였다. 이런 원칙적인 문제는 처음부터 우리의 원칙을 고수하지 않는 한 결국은 실패하고 말며, 한번 나쁜 관습을 따르기 시작하면 그 다음에는 아무리 시정하려고 해도 절대로 할 수 없다는 사실을 잘 알고 있었기 때문이다. 뿐만 아니라 홍성사가 정말 양서만 출판하는 한 결국은 서점이 세무자료를 다 받고서도 홍성사와 거래하지 않을 수 없을 것이라는 믿음이 있었기 때문이다.

출판을 시작한 지 6개월이 지난 78년 7월 초였다. 서울 시내에서 굴지의 서적 도매상을 경영하는 사장이 나를 찾아왔다. 그의 방문 목적은 나에게 세금 계산서를 100% 발부하지 말라는 충고를 하기 위함이었다. 그의 논리는 간단했다. 홍성사가 세무자료를 다 발부하는 것 때문에 서점들이 홍성사와의 거래를 기피한다면 홍성사는 좋은 책을 더 많은 독자에게 전해야 하는 출판인의 의무를 저버리는 꼴이 되므로 독자들을 위해서 관례에 따라 30% 정도만 세무자료를 발생시켜 달라는 것이었다. 나는 그의 충고에 감사하면서, 그러나 더 많은 독자에게 책을 전해야 한다는 출판인의 사명을 다하기 이전에, 나는 헌법에 명시된 납세의 의무를 다해야 하는 대한민국 국민이므로 어떤 어려움이 있더라도 나의 원칙을 포기할 수는 없다고 대답했다. 그는 할 수 없다는 듯 자리에서 일어서면서 나에게 노골적으로 이렇게 말했다.

"당신 그렇게 원칙 좋아하다가 두고 보라구! 올해가 다가기 전에 망하고 말 거야. 세금 다 내고도 망하지 않는다면 내 손에 장을 지지라구!"

그는 그 날부로 홍성사와 거래를 중단하였다. 그러나 그 해가 다 가기 전에 그가 먼저 찾아와서 사과하였다. 그리고 세무자료를 100% 다 받을 테니까 거래를 다시 시작해 달라고 부탁하였다. 홍성사가 출판계에서 갑자기 급부상하자 홍성사의 책을 구비해 두지 않고서는 다른 도매상과 경쟁이 되지 않기 때문이었다. 나는 기꺼이 그와 다시 거래를 시작토록 하였다. 물론 그는 손에 장을 지지지도 않았다. 그 사건 이후로 세무자료 때문에 홍성사와의 거래를 기피하는 서점은 사라졌다. 홍성사와 거래하려면 으레 세무자료를 100% 받아야만 하는 회사로 인정받게 되었기 때문이다. 비단 서점뿐만 아니라 지업사, 인쇄소, 제본소 등의 거래처도 모두 마찬가지였다.

이 원칙을 벌써 13년 동안이나 지켜왔는데,「홍성신서」가 없어졌다고 새삼스럽게 '이중장부'를 쓰자는 직원의 말에 동의할 수는 없었다. 더욱이 오직 하나님의 영광을 위하여 「믿음의 글들」만을 출판하게 된 마당에 하지 않던 탈세를 계획한다는 것은 더더욱 있을 수 없는 일이었다. 나는 작은 것을 탐하다가 막상 큰 것을 잃어버리는 어리석은 자가 되지 말자고 그를 설득하였다.

3월 말에 홍성사의 '예배실'에서 채권자 회의가 열렸다. 채권자 총 80여 명 중에서 60여 명이 참석하였다. 지업사, 인쇄소, 제본소 등 중요한 채권자는 다 참석한 셈이었다. 그 날이야말로 홍성사의 운명이 결정되는 날이었다. 아무리 홍성사가 재기하고 싶어도 그들이 협조하지 않으면 불가능할 수밖에 없었다. 1시간에 걸친 논의 끝에 채권자 회의는 홍성사를 다시 살리기로 전원 합의하였다. 그 구체적인 방법으로 홍성사에 대한 채권의 회수 기한을 못박지 않고 몇 년이 걸리든 거래를 해 가면서 홍성사에 결실이 생기는 대로 회수한다는 것과, 원금에 대한 모든 이자는 완전 동결한다는 것을 결정하였다. 그같은 파격적인 결정이 나게 된 원인은 한 가지였다. 난 한번의 탈세도 행하지 않음으로 출판계에 새로운 이정표를 세운 정직한 기업을 어떤 일이 있어도 죽여서는 안된다는 것이었다.

절대로 탈세하지 않는다는 나의 원칙이 그처럼 엄청난 열매로 되돌아 오리라고는 상상도 못했다. 그것은 곧 기적이었다. 내가 하나님과의 약속마저 파기하며 타락하던 그 순간에도 세금에 대한 원칙만은 고수할 수 있었다는 것 자체가 하나님의 은총이었기 때문이다. 하나님께서 천지를 창조하신 손으로 홍성사를 붙들어 세우고 계시는 것이 눈에 여실히 보였다. 바로 이 날을 위하여 주님은 아파하시면서 나를 찢으셨던 것이다.

오라 우리가 여호와께로 돌아가자 여호와께서 우리를 찢으셨으나 도로

낮게 하실 것이요 우리를 치셨으나 싸매어 주실 것임이라 여호와께서 이틀 후에 우리를 살리시며 제삼일에 우리를 일으키시리니 우리가 그 앞에서 살리라 그러므로 우리가 여호와를 알자 힘써 여호와를 알자 그의 나오심은 새벽 빛같이 일정하니 비와 같이 땅을 적시는 늦은 비와 같이 우리에게 임하시리라(호 6:1~3)

하나님의 경영하심

4월 중순이 되었다. '다짐의 만남'을 합정동에 있는 홍성사의 '예배실'에서 계속하다 보니 시간이 흐를수록 참석자들이 줄어들기 시작했다. 합정동이 서울의 한쪽 끝에 있는 외진 동네이다 보니 불편한 교통 때문이었다. 오성춘 교수님과 음동성 목사님이 만 일을 제쳐놓고 자원봉사하는 만큼 더 많은 사람이 참여해야 체면이 설 터인데, 오히려 반대현상이 나타나고 있었으니 두 분을 뵐 면목이 없었다. 4월 말이 가까워오면서 오성춘 교수님과 음동성 목사님은 동시에, 각각 학교와 교회 일 때문에 더이상 '다짐의 만남'을 계속할 수 없게 되었다. '다짐의 만남'이 존폐의 기로에 서게 된 것이었다.

마음 같아서는 이 기회에 '다짐의 만남'을 아예 중단해 버리고 싶었다. 매주 목요일마다 사무실에서 그 모임을 갖다보니 여러가지로 번거로울 뿐만 아니라, 장소문제로 참가자의 수도 계속 줄어들어 4월 말경에는 10명도 채 되지 않았기 때문이다. 주 강사들에게 사정이 생긴 만큼 중단할 명분은 충분했다. 그러나 사람들에 대해서는 명분이 있다

할지라도 하나님께서 과연 그것을 원하시는지가 문제였다. 나는 이 문제를 놓고 기도하기 시작했다. 한 가지 묘한 일은 기도할 때마다 어김없이 박상철 씨의 얼굴이 눈 앞에 떠오르곤 한다는 사실이었다. 나는 처음에는 그것이 무엇을 의미하는지를 몰랐다. 그러나 며칠 동안 계속 기도하는 중에 마침내 그 뜻을 깨닫게 되었다.

박상철 씨는 직장에 다니는 20대의 청년이었다. 어떻게 알고 찾아왔는지 1986년 2월, 100주년 기념회관에서 '다짐의 만남'이 시작되던 첫날부터 참석하기 시작한 그는 장소를 합정동으로 옮긴 후에도 단 한번도 빠짐이 없었다. 누구보다도 빨리 와서 제일 앞자리에 앉아서는 눈을 반짝이며 강의를 듣곤 하였다. 결국 내가 기도하면서 깨닫게 된 것은 박상철 씨처럼 '다짐의 만남'을 필요로 하는 사람이 한 사람이라도 있는 한 중단해서는 안된다는 것이었다. 하나님께서 그 '다짐의 만남'을 통하여 어떤 역사를 이루실지 알 수가 없기 때문이었다.

그렇다면 어떤 분을 강사로 모실 것인가라는 문제가 대두되었다. 아무리 생각해도 묘수가 없었다. 재정적인 문제와 더불어 장소문제 때문이었다. 외진 합정동으로 좋은 강사를 강사비도 없이 매주 목요일 모신다는 것은 불가능한 일이었다. 혹 참여하는 숫자라도 많다면 모를까 겨우 한 자리 숫자의 사람을 모아놓고 좋은 강사 운운하는 것은 어불성설이라는 생각이 들었다. 결국 현실적으로 가능한 방법은 내가 담당하는 수밖에 없었다. 자신이 있어서라거나 능력을 갖고 있어서가 아니라 '다짐의 만남'을 중단하지 않는 한 다른 대안이 전혀 없었기 때문이다.

이런 연유로 인해 5월 첫째 주부터 '다짐의 만남'을 어쩔 수 없이 내가 맡게 되었다. 언제가 되든 아무도 나오지 않는 날, 아예 '다짐의 만남'을 폐지하기로 작정하고서 말이다. 학교공부와 영락교회 봉사를 겸해야 하였으므로, '다짐의 만남'의 날짜를 목요일에서 화요일로 옮겼다.

월요일만은 학교와 교회가 쉬는 날이므로 화요일의 '다짐의 만남'을 월요일에 미리 준비해 둘 수 있었기 때문이다. 새로이 출발하는 만큼 창세기 1장 1절부터 시작하기로 하였다.

이렇게 해서 5월 첫째 주 화요일에 열린 '다짐의 만남'에 참석한 사람의 수는 박상철 씨를 포함하여 세 사람이었다. 참으로 두렵고 떨리는 마음으로 시작하였다. 1시간 30분 동안이나 계속해서 누구를 가르칠 만한 실력이 내게는 없다는 사실을 내가 누구보다도 잘 알고 있었다. 그런데 이상한 일이었다. 한 주가 지날 때마다 계속 사람들이 늘어나기 시작했다. 마침내 한 달이 지난 6월 초가 되었을 때에는 예배실 50석이 모자라 예배실 밖에까지 의자를 놓아야만 했다.

6월 중순이 되었다. 소설가 이건숙 선생님의 부탁을 받고 '한국기독여성 문인선교회'에 가서 예배를 드리게 되었다. '한국기독여성 문인선교회'는 소설가 정연희, 윤남경, 김녕희, 이건숙, 강난경 선생님, 극작가 김자림, 나연숙 선생님, 시인 임성숙, 김소엽 선생님 등, 그야말로 기독여성 문인들의 모임으로서 이건숙 선생님이 당시 회장을 맡고 있었다. 그날 함께 예배를 드린 후 '한국기독여성 문인선교회'로부터 정식으로 성경공부를 담당해 달라는 요청을 받게 되었다. 너무나 뜻밖의 일이었다. 정중하게 사양하였지만 받아들여지지 않았다. 거듭되는 어른들의 간절한 부탁에 결국은 순종하는 도리밖에 없었다.

이렇게 해서 1987년 7월 4일, 전혀 계획에도 없던 '한국기독여성 문인선교회'와의 성경공부도 시작되었다. 격주로 토요일 오전 10시 30분부터 두 시간씩 하기로 하였고, 장소는 역시 홍성사의 예배실로 정하였다. 첫날은 10여 명 남짓의 회원들이 모였다. 모두 주님을 향한 순수하고도 뜨거운 신앙을 갖고 있었다. 성경공부가 끝나고 나면 모두 준비해 온 점심을 함께 들면서 친교를 나누곤 하였다. 그런데 여기서도 이상한 일이 벌어졌다. 시간이 흐를수록 점점 더 많은 회원들이 참여하더니 나중에는 회원 아닌 사람들까지 모이게 되었다.

8월 중순이 되었다. 이건숙 선생님의 부군인 신성종 목사님으로부터 전화가 왔다. 신 목사님은 총신대학 신대원장으로 재직하면서 매주 토요일마다 벽산그룹의 직장예배를 인도해 왔다. 벽산그룹은 기독실업인으로 널리 알려져 있는 김인득 회장님이 경영하는 그룹으로, 매주 토요일 아침 8시 중앙극장에서 직장예배를 드렸는데 참여하는 인원이 수백 명에 달했다. 그런데 신 목사님이 갑자기 대전 중앙교회로 부임하게 됨에 따라 근 7년 동안이나 인도해 오던 벽산그룹 예배를 더이상 계속할 수가 없게 되었다. 신 목사님의 대전행이 갑자기 결정되었던 만큼 벽산그룹 직장예배의 마땅한 후임자를 아직 결정하지 못하고 있었다. 마침 8월은 직장예배가 여름방학중이었지만 9월 첫째 주부터 예배는 시작되어야만 했다.

할 수 없이 나에게 전화한 신 목사님은 벽산그룹에서 마땅한 후임자를 물색할 때까지 9월 한 달 동안만 벽산그룹 직장예배를 인도해 달라고 부탁하였다. 나는 그 때까지 신 목사님을 뵙고 직접 인사드린 적이 없었다. 그럼에도 불구하고 신 목사님이 그런 중요한 부탁을 하게 된 것은 전적으로 이건숙 선생님의 영향이었다. 나는 정중하게 거절할 수밖에 없었다. 나는 그당시 아직까지 신학교에 재학중인 전도사였다. 그런 처지에서 행여라도 잘못했다가는 나를 믿고 천거한 신 목사님 부부에게 누를 끼치는 일이라고 판단되었기 때문이다. 그러나 신 목사님은 한 달 간이니 부담 갖지 말고 좋은 경험 삼아 해 보라고 말한 다음 전화를 끊었다.

신 목사님의 전화를 받은 그 다음날 벽산그룹으로부터 사람이 나를 찾아왔다. 지금은 고인이 된 당시 벽산그룹의 감사 이기필 장로님이었다. 이 장로님은 신 목사님으로부터 연락을 받고 인사차 왔다면서 내가 한 달 동안 설교하는 것을 기정사실로 하고 있었다. 더이상 거절할 수가 없었다. 9월 한 달 동안 매주 토요일마다 중앙극장에서 예배를 드렸다.

그 한 달 동안 얼마나 힘들었는지 모른다. 주일에는 하루 종일 영락교회에서 봉사를 하였다. 월요일이면 화요일에 있을 '다짐의 만남'을 온종일 준비해야만 했다. 화, 수, 목, 금요일 낮에는 학교에서 살아야 했다. 화요일 밤에는 '다짐의 만남'을 인도하고 수요일 밤에는 교회예배에 참석하였다. 토요일 아침 8시면 벽산그룹 직장예배, 오전 10시 30분부터는 '한국기독여성 문인선교회'의 성경공부가 있었다. 그 이후에는 주일 준비를 해야 한다. 어린이 예배설교 준비, 교사 성경공부 준비 등이다. 금요일 교사들과의 철야 기도회가 있는 날이면 한잠도 자지 못한 채 토요일의 강행군을 감행해야만 했다. 더욱이 그 때는 신학교 졸업반이었기 때문에 논문도 써야만 했다. 매일 밤 세 시간 이상을 자본 적이 거의 없었다. 홍성사가 우리집과 3층 서재 사이에 있있음에도 불구하고 홍성사를 위해 할애할 시간은 하루에 단 1분도 없었다. 그러므로 9월 말이 가까워오자 얼마나 마음이 가벼워졌는지 모른다. 벽산그룹 직장예배라는 짐을 벗을 수 있기 때문이었다.

마침내 9월 마지막 토요일 직장예배를 홀가분한 기분으로 끝마쳤을 때에, 나는 벽산그룹으로부터 전혀 예기치 않던 제의를 받고 당황하지 않을 수 없었다. 직장예배를 계속 맡아달라는 것이었다. 나는 응할 수가 없었다. 9월 한 달 동안 모든 것이 정말 힘들었기 때문이다. 그러나 벽산그룹은 나의 반대에도 아랑곳하지 않았다. 내가 해 줄 것을 믿고 아예 후임자를 물색하지도 않았으니 내가 계속하지 않으면 당장 다음 토요일부터 예배를 드릴 수조차 없다는 것이었다. 이기필 장로님과 한동안 얘기했지만 나의 의사는 도대체 받아들여지지 않았다. 할 수 없이 그해 연말까지만 계속하기로 합의하였다.

그날 지하철을 타고 집으로 되돌아오면서 얼마나 하나님을 원망했는지 모른다. '다짐의 만남' '한국기독여성 문인선교회' '벽산그룹 직장예배' 등 어느 것 하나 내가 먼저 원해서 시작된 것은 없었다. 모든 것이 어쩔 수 없이 그냥 떠맡겨진 것이었다. 하나님께서 피할 수 없는 막다른 골목으로 몰아넣으시고는 하지 않을 수 없도록 만들고 계셨다. 그러나 원망은 할 수 있을지언정 거부할 수는 없었다. 주님을 위해 살겠다고 결심한 이상 순종 이외에는 도리가 없었다. 그 모든 일들을 통하여 하나님께서는 하나님의 뜻을 이루고 계신다는 믿음 때문이었다.

12월 초가 되었을 때, 이기필 장로님은 또다시 어려운 부탁을 해 왔다. 1년만 더 해 달라는 것이었다. 나는 이런 경우, 더이상 의논을 해서는 안된다는 것을 이미 경험한 바가 있기에 예의에 벗어나지 않는 범위 내에서 할 수 있는 한 강하게 거절하였다. 그러자 이번에는 김인득 회장님이 직접 부탁하였다. 김인득 회장님은 나의 첫째자형과는 사촌지간이므로 나에게는 사돈 어른이 되는 셈이었다. 참으로 입장이 곤란했다. 노(老) 사돈의 부탁을 뿌리칠 도리가 없었다. 어쩔 수 없이 나의 뜻을 또다시 접어둘 수밖에 없었다. 홍성사를 위해서는 여전히 아무것도 할 수가 없었다.

12월이 되면 그 다음 해의 진로가 결정되어야 한다. 그 다음해 2월에 졸업이 예정되어 있었으므로 정상적으로 한다면 영락교회에서 전임전도사가 되어야만 했다. 그러나 나는 계속 교육부서에서 파트타임 전도사로 남기로 했다. 졸업한 후에는 가능한 한 홍성사를 위해 일할 수 있게끔 어디에든 매이지 않는 것이 좋겠다는 개인적인 판단에서였다. 그동안 내 욕망대로 경영하다가 홍성사를 망쳤던 만큼, 새해인 1988년부터는 정말 주님의 영광을 위하여 홍성사를 말씀대로 경영해 보고픈 뜨거운 열망이 있었다. 그러나 그러한 나의 뜻과는 아랑곳 없이 또다시 전혀 예기하지도 않았던 일이 새해 벽두부터 나를 기다리고 있었다.

1988년이 밝았다. 신정 연휴가 끝나고 며칠이 지난 아직 1월 초순일 때에, 소설가이자 '한국기독여성 문인선교회' 회원인 정연희 선생님이 찾아왔다. 성경공부하는 날도 아닌데 찾아온 것으로 보아 중요한 일인 것 같았다. 막상 선생님의 얘기를 다 듣고보니 그것은 중요성의 차원을 떠나 실로 상상을 초월하는 이야기였다. 즉 개척교회를 시작해 보지 않겠느냐는 것이었다. 나는 그 때까지 단 한번도 개척교회를 목회한다는 생각을 가져본 적이 없었다. 그런데 그같은 제의를 선생님이 하게 된 배경은 다음과 같았다.

그 이전에 정연희 선생님이 섬기던 교회에 다니던 몇 가정이 여러가지 사정으로 인하여 그 교회를 떠나게 되었다. 그분들은 마땅한 교회를 정하기 위하여 많은 교회를 찾아다녔지만 모두 흔쾌히 결정할 만한 교회를 찾지 못하고 있었다. 마침내 그분들은 차라리 개척교회를 세우리라 생각하고 뜻이 맞는 목회자를 찾던 중 정연희 선생님을 만나게 되었고, 정 선생님은 나를 천거하였다. 그분들 가운데서 몇 사람의 대표자가 '한국기독여성 문인선교회' 성경공부에 참여해 본 다음 정연희 선생님에게 정식으로 나의 의사를 타진해 주기를 부탁했던 것이다.

나는 정연희 선생님의 그 상상을 초월하는 제의를 받고 세 가지 이유를 들어 정중하게 거절하였다. 첫째로는 나의 과거 때문이었다. 정 선생님은 내가 신학을 결심하기 전 어떤 삶을 살았는지 잘 알고 있는 분이었다. 개척교회란 그야말로 하나님께 새로이 드려지는 교회요, 하나님께서 새로운 역사의 도구로 쓰시기를 결정하신 교회이다. 그런 교회라면 정말 흠 없고 순결한 목회자가 담당하는 것이 당연할 것이다.

그러나 나는 아무리 목회자의 길에 들어섰다고는 하지만 너무나 방탕한 삶을 살았던 흠집투성이임을 누구보다도 내가 잘 알고 있었다.

두번째로는 홍성사 때문이었다. 87년 2월, 「믿음의 글들」만을 출판하기로 한 이후 홍성사를 위해 내가 한 일은 아무 것도 없었다. 이미 말한 바와 같이 홍성사를 위해 일할 시간이 단 1분도 없었기 때문이다. 따라서 홍성사가 도산해 버렸다면 모르되 건재하고 있는 이상, 대표로서의 책임과 의무를 다하는 것만이 하나님 앞에서 떳떳할 수 있다고 생각했다. 이런 상황 하에서 만약 개척교회를 시작한다면 그것은 사실상 홍성사와의 결별을 의미하는 것이었다.

세번째로는 나의 미경험 때문이었다. 나는 겨우 졸업을 앞둔, 경력이라고는 교육전도사로서의 파트타임 경력이 고작일 뿐 전임 전도사의 경험은 전무하였기에, 목회현장에서 목회를 어떻게 하는 것인지조차 전혀 알지 못했다. 이런 판국에 인간의 삶과 영혼의 문제를 다루는 목회를 하겠다고 나서는 것은 의학도가 인턴도 거치지 않고 환자를 수술하겠다고 나서는 것과 같이 무모한 일이라는 생각이 들었던 것이다.

나의 이야기를 들은 정연희 선생님은 개척교회가 불가능할 경우 일주일에 한 번씩 성경공부는 가능하겠느냐고 물었다. 차마 그것까지는 거절할 수가 없었다. 졸업을 하게 되면 아무래도 학교에 가던 시간이 비는 만큼 일 주일에 한 번 정도의 시간은 충분히 낼 수 있으리라는 생각이 들었기 때문이다. 거기까지 이야기를 끝마친 다음 정 선생님은 돌아갔다.

며칠이 지나자 몇 분의 여집사님들이 찾아왔다. L, K, W, K집사님이었다. 말하자면 나에게 정식으로 성경공부를 요청하기 위하여 찾아온 것이었다. 나는 그 자리에서 좋다는 확답을 했다. 다시 며칠이 지나서 이번에는 남자 집사님인 K집사님이 찾아왔다. K집사님과 성경공부는 매주 수요일 저녁에 한다는 것과 장소는 홍성사의 예배실에서 할 것을 결정하였다. 이렇게 해서 2월부터 전혀 계획에도 없던 새로운 성경공부가 또다시 시작되게 된 것이다.

사람과 사람이 서로 알게 된다는 것은 언제나 새로운 사건의 가능성을 구체화시키는 것이다. 그분들과 성경공부를 계속하면서 그분들이 내가 생각했던 것보다 교회로부터 훨씬 더 깊은 상처를 받은 사람들임을 알게 되었다. 나도 한때 상처를 입었던 사람으로서 그분들의 아픔이 내게 그대로 전이되어 오는 것 같았다. 무엇보다도 주일날 마땅히 찾아가야 할 '내 교회'가 없어서 이번에는 또 어느 교회를 가야 할까 하고 애태우는 그분들의 고민을 들었을 때에는 가슴이 찢어지는 듯이 아팠다. 어쨌든 목회자가 되겠다고 나선 사람으로서 마치 내가 직무를 유기하고 있는 것 같은 양심의 가책을 느꼈다.

나는 그분들을 위해 계속 기도했다. 그리고 마침내 개척교회를 시작할 것을 결단하였다. 기도하는 중에 내가 신학교에 입학하면서 하나님께 드렸던 서원기도가 생각났기 때문이다. 만약 내가 목회를 하게 되면 교회로부터 상처받았거나 버림받은 사람들을 위해 목회하겠다는 서원이었다. 하나님께서 그 서원기도를 받으시고 기억나게 해 주신 이상 순종해야 한다는 것에 대해서는 더이상 이론의 여지가 있을 수 없다. 단지 왜 지금 그 일을 그분들과 함께 개척교회로 시작하게 하시는지 그 이유만은 깊이 생각해 볼 필요가 있었다. 거기에 대한 바른 해답을 가져야 주님께서 원하시는 바른 교회가 세워질 수 있고, 그 때에만 그분들이 다시는 상처받지 않을 수 있다고 믿었기 때문이다.

나와 함께 성경공부를 하던 분들은 학력으로나 사회적인 경력으로나 나와는 비교도 되지 않는 분들이었다. 신앙적인 연륜도 물론 나보다 깊은 분들이었다. 그런 분들을 위한 목회자라면 모든 면에서 나보다는 월등한 분이어야만 타당하다. 그런데 왜 나처럼 흠 많고 자격 없는 자에게 그처럼 막중한 일을 맡기시는가? 나는 이 질문을 놓고 오랫동안 기도하였다. 하나님께서 나에게 요구하시는 것이 무엇인지를 알기 위함이었다. 결국 나는 그것을 세 가지로 압축할 수 있었다.

나는 이미 많은 돈을 만져보았다. 이미 큰 집도 가져보았고 좋은 자동차도 타보았다. 사회적인 명예도 누려보았다. 그렇기에 그것의 덧없음과 허망함도 이론적으로나 추상적으로가 아니라 구체적으로 경험하여 알고 있었다. 하나님께서 구태여 나같은 사람을 택하여 그분들과 개척교회를 시작하게 하는 연유는 바로 그 속에 있다고 판단하였다.

그래서 나는 첫째 예배당을 짓지 않고 모든 헌금의 50%를 선교와 구제비로 쓴다, 둘째 절대로 정년을 채우지 않는다, 셋째 나의 생활비를 전적으로 교회에 의지하지 않는다는 것을 나의 원칙으로 세웠다.

세상에 개척교회치고 순수한 뜻을 갖고 시작하지 않는 교회가 어디에 있겠는가? 그럼에도 불구하고 세월이 흘러가면서 교회가 타락하는 까닭은 목회자에게 있고 그것은 자기 원칙이 없기 때문이라고 생각해왔다. 그러므로 이상과 같은 세 가지를 나의 원칙으로 삼은 나는 그 원칙을 반드시 지킬 것을 하나님께 서원하였다.

이렇게 해서 1988년 6월 26일 52명이 모인 가운데, 대한 예수교 장로회 '주님의 교회'는 한남동에 있는 '여성청년 교육원'의 세미나실을 빌려서 창립예배를 드렸다. 그 이전에 영락교회에는 사표를 제출했지만 받아들여지지 않았다. 연말까지 계속하라는 것이었다. 그래서 '주님의 교회'는 주일 오후 4시에 낮예배를 드리고 계속해서 6시에 찬양예배를 드렸다. 그리고 수요일 저녁예배를 드렸다. 연말까지는 내가 영락교회에 묶여 있는 탓도 있었지만 장소문제 때문에도 더이상의 집회는 가질 수가 없었다. 그러나 나는 그 시절을 잊지 못한다. 아니 영원히 잊지 못할 것이다. 이미 '주님의 교회'는 커져버렸기 때문에 그 시절의 그 애틋한 가족적인 분위기는 가질래야 가질 수가 없기 때문이다.

'주님의 교회'를 함께 시작한 교우들은 정말 열심으로 전도하고 봉사하였다. 그 결과 주일을 거듭할수록 교인은 점점 늘어나기 시작했다. 마침내 한남동의 '여성청년 교육원'의 세미나실이 비좁아지게 되었을 때, 하나님께서는 1988년 11월 1일부터 '주님의 교회'가 논현동에 있는 '강남 YMCA' 예식장에서 예배를 드릴 수 있도록 인도해 주셨다. 더욱 감사한 것은 그곳에서는 매일 새벽기도를 드릴 수 있다는 것이었다. 12월말이 되어서는 '강남 YMCA' 내에 '주님의 교회' 사무실을 얻게 되었다. 곧 수리를 시작하였다.

1989년 1월 1일이 되었다. 바로 그 전날부로 영락교회는 사임하였다. 감격적인 신년예배를 드린 후에 수리가 끝난 사무실 개관 테이프를 끊었다. 주일낮 예배시간도 아침시간으로 변경하였다. 주일예배, 찬양예배, 수요예배, 새벽기도회를 마음대로 드릴 수 있을 뿐만 아니라 사무실까지 갖추었으니 명실공히 교회의 모습을 갖춘 셈이었다. 그런 만큼 더욱 바빠진 것은 두 말할 나위가 없었다. 그러나 사랑하는 교우들과 함께 사랑을 나눈다는 기쁨에 바쁘고 피곤한 것도 잊을 수 있었다. 단시 한 가지 마음속에서 떠나지 않는 의구심이 계속 나를 따라다녔다. 왜 하나님께서는 시간이 흐를수록 홍성사로부터 더욱 멀어지는 상황으로 나를 몰아가시는가 하는 의구심이었다. 그러나 뾰족한 해답은 없었다. 그러므로 기쁨으로 교회일을 보면서도 거들떠볼 수조차 없는 홍성사에 대한 마음의 부채가 늘 무겁게 나를 짓누르고 있었다.

교우들은 '주님의 교회'에는 세 가지 없는 것이 있다고 농담을 하곤 했다. 첫째는 자기 예배당이 없고, 둘째 교회 간판이 없으며, 셋째 목사가 없다는 것이었다. 그것은 모두 사실이었다. 나는 그 때까지 여전히 전도사였기 때문이다. 이처럼 가장 중요한 것들이 없음에도 불구하고 교우들의 헌신적인 봉사는 계속 교회가 부흥되게 하였다. 마침내 90년 초가 되었을 때에는 '강남 YMCA' 2층 예식장도 '주님의 교회'를 수용할 수 없게 되었다. 그래서 90년 2월 초에 들어서 4월 1일부터는 '강남

YMCA'의 4층 대강당에서 예배를 드리기로 결정하였다. 예배당을 짓지 않고 선교와 구제에 주력하기로 한 우리의 계획을 기뻐하시는 하나님께서 필요할 때마다 필요한 장소를 책임져 주심을 모든 교우들이 확인할 수 있었다. 그러나 교인이 많아진다는 것은 내가 더 바빠지는 것을 의미했다.

더욱이 3월 21일에는 목사 안수식이 예정되어 있었다. 그 이전에 나와 홍성사의 관계를 분명히 해 둘 필요가 있었다. 그 당시 이름만 홍성사의 대표이사로 걸려 있을 뿐 현실적으로는 홍성사를 위해 아무 것도 하지 못했다. 그래서 늘 마음의 빚이 남아 있었다. 홍성사를 내가 하나님을 위해 바쳤음에도 불구하고 아무 일도 하지 못한다는 데 대한 자책감 때문이었다. 하물며 목사가 되면 홍성사와는 사실상 결별하는 것이고 그 경우 내 마음은 더 무거워질 것이었다. 그러므로 나는 홍성사에 대하여 깊이 생각하기 시작했다.

왜 하나님께서는 87년 2월 이후, 그러니까 홍성사의 마지막 보루였던 「홍성신서」까지 포기하고 「믿음의 글들」 출판만을 실행에 옮긴 이후, 끊임없이 나로 하여금 홍성사에의 접근을 막으시는 것일까? 왜 나의 뜻과는 전혀 상관없이 예기치도 않았던 일 속으로 나를 몰아넣으시고 그 일로부터 빠져나오지 못하게 하시는가? 나는 기도하면서 그 해답을 찾기 시작했다. 이에 대한 명쾌한 해답을 얻지 못한다면 그것은 결국 나의 정체성의 문제가 되고 또한 목회에도 부정적인 영향을 미치게 될 것이었다.

근 3년 동안 해결되지 않았던 이 문제에 대한 하나님의 해답은 사사기 7장에 들어 있었다. 미디안의 침략으로 신음하던 이스라엘 백성을 구원하기 위하여 하나님께서는 기드온을 택하셨다. 기드온이 하나님의 명령을 따라 미디안에 대항하기 위하여 일어섰을 때 그를 따라나선 사람의 숫자는 총 3만 2천 명이었다. 미디안의 대군에 비한다면 그것도 모자라는 숫자였다. 그러나 하나님께서는 그 숫자가 너무 많으니 무서워하는 자들은 다 돌려보내라고 명령하셨다. 만약 그만한 숫자를 동원하여 승리를 거둘 경우, 이스라엘 백성들은 하나님이 주신 승리가 아니라 자기 스스로의 능력으로 승리를 얻었다는 교만에 빠질 것이 뻔함을 주님께서 알고 계셨기 때문이다. 그래서 그 자리에서 2만 2천 명이 돌아가고 1만 명만 남았다. 그러나 하나님께서는 그 숫자도 많다 하시고 결국 3백 명만 남게 하신 뒤 그 작은 무리로 하여금 미디안의 대군에 완승을 거두게 하셨다. 그것을 본 교만한 이스라엘 사람들이 자신을 착각하지 않고 하나님을 바로 섬기게 하시기 위함이었다.

그것이 바로 해답이었다. 내가 홍성사에 대하여 단 1분도 할애할 수 없다고 해서 홍성사가 망하거나 혹은 기울어지는 것이 아니라 여전히 '오병이어'의 기적 속에 있었다. 홍성사에서 일어나고 있는 모든 일이 '오병이어'임을 고백할 수밖에 없었던 것은 내가 홍성사를 위해 아무것도 할 수 없는 상황에 있었기 때문이다. 만약 내가 하루에 단 한 시간이라도 홍성사를 위해 시간을 할애할 수 있다면 그것은 결코 '오병이어'가 될 수 없을 것이다. 그 경우 나는 그것을 내 능력의 결과라고 자랑할 위인이었기 때문이다. 하나님께서는 나의 교만함을 너무도 잘 아시는 고로 홍성사의 근처에 얼씬도 못하게 하시는 것이었다. 말하자면 한 순간만 '오병이어'를 인정하는 것이 아니라 영원토록 '오병이어'임을 인정하지 않을 수 없도록 하나님께서 친히 홍성사를 경영하고 계시는 것이었다.

해답을 얻자 모든 의문은 다 풀렸다. 그리고 앞으로 내가 무엇을 해야 할지도 확연해졌다. 목사 안수를 받는 한, 더이상 홍성사의 대표이사에 머물러 있을 필요가 없었다. 홍성사에는 나와 같은 명목상의 사장이 아니라 실제적인 사장이 필요했다. 실제적인 사장이란 출판 전문인이 아니라 투철한 믿음의 사람, 홍성사를 직접 경영하시는 하나님의 도구가 될 사람을 의미했다. 다시 말하면 옳고 그른 것 그리고 해야 될 일과 하지 말아야 될 모든 것들을 경제적인 측면에서가 아니라 오직 성경적이고 신앙적인 측면에서 가릴 줄 아는 사람을 의미했다. 바른 신앙으로 하나님의 나라와 그의 의를 먼저 구하는 한 하나님께서 계속 경영해 주실 것이기 때문이었다.

　나는 아내에게 홍성사의 사장에 취임할 것을 부탁하였다. 이유는 간단했다. 홍성사 내에는 아직 그만한 신앙을 가진 자가 없었고, 신앙에 관한 한 아내는 나의 대선배였기 때문이다. 언제나 분명하고 명확했다. 그런 신앙의 소유자만이 하나님의 '오병이어'를 영원히 '오병이어'되게 할 수 있을 것이었다. 예상했던 대로 아내는 사양하였다. 그때 이미 아내는 세 아이의 어머니였고 시어머님의 며느리였을 뿐만 아니라 출판에 대하여는 전혀 문외한이었다. 아니 단 한번도 회사를 경영해 본 적이 없고 회사 사장을 꿈꾸어 본 적도 없는 평범한 가정주부였다. 나는 내가 왜 그런 부탁을 하는지 그 이유를 소상하게 아내에게 설명해 주었다. 그것이 홍성사를 하나님께 바친 나의 서원을 확실하게 지키는 길이며, 또한 그것이 목회자의 아내로서 나의 목회를 돕는 것이라는 사실을 말이다.

　오랜 고민과 기도 끝에 마침내 아내는 순종하기로 했다. 1990년 3월 1일 아내가 홍성사의 대표이사로 취임하고 3월 7일 법원에 등기까지 마침으로써, 나는 3월 21일 정말 홀가분한 마음으로 목사 안수를 받을 수 있었다. 그 이후 오늘에 이르기까지 홍성사의 모든 것이 제자리를 잡고 날로 근실하게 세워져 가고 있음은 두 말할 나위가 없다. 하나님께서 친히 경영하시는 하나님의 기업이기 때문이다. 구체적인 예를 들자면, 1981년「믿음의 글들」출판을 시작한 이래 1990년 2월 28일까지 10년 동안 발행된「믿음의 글들」총부수는 820,870부였다. 그러나 1990년 3월 1일 출판의 문외한인 아내가 사장으로 취임한 이후 지금까지 2

년 8개월 동안 발행한「믿음의 글들」총 부수는 무려 862,550부에 이르고 있다. 이것이야말로 하나님께서 홍성사를 직접 경영하고 계시는 단적인 예다.

지금 현재「믿음의 글들」은 5대양 6대주 한국교민이 있는 곳에는 세계 어느 곳을 막론하고 빠짐없이 보급되어 하나님의 영광을 드러내고 있다. 앞으로 홍성사가 어떤 모습으로 변모될지는 아무도 모른다. 하나님께서 직접 경영하시는 한 하나님께서 친히 가꾸어가실 것이기 때문이다. 단지 내게 남은 일이 하나 있다면, 홍성사의 모든 부채가 정리되는 대로 홍성사를 '기독교 문화 재단'으로 만드는 일이다.

여호와는 나의 산업과 나의 잔의 소득이시니 나의 분깃을 지키시나이다 내게 줄로 재어 준 구역은 아름다운 곳에 있음이여 나의 기업이 실로 아름답도다(시 16 : 5~6)

남기는 말

이 책을 쓰기 시작할 때는 봄이었는데 끝 맺음을 하는 지금은 초겨울에 접어들고 있다. 나는 이 책을 쓰는 지난 6개월 동안 얼마나 큰 은총 속에 있었는지 모른다. 천지를 창조하신 손으로 단 한순간도 빠짐없이 나를 붙들고 계시는 하나님을 날마다 확인했기 때문이다. 이 책이야말로 끊임없이 허망한 욕망의 늪 속으로 침몰하는 나를 변함없이 일으켜 세우신 하나님의 은총의 기록이요, 사랑의 역사이다. 뿐만 아니라 내가 믿음 없던 시절 하나님께 바친 인간의 홍성사를 바른 믿음의 기업, 하나님의 기업으로 세우신 하나님의 경영백서이다.

그러므로 몇백 년 후일지라도 홍성사에서 일하기를 원하는 젊은이들은 다음의 사항을 먼저 명심해야 한다.

첫째, 현재 홍성사의 전 직원들이 한 사람도 빠짐없이 믿음의 사람들이듯이 앞으로도 홍성사에는 믿음의 사람들만 들어올 수 있다. 그러나 자기의 뜻이 이루어지는 것만이 믿음이라고 생각하는 자는 여기에서 일해서는 안된다. 믿음이란 하나님의 말씀에 대한 순종이요 주어진 상황에 대한 순종이기에, 자기 부인 없이는 결코 참다운 믿음이 이루어질 수 없음을 홍성사는 경험하여 알고 있기 때문이다.

둘째, 결과만을 소중하게 생각하는 자는 이곳에서 일해서는 안된다. 그런 사람은 수단과 방법을 가리지 않는 법이기 때문이다. 홍성사는 설령 불이익이 돌아온다 할지라도 언제나 정도(正道)만을 걷는 기업이다. 우리가 바른 길을 걸어갈 때에 하나님께서 그 결과를 책임지심을 이미 확인하였기 때문이다. 여기에서 정도라 함은 물론 하나님의 말씀대로의 길을 의미한다.

셋째, 하나님의 말씀, 하나님의 법도대로 행한다고 하여 국법은 요령껏 어겨도 좋다고 생각하는 자는 이곳에서 일할 수 없다. 홍성사는 '가이사의 것은 가이사에게, 하나님의 것은 하나님에게'란 주님의 명령을 실천하는 기업이기 때문이다. 그러므로 홍성사는 그 어떤 경우에도 탈세를 해서는 안된다. 탈세를 하지 않을 때 다른 법 또한 모두 지킬 수 있는 탓이다.

넷째, 자기를 슈퍼맨이라고 생각하는 자는 여기에서 일해서는 안된다. 오늘의 홍성사가 있기까지에는 모든 사람의 노력과 헌신이 있었다. 그동안 이곳에서 땀 흘렸던 수백 명에 달하는 젊은이들, 주옥같이 보배로운 원고들을 맡겨준 필자들, 많은 어려움이 있음에도 불구하고 끊임없이 홍성사를 지원해 주었던 거래처들, 그리고 위기에 처했을 때마다 기도와 더불어 물심 양면으로 아낌없이 지원을 마다하지 않았던 나의 사랑하는 어머님과 아내 그리고 자형들과 누님들의 사랑이 한데 어우러져 지금의 홍성사가 존재하기 때문이다. 그러므로 홍성사는, 모든 일은 서로의 도움을 통해서만 완성된다는 것을 아는 자들의 일터이다.

다섯째, 단순히 좋은 직장만을 얻기 원하는 자들은 이곳에서 일할 수 없다. 홍성사보다 더 좋은 직장은 얼마든지 많기 때문이다. 홍성사는 주중에도 하나님을 위하여 일하기를 원하는 자들의 일터이다. 홍성사는 자기가 하는 작은 일을 통하여 수많은 사람들의 영혼이 거듭나기를 소망하는 자들의 선교지이다. 홍성사는 하나님의 말씀대로 행하고도 날마다 '오병이어'가 일어남을 확인하기 원하는 자들의 실험장이다.

나는 비단 홍성사만 이렇게 되기를 원치 않는다. 주님을 사랑하는 이 땅의 모든 크리스천의 기업들이 이렇게 되기를 소망한다. 그것이야말로 장차 이 땅의 주역이 될 미래의 젊은이들을 위한 가장 큰 유산이요, 가장 확실한 선교일 뿐만 아니라 한 사람의 믿음의 질은 무엇을, 왜, 어떻게 하느냐에 따라 결정되어지기 때문이다.

1992년 11월 17일 새벽

이 재 철

저자 약력

1971. 2. 외국어 대학 불어과 졸업
1974. 8. 주식회사 홍성사 설립
1988. 2. 장로회 신학대학 신대원 졸업
         현, '주님의 교회' 담임목사

ⓒ 이재철, 1992

「믿음의 글들」, 나의 고백

저 자/이 재 철

1992. 12. 25. 초판 발행
1993. 5. 25. 3 쇄 발행

발행인/이재철
편집인/정애주
제작/홍순흥
편집/정지현, 구순영
미술/권진숙
관리/이남진, 황의배, 최문혁
영업/박종태, 전영민, 김미선
총무/정희자
쿰선교원/이영란, 이점례

발행처/주식회사 홍성사
121-220 서울·마포구 합정동 377-9
TEL. 333-5161~4
FAX. 333-5165

등록번호/제 1-499호
등록일자/1977. 8. 1.

은행지로 No. 3002665
제 일 은 행 302-10-059484 (주)홍성사
국 민 은 행 008-01-0095-976 (주)홍성사
우체국 온라인 011890-0031926 (주)홍성사

정가 4,000원   ※ 잘못된 책은 바꾸어 드립니다.

ISBN 89-365-0100-3